本书受北京市教育委员会人才培养共建项目——2018年教学名师项目资助

新中国成立70年
高校思想政治理论课建设

XINZHONGGUO CHENGLI QISHI NIAN GAOXIAO SIXIANG
ZHENGZHI LILUNKE JIANSHE

彭付芝◎编著

知识产权出版社
全国百佳图书出版单位

图书在版编目（CIP）数据

新中国成立70年高校思想政治理论课建设/彭付芝编著．—北京：知识产权出版社，2019.10

ISBN 978-7-5130-6475-0

Ⅰ.①新… Ⅱ.①彭… Ⅲ.①高等学校—思想政治教育—课程建设—研究—中国 Ⅳ.①G641

中国版本图书馆CIP数据核字（2019）第202000号

责任编辑：贺小霞　　**责任校对：**潘凤越
封面设计：刘　伟　　**责任印制：**孙婷婷

新中国成立70年高校思想政治理论课建设

彭付芝　编著

出版发行：知识产权出版社有限责任公司	**网　　址：**http：//www.ipph.cn
社　　址：北京市海淀区气象路50号院	**邮　　编：**100081
责编电话：010-82000860转8129	**责编邮箱：**2006HeXiaoXia@sina.com
发行电话：010-82000860转8101/8102	**发行传真：**010-82000893/82005070/82000270
印　　刷：北京九州迅驰传媒文化有限公司	**经　　销：**各大网上书店、新华书店及相关专业书店
开　　本：787mm×1092mm　1/16	**印　　张：**18.5
版　　次：2019年10月第1版	**印　　次：**2019年10月第1次印刷
字　　数：280千字	**定　　价：**68.00元

ISBN 978-7-5130-6475-0

目　录

第一篇　历史沿革研究

第二篇　教学改革研究

第三篇　教学模式探索

第四篇　教学方法研究

第五篇　实践教学探索

第一篇

历史沿革研究

新中国成立70年高校思想政治理论课课程设置沿革

新中国成立70年，高校思想政治论课教育教学长足发展，课程名称在不断发生变化。20世纪50年代被称为“政治理论课”；20世纪60年代被称为“共同政治理论课”；20世纪六七十年代的“文化大革命”期间被称为“政治课”；20世纪70年代末80年代初被称为“马列主义课”，后又被称为“马克思主义理论课”；1982年后，高校开设了“思想品德课”，后又称“思想教育课”，与“马克思主义理论课”合称为“两课”，并在“85方案”1985年出台的后称“85方案”中开始明确为“两课”；2005年的“05方案”统称为“思想政治理论课”。课程名称和设置的沿革，既反映了时代特征，也在探索过程中不断积累经验、丰富和完善。为了更好地论述这一沿革过程，本文统称为“高校思想政治理论课”，但在不同阶段的名称会明确指出。

一、高校思想政治理论课课程设置初始阶段（1949—1956）

1949年10月1日，中华人民共和国成立。百废待兴，教育兴则国家兴。我国的文化教育事业也在经历长期封建统治，特别是国民党的大地主大资产阶级统治之后需要新的开始。因此，在思想战线上特别是文化教育建设上的新任务就是如何在最短的时间内肃清封建主义、买办资产阶级、法西斯主义、资本主义的影响。它是一项极其艰巨而繁重的任务。高校作为培养新中国建设人才的重要机构，其任务更加艰巨而独特。为此，高等学校开始着手设立马列主义理论课，进行思想政治理论课课程建设，以便对高校学生进行符合时代人才需求的政治教育。

（一）初始阶段高校思想政治理论课课程设置简况

新中国成立初期，创建高校思想政治理论课，主要是根据新民主主义社会建设和坚持中国共产党领导的需要；同时，吸收老解放区思想政治教育的经验，借鉴苏联高等教育的模式。

1949年11月1日，中央人民政府教育部成立。新成立的教育部，十分重视思想政治理论教育。当年12月23日至31日，教育部在北京召开全国教育工作会议，时任教育部长马叙伦在开幕词中强调，新中国新教育的性质就是新民主主义的，即民族的、科学的、大众的教育。[1]时任教育部副部长钱俊瑞在总结报告中指出：要以老解放区新教育为基础，吸收旧教育有用经验，借鉴苏联教育建设的先进经验，建设新民主主义教育。“对新区学校安顿以后的主要工作，是有计划、有步骤地在教师和学生中进行政治思想教育，其主要目的乃是逐步地建立革命的人生观。”[2]

教育部的态度非常明确，学生逐步建立革命的人生观，需要具体的课程设置。1950年6月1日至9日，教育部在北京召开了全国高等教育会议，通过了《关于实施高等学校课程改革的决定》，并于1950年8月2日正式公布该决定指出：“全国高等学校应根据《中国人民政治协商会议共同纲领》的四十一条和四十七条规定，废除政治上的反动课程，开设新民主主义的革命政治课程，藉以肃清封建的、买办的、法西斯主义的思想，发展为人民服务的思想。”各高校根据全国教育工作会议和全国高等教育工作会议精神，先后开设了“社会发展简史”“新民主主义论”，某些文学

[1] 教育部社会科学司．普通高校思想政治理论课文献选编（1949—2006）［M］．北京：中国人民大学出版社，2006：3.

[2] 教育部社会科学司．普通高校思想政治理论课文献选编（1949—2006）［M］．北京：中国人民大学出版社，2006：4.

院加开了“政治经济学”。这三门课程被认为是改造学生思想，树立科学世界观、革命人生观和全心全意为人民服务的最基本的课程。教育部还对前两门课程的教学内容作了专门规定。这是我国高校思想政治理论课程建设的起点。

1950年9月开学后，有的地区的高校开始开设一门“政治讲座”作为政治必修课，教学内容主要是结合时事动态展开讲授，主要目的在于宣讲中国共产党领导下新成立的政权所实施的各项政策的正确性与必要性。可以说这是后来“形势与政策”课的雏形。

1951年9月，教育部颁布了《关于各高等学校1951年度上学期进行“辩证唯物主义和历史唯物论”等课教学工作的指示》，将“社会发展史”改为“辩证唯物论和历史唯物论”，与“新民主主义论”及“政治经济学”同时开设。三门课着重于讲授系统的马克思列宁主义和毛泽东思想。❶

1952年10月7日，教育部对全国高等学校就如何开设马克思列宁主义、毛泽东思想的课程，颁布了《关于全国高等学校马克思列宁主义、毛泽东思想课程的指示》。规定：综合性大学及财经艺术等院校应依照第一、二、三年级次序分别开设“新民主主义论”“政治经济学”及“辩证唯物论与历史唯物论”，工、农、医等专门学院依照第一、二年级次序分别开设“新民主主义论”及“政治经济学”。三年的专科学校开课课程及先后次序与工、农、医等专门学院相同，二年的专修科第一年级及一年的专修科均开设“新民主主义论”，二年以上财经性质的专科学校或专修科第一年级可同时开设“政治经济学”。各类型高等学校及专修科（一年的专修科除外）准备自1953年度起开设“马列主义基础”，学习时数与“政治经济学”相同。❷

但在实际的运行过程中发现课程的内容有重复，比如高级中学三年级已经开设的“共同纲领”课程与“新民主主义论”的政策部分重复；同

❶ 教育部社会科学司．普通高校思想政治教育课程文献选编（1949—2006）［M］．北京：中国人民大学出版社，2007：9.

❷ 教育部社会科学司．普通高校思想政治理论课文献选编（1949—2006）［M］．北京：中国人民大学出版社，2006：13.

时，“新民主主义”的经济部分，又与“政治经济学”的新民主主义经济部分重复。为了解决这一问题，1953年6月，教育部又下发了《关于改“新民主主义论”为“中国革命史”及“中国革命史”的教学目的和重点的通知》。规定：教育部决定从1953年起将高等学校一年级开设的“新民主主义论”一律改为“中国革命史”。开设“中国革命史”主要是阐明马克思列宁主义在中国的新胜利，系统地讲授毛泽东思想的基础知识，使学生认识中国政治的发展规律，了解中国革命的基本问题和中国共产党的总路线总政策，从而提高思想与政治水平，树立和巩固革命的人生观。❶

经过新中国成立之初几年的探索，高校政治理论课由原来的三门调整为四门。1956年9月，教育部颁发了《关于高等学校政治理论课程的规定（试行方案）》，把高校政治理论课明确规定为“马列主义基础”（一年级开设）、“中国革命史”（二年级开设）、“政治经济学”（三年级开设）和“辩证唯物主义和历史唯物主义”（四年级开设）。这是新中国第一个比较系统规范的高校思想政治理论课程设置体系。

（二）初始阶段高校思想政治理论课程设置特征

1. 课程设置深受苏联影响

课程内容主要围绕马克思主义基础理论和中国革命史展开，这是由当时的历史和现实原因所决定的。

苏联教育的宗旨是培养国家需要的革命与建设之政治人才，教育从属于国家政治，形成了“教育是政治的教育”的教育制度。我国在民主革命的过程中，情况与苏联类似，为了取得政治革命的胜利，中国共产党在思想政治教育方面充分吸收和借鉴了苏联的政治教育制度，直至新中国成立初期，仍强调“借助苏联经验，建设新民主主义教育”的主张。

而当时的现实是，新中国成立初期，我国受到多个帝国主义国家的封锁、禁运和包围，整个世界划分为两大阵营，中国在外交上采用了“一边

❶ 教育部社会科学司. 普通高校思想政治教育课程文献选编（1949—2006）[M]. 北京：中国人民大学出版社，2007：16.

倒”的政策。为了尽快步入社会主义建设道路，新中国成立前夕，毛泽东在《论人民民主专政》一文中指出，苏联“他们已经建设起来了一个伟大的光辉灿烂的社会主义国家。苏联共产党就是我们的最好的先生，我们必须向他们学习”。[1] 1949年10月，刘少奇在一次集会上说：“我们要建国，同样也必须‘以俄为师’，学习苏联人民的建国经验。”[2] 而苏联社会主义所取得的重大成就，一度是中国共产党进行革命与建设所要学习的唯一典范，也是中共中央提出向苏联学习的重要因素。而马克思主义指导下的苏俄教育思想也以专著的形式传入中国。据不完全统计，1927年至1949年中国出版的苏俄教育著作，约有37种[3]。仔细分析和研究这些著作，不难发现这些著作“包括了从理论到实际，内容到方法，整个学制体系到各项方针政策，大、中、小学到成人民众教育等众多的领域和方面”[4]，这些著作结合苏俄教育理论与实践体系就这样被系统地引入中国教育领域，对当时广大的中国人（尤其是知识分子）认识和了解苏俄教育影响很大。中共中央提出了向苏联学习的方针，这更让苏俄式的马克思主义教育理论影响中国共产党思想政治教育理论的形成。

当时的教育家们从苏俄教育中“取其精华”，思考如何以马克思主义思想为指导发展中国的教育、革命事业等问题。苏联的经验是：设立政治学校和政治训练班，并在各级各类学校中普遍开设政治课，高校的学生必须学习马列主义理论等。因此，1953年高等院校调整之后，高等学校参照苏联经验将政治理论课课程设置了三门，后来调整为四门。特别需要指出的是，1954年，工、农、医科的二年制（医科为二年半或三年制）专修科开设“社会主义经济建设”，以“联共（布）党史简明教程”九至十二章为中心内容，学习目的就是通过“社会主义经济建设”的讲授，学生较系统地了解苏联社会主义国家工业化、农业化和完成社会主义建设的基本规

---

[1] 毛泽东选集（第四卷）[M]．北京：人民出版社，1991：1481.

[2] 中央教育科学研究所．中华人民共和国教育大事记（1949—1982）[M]．北京：教育科学出版社，1984：36.

[3] 余子侠，刘振宇，张纯．中俄（苏）教育交流的演变 [M]．济南：山东教育出版社，2010：117.

[4] 周谷平．近代西方教育理论在中国的传播 [M]．广州：广东教育出版社，1996：282.

律，以提高学生的社会主义觉悟，以加强学习苏联、学习政治理论、学习时事政策的自觉性。

总的情况看，新中国成立初期高校思想政治理论课设置已经成形，但课程的教学内容仍处在变动之中。

2. 明确高校思想政治理论课设置的主要目的是使学生逐步地建立革命的人生观，培养社会主义事业的建设者和接班人

新中国成立之初，党和政府坚持教育为工农服务和培养社会主义全面发展人才的方针。1949 年12 月和1950 年6 月先后召开的第一次全国教育会议和第一届全国高等教育会议，都强调要“给青年知识分子和旧知识分子以革命的政治教育，以适应革命工作和国家建设工作的广泛需要的人才”。因此对学生进行思想政治教育的目的，是不断提高学生的社会主义觉悟，把学生培养成懂得马克思列宁主义理论基础，掌握现代最新的科学技术知识，身体健康，并全心全意为社会主义建设服务的各种高级专门人才。❶

3. 思想政治理论课课程设置体系对新中国成立70 年的高校思想政治理论课的设置演变有深远影响

纵观新中国成立 70 年以来高校思想政治理论课的演变历史，不难发现，尽管70 年高校思想政治理论课的课程设置在不断发生变化，其间经历过十年社会主义建设时期到十年“文化大革命”，再到后来的“85 方案”“98 方案”“05 方案”，但课程设置的架构基本上保留了下来。因此，高校思想政治理论课在新中国成立后初始阶段的课程设置影响是深远的。

二、社会主义建设十年高校思想政治理论课的课程设置(1957—1966)

(一) 社会主义建设十年高校思想政治理论课课程设置简况

1956 年社会主义改造完成，我国进入社会主义十年建设时期。新的时

❶ 教育部社会科学司. 普通高校思想政治教育课程文献选编（1949—2006）[M]. 北京：中国人民大学出版社，2007：20.

期，我们党必须解决一项重要的任务，那就是如何对青年学生进行更加符合社会主义建设实际的思想政治教育，让社会主义建设所需要的各类人才都能沿着正确的政治方向为国家建设服务。

1956年9月教育部颁发了《关于高等学校政治理论课程的规定（试行方案）》。此规定特别强调了高校思想政治理论课教学应逐步走上正轨。但非常遗憾的是之后的高校思想政治理论课却在1957年反右斗争扩大化错误的影响下出现了一定程度的混乱。1957年12月，中华人民共和国高等教育部、教育部联合颁布了《关于在全国高等学校开设社会主义教育课程的指示》，规定在全国高等学校各个年级普遍开设“社会主义教育”课程，教材为毛泽东的《关于正确处理人民内部矛盾的问题》的讲话，同时阅读一些必要的马克思列宁主义经典著作、党的文献和其他文件。学习时间暂规定为一学年，每周时间规定为8小时。[1]停开原来开设的四门政治理论课。

这一指示的颁布和落实冲击了当时高校思想政治理论课程正常的教学工作。尽管如此，党中央还是在1958年9月和国务院一起对教育工作作了指示，明确“党的教育工作方针，是教育为无产阶级的政治服务，教育与生产劳动相结合”。党中央也明确社会主义教育的目的是“培养有社会主义觉悟的有文化的劳动者”。要求“在一切学校中，必须把生产劳动列为正式课程。每个学生必须依照规定参加一定时间的劳动”。[2]经过一段时间纠正“左”的错误，整顿教学秩序，到1959年，高校思想政治理论课教学也开始逐步稳定。

20世纪60年代中苏关系的逐步恶化，在高校思想政治理论课教学内容中也有所体现，突出了反对修正主义的内容。1961年4月，教育部和中宣部颁布了《改进高等学校共同政治理论课程教学的意见》，明确高等学校共同政治理论课的教学任务是：“向学生进行理论和实践统一的马克思列宁主义教育，帮助他们理解马克思列宁主义、毛泽东著作，了解党的路

[1] 教育部社会科学司．普通高校思想政治理论课文献选编（1949—2006）[M]．北京：中国人民大学出版社，2006：31.

[2] 教育部社会科学司．普通高校思想政治教育课程文献选编（1949—2006）[M]．北京：中国人民大学出版社，2007：38.

线、方针、政策；引导他们以马克思列宁主义基本原则为指导，去观察问题、研究学问和处理工作，不断地同现代修正主义、资产阶级思想和其他反动思想的影响进行斗争。”教育部规定高等学校设置的共同政治理论课程包括两大块：马克思列宁主义基础理论、形势和任务。马克思列宁主义基础理论课在文科专业开设四门：“中共党史”“马克思列宁主义基础”（主要学习毛泽东同志的政治学说）、“政治经济学”“哲学”；理科院校和艺术、体育院校开设两门：“中共党史”和“马克思列宁主义概论”（包括马克思主义三个组成部分）；专科学校开设一门：“马克思列宁主义概论”。形势和任务课为各专业、各年级必修课程，主要内容是讲解国内外形势、党和国家的任务、方针、政策❶。该意见还对高校思想政治理论课教材的编写、教学方法的改进和培训师资等具体任务进行了规定。该意见的颁布，标志着高校公共政治理论课改为共同政治理论课，并首次提出共同政治理论课的课程目标问题。

随着研究生教育规模的扩大，1963年8月，教育部颁布《关于高等学校研究生政治理论课的规定》（草案），规定研究生的政治理论课包括两门课程：“马克思列宁主义理论”“思想政治教育报告”。同时对研究生政治理论课的教学内容、学习时间、阅读书目、考试方式等也进行了明确规定。

随着国际国内形势的变化，1964年10月，中共中央宣传部、高教部党组、教育部临时党组发布了《关于改进高等学校、中等学校政治理论课的意见》，明确当时高等学校、中等学校政治理论课的根本任务是用马克思列宁主义、毛泽东思想武装青年，强调：“政治理论课必须从思想上和理论上积极参加这一场阶级斗争，兴无产阶级思想，灭资产阶级思想；宣传马克思列宁主义、毛泽东思想。政治理论课必须同国内国际的阶级斗争密切联系，坚决反对主要危险现代修正主义，同时也反对现代教条主义。”围绕新的任务，教育部对课程进行了新的调整，并提出了编写新教材的原

❶ 教育部社会科学司. 普通高校思想政治教育课程文献选编（1949—2006）[M]. 北京：中国人民大学出版社，2007：41.

则和要求。❶ 依据该“意见”，高等学校的共同政治理论课，继续开设“形势与任务”，也设置了“中共党史”“哲学”“政治经济学”。

这一意见的颁布表明，从1964年开始，首次将政治理论课纳入中央领导，体现了中共中央对高校思想政治理论课的重视。

（二）社会主义建设十年高校思想政治理论课课程设置特征

1. 高校思想政治理论课课程设置深受国内外形势变化的影响

此时期，高校思想政治理论课一直是紧随国际国内形势的变化，曾因为反右斗争扩大化而一度停开了四门思想政治理论课。如1957年，在批判高校政治理论课教学中存在的教条主义时，否认了马克思主义基本原理的实际运用，取消了四门政治理论课，只开设“社会主义教育”一门课。后来为适应反修正主义的需要，增开了反对修正主义的内容。

1958年9月关于教育工作的指示发布后，教育革命进入了高潮。这场教育革命的特点是用“大鸣大放大字报”的形式进行教育方针的大辩论，以学生为主体进行教学改革。有些学校甚至出现了由青年学生制订教学计划、教学大纲、编讲义教材的情况；在改革教学方法上，出现了学校的师生中断正常的教学秩序而走出校门参加大炼钢铁、深翻土地以及各种社会公益劳动的情况，教学质量下降。

2. 课程设置的大体框架延续了初始阶段的框架并走向了正轨，增加了“形势与任务”课程和研究生思想政治理论课程，且延续至今

此时期高校政治理论课由原来的三门调整为四门，比如：把原“马列主义基础”课改为“马克思列宁主义基本理论”，具体内容主要为学习毛泽东同志的政治学说；原“中国革命史”改为“中共党史”；原“辩证唯物主义和历史唯物主义”改名为“哲学”。

增加了“形势和任务”一门新课，主要讲解国内外形势，党和国家的任务、方针、政策。此课程在改革开放时期演变成“形势与政策”课，一

❶ 教育部社会科学司. 普通高校思想政治教育课程文献选编（1949—2006）[M]. 北京：中国人民大学出版社，2007：50.

直延续到现在。

增加了研究生的政治理论课："马克思列宁主义理论""思想政治教育报告"。以这一决策设置课程的思路一直延续到现在。

同时也规定了高校思想政治理论课的授课时间、内容、教材编写等。这说明高校思想政治理论课教学也正在逐步走上正轨。此时期的成绩和失误，都为我国高校思想政治教育发展所吸取，为后来高校思想政治理论课程建设奠定了基础。

3. 高校思想政治理论课设置重点突出毛泽东思想的教育

此时期高校思想政治理论课把宣传毛泽东思想作为最根本的任务，把毛泽东著作作为最基本的教材。

4. 对不同层次的思想政治理论教育内容提出不同要求

从此阶段开始，对文科和理科、本科生和研究生的思想政治教育内容进行了相应的规定。文科学生所学思想政治理论课的内容更多。

三、"文化大革命"十年高校思想政治理论课的课程设置（1966—1976）

（一）"文化大革命"十年高校思想政治理论课课程设置简况

1966年至1976年"文化大革命"期间，中国的高等教育遭受到了极大的破坏，各地高校的正常教学秩序被破坏。尽管许多高校停止了招生，但高校的思想政治教育并没有完全停止。1970年6月27日，中共中央颁发了《关于北京大学、清华大学招生（试点）的请示报告的批示》，规定：从有实践经验的工人农民中间选拔学生，学习内容以毛主席著作为基本教材的政治课。此阶段的培养目标为："培养高举毛泽东思想伟大红旗，无限忠于毛主席的革命路线的全心全意为社会主义革命和社会主义建设服务的有文化科学理论、又有实践经验的劳动者”。[1] 根据这一目的，普通高校的公共政治理论课以毛主席语录、毛主席著作和所谓革命大批判的文章、社论作为教材。

1971年4月召开了全国教育工作会议。会议强调要进行教育革命，把青年一代培养成无产阶级革命事业接班人。此次会议更多强调“进行一次思想和政治路线方针的教育”，教育的目的是进一步确立毛泽东的无产阶级教育路线，反对修正主义的教育路线。此后，高校的思想政治教育成为“四人帮”用来篡党夺权的工具。

伴随着“文化大革命”的持续发展，高校的思想政治理论课陷入名存实亡的境地。

（二）“文化大革命”十年高校思想政治理论课课程设置特征

1. 高校思想政治理论课设置上沦为阶级斗争的工具

“文化大革命”全面否定了新中国成立以来的教育成就包括高校思想政治教育取得的成绩，高校的思想政治理论课也遭到了严重破坏：严重冲击了正常的思想政治教育学习，思想政治工作机构和教师队伍彻底瘫痪；课程设置上没有形成较为系统的体系，主要是按照当时阶级斗争的需要，沦为阶级斗争的工具。

1966 年到 1969 年，全国高等院校停止招生，高校政治课课程教学体系设置上处于混乱状态。之后高校的思想政治理论教育是被接连不断的政治运动所取代。直到“文化大革命”结束，高校思想政治理论课才恢复正常秩序。

2. 高校思想政治理论课设置重点是突出毛泽东思想教育

此阶段高校思想政治理论课程设置，一直把毛泽东思想作为课程内容的重要组成部分。1964 年10月11日，中央宣传部、高等教育部党组、教育部临时党组联合发布了《关于改进高等学校、中等学校政治理论课的意

---

[1] 教育部社会科学司. 普通高校思想政治教育课程文献选编（1949—2006）[M]. 北京：中国人民大学出版社，2007：55.

见》，提出政治理论课必须以毛泽东思想为指针，把宣传毛泽东思想作为最根本的任务，把毛主席著作作为最基本的教材。

1970年复课后，高校所设置的主要课程为："以毛主席著作为基本教材的政治课；实行教学、科研、生产三结合的业务课；以备战为内容的军事体育课。文、理、工各科都要参加生产劳动。"但学校开课的效果并不理想。

3. 党的思想政治教育的组织基础被破坏，影响高校思想政治理论课设置

十年"文化大革命"期间，林彪、江青反革命集团煽动极"左"思潮，严重破坏了思想政治教育。比如他们鼓吹"政治冲击一切"，淆乱了思想政治教育的地位；以帮代党，破坏了思想政治教育的组织基础。所有这些，都严重影响了高校思想政治理论课的设置。

四、"文革"结束及改革开放初期高校思想政治理论课的设置（1977—1984）

（一）"文革"结束及改革开放初期高校思想政治理论课设置简况

"文化大革命"结束后，经过拨乱反正、恢复与重建，实现了社会主义教育建设的历史性转变，我国的教育又回到了社会主义教育的轨道上来。在邓小平的倡导下，1977年恢复了高考制度。有了新的高校学生，高校的思想政治理论课又重新回到了"文化大革命"前的课程设置。

党的十一届三中全会的召开，标志着我国社会主义建设进入了一个新的历史时期，改革开放的序幕拉开，高校的政治理论课也在拨乱反正、恢复重建和改革开放中逐步走上了正轨。

1. 1978—1981年的高校思想政治理论课课程设置的艰难起步

1978年4月，教育部办公厅颁发了《关于加强高等学校马列主义理论教育的意见（全国教育工作会议征求意见稿）》，其主要内容为：一是对新中国成立以来28年全国高等学校马列主义理论课所起的重要作用和取得的

成绩给予了充分肯定，对“四人帮”在“文化大革命”时期破坏高校马克思主义理论课的行径进行了批判。二是重新明确了马列主义理论课的目的和任务：“马列主义理论课的主要任务在于系统地对学生进行马克思主义三个组成部分的基本理论教育，武装学生的头脑。”三是对每门课程的建设提出了合理性意见：高等学校的马列主义理论课程一般应开设“辩证唯物主义与历史唯物主义”“政治经济学”“中国共产党党史和国际共产主义运动史”等四门课。其中，前三门课为所有高等院校共同开设课程，理工农医专业还开设“自然辩证法”课程，文科院校开设“国际共产主义运动史”课程。四是对每门课程的教学内容、课时、新教材的编写、教学方法的改进、教师队伍的建设、领导体制等问题提出了指导性意见。❶

改革开放的序幕已经拉开，高考制度恢复后的高校充满了活力，但高校的政治课到底存在着什么问题，需要调查，需要新的规章制度。为此，教育部组织专业人士于1979年对高校思想政治理论课的基本情况进行了专题调研。同年5月20日，教育部理论司发表了《高等学校政治理论课的基本情况和存在问题》，对新中国成立以来，特别是粉碎“四人帮”以来的政治理论课程建设情况进行分析。

经过广泛调研，1980年7月，教育部印发《改进和加强高等学校马列主义课的试行办法》，主要内容有：一是进一步明确马克思主义理论教育课在各类专业中都是必修课的地位。二是明确高等学校马列主义理论教育课的任务：对学生进行马列主义、毛泽东思想的基本理论教育，帮助学生完整地、准确地理解马列主义、毛泽东思想的科学体系，提高社会主义觉悟，逐步树立无产阶级的世界观，掌握科学的方法论，初步具有运用马列主义的立场、观点和方法分析实际问题的能力，自觉地为社会主义现代化建设服务，为人民服务。三是明确课程设置、学时、大纲和教材，并对高校马列主义课的教学制度、教学环节、教学方法、教师队伍建设、领导管理体制等作了明确规定。要求全国高校本科开设“中共党史”“政治经济

❶ 教育部社会科学司. 普通高校思想政治教育课程文献选编（1949—2006）［M］. 北京：中国人民大学出版社，2007：70－74.

学”“哲学”三门课。文科专业加开“国际共产主义运动史”或“科学社会主义”。

需要指出的是，这一阶段由于来不及统一编写教材，允许各校根据教育部制定的教学大纲自编教材。有些高校还在继续使用“文革”之前的教材，但艰难的起步意味着新的开始。

2. 1982—1984年的高校思想政治理论课课程设置走向正规

根据1982年党的十二大关于加强共产主义思想教育的精神，教育部决定在高等学校逐步开设共产主义思想品德课。为此，1982年10月，教育部下发了《关于在高等学校逐步开设共产主义品德课程的通知》，该《通知》要求高校要逐步开设共产主义品德课程，这也成为高校思想政治理论课中设置思想品德课程的开始。该《通知》还对共产主义品德课的教学实施、教学大纲及教学参考材料编写等问题作了详细规定。

随着改革开放的深入，社会主义现代化建设和改革开放的伟大实践中有许多热点、难点问题，大学生十分关注而且也需要对大学生进行相应的教育。于是在1984年9月，中央宣传部、教育部又专门印发了《关于加强和改进高等院校马列主义理论教育的若干规定》。该《规定》指出：“马克思主义是我们党和国家的行动指南，是培养学生无产阶级世界观和共产主义道德的理论基础。把马列主义理论课作为必修课，是社会主义大学区别于资本主义大学的重要标志。”[1] 该《规定》明确指出：“为了增强马列主义理论教育的现实性，现在着手准备在全国高等院校增设‘中国社会主义建设基本问题’课程。”[2]

1984年9月，教育部在1982年10月下发通知的基础上又印发了《关于高等学校开设共产主义思想品德课的若干规定》，明确要求在高等学校新设“共产主义思想品德”课。该课程的任务是对学生进行共产主义人生观和共产主义道德教育，帮助学生逐步树立共产主义人生观，培养共产主

---

[1] 教育部社会科学司. 普通高校思想政治教育课程文献选编（1949—2006）［M］. 北京：中国人民大学出版社，2007：94.

[2] 教育部社会科学司. 普通高校思想政治教育课程文献选编（1949—2006）［M］. 北京：中国人民大学出版社，2007：95.

义道德品质。

（二）“文革”结束及改革开放初期高校思想政治理论课设置特征

1. 高校思想政治理论课程设置是承前启后的

此阶段是“文革”刚刚结束，改革开放的起步阶段，但高校的思想政治理论课课程设置基本上是对“文革”前高校思想政治理论课课程设置的大致继承与发展，体现了高校思想政治理论课课程设置的继承性和连续性特征。

比如，在1984年9月4日中央宣传部、教育部联合印发的《关于加强和改进高等院校马列主义理论教育的若干规定》中，除了明确高校增设“中国社会主义建设基本问题”课程外，还明确提出马列主义公共理论课的教学时数：文科四年制本科（含艺术院校的理论、创作、编导专业）一般占总学时的20%左右，每门课最低不少于105学时；四年制外语专业按文科开设马列主义的各门课程每门最低不少于80学时；理、工、农、医等四年制本科和艺术院校的技巧、表演专业占总学时的10%左右，每门课最低不少于70学时；五年制和六年制本科，要相应地增加学时。自习与课堂教学时间的比例为1∶1，要列入课程表，由任课教师掌握。任何学校和个人都不能任意减少和侵占马列主义理论课的时间。[1] 这些规定，都是对原来规定的继承，体现了连续性。

2. 相继设立了两门反映时代特色的高校思想政治理论课新课程

1983年，邓小平同志提出“教育要面向现代化，面向世界，面向未来”。“三个面向”准确地揭示了我国教育的历史转折。为了适应新时期教育工作的目的是建立一个适应我国社会主义现代化建设需要、具有中国特色的社会主义教育体系的需要，高校思想政治理论课的课程设置和教材必须进行改革。一是根据改革开放和社会主义现代化建设新形势的需要，以增强马列主义理论教育的现实性，更好地为改革开放服务，新增加了“中

[1] 教育部社会科学司．普通高校思想政治理论课文献选编（1949—2006）［M］．北京：中国人民大学出版社，2006：94.

国社会主义建设基本问题”课程（后来课程名称为“中国社会主义建设”）。二是为了培养学生成为有革命理想、讲革命道德、守革命纪律、有文化的又红又专的人才，帮助学生逐步树立共产主义人生观，培养共产主义道德品质，新增了“共产主义思想品德”课。为开好此课，许多高校纷纷成立“德育教研室”。

3. 形成了“两课”课程设置模式，为“85方案”打下基础

从这一阶段开始，高校思想政治理论课已经包含了“马克思主义理论课”和“思想品德课”（后简称为“两课”）的课程设置模式。同时，思想政治教育正式作为高等院校的学科和专业进行建设，部分高校开始招收思想政治教育专业的本科生。

五、改革开放深化时期高校思想政治理论课的设置（1985—1997）

（一）改革开放深化时期高校思想政治理论课的设置简况

1. “85方案”雏形时的课程设置（1985—1991）

伴随着改革开放的深入，高校思想政治理论课的课程设置和教材必须进行改革。1985年8月1日，中共中央正式颁发《关于改革学校思想品德和政治理论课程教学的通知》，明确了新时期不同层次学校（从小学到研究生阶段）马克思主义思想品德和政治理论课教学的主要内容和基本要求，对高校马克思主义理论课程设置提出了一些新的调整要求。这是此时期党和国家对高校思想政治理论课程建设的重要指导思想之一，也标志着高校思想政治理论课“85方案”的正式出台。

1986年3月，国家教育委员会（现教育部）发布《关于在高等学校进一步贯彻〈中共中央关于改革学校思想品德和政治理论课程教学的通知〉的意见》，对高校新的思想政治教育课程设置明确规定：普通高校普遍开设“中国革命史”“中国社会主义建设”“马克思主义原理”“世界政治经济与国际关系”四门课。这四门课中，“中国革命史”由原“中共党史”

演变而来，与1953年设置的“中国革命史”比较相似；“马克思主义原理”是原来“哲学”“政治经济学”“科学社会主义”三门课的合并，跟新中国成立初期的“马列主义基础”课相近；新开设的课程是“中国社会主义建设”和“世界政治经济与国际关系”。

国内外形势的飞速发展和改革开放的深化，给高校思想政治理论课提出了新的要求。为此，1986年7月，中宣部、国家教委发布《关于对高等学校学生深入进行形势与政策教育的通知》；同年9月初，国家教委下发《关于在高等学校开设“法律基础课”的通知》。1986年9月底，中共中央十二届六中全会通过了《中共中央关于社会主义精神文明建设指导方针的决议》，提出了培育“四有”公民的任务。这一精神体现在1987年10月国家教委发布的《关于高等学校思想教育课程建设的意见》中。明确育人目标为：培养有理想、有道德、有文化、有纪律的建设人才，简称“四有新人”。该《意见》将高校思想教育课程设置规定为五门：必修课为“法律基础”和“形势与政策”两门课，选择性开设的课程为“大学生思想修养”“人生哲理”“职业道德”三门课。对于新设置的“形势与政策”课，国家教委十分重视，特别是1987年党的十三大的召开，更需要大学生对国内外重大时事，以及党和国家的路线、方针、政策进行全面的了解和掌握。因此党的十三大之后不久，国家教委就颁发了《关于高校开设“形势与政策”课的实施意见》，对该课程的性质、任务、教学内容、教学原则、教学安排、师资、教材及经费等作了明确规定。

随着研究生招生规模的不断扩大，更需要加强对研究生公共政治课的改革。国家教育委员会在1987年6月颁发《关于高等学校研究生马克思主义理论课（公共课）教学的若干规定》，除了要求对所有的硕士研究生开设“科学社会主义理论与实践”课外，还规定文科各专业的硕士研究生须学习“马克思主义经典著作选读”课，文科各专业的博士研究生须学习“马克思主义与当代社会思潮”课；理、工、农、医各专业的硕士研究生须学习“自然辩证法概论”课，理工农医各专业的博士研究生须学习“现代科学技术革命与马克思主义”课。

到1987年，高校思想政治理论课的课程设置有了大体的思路，就是围绕着“马克思主义理论课”和“思想品德课”也就是简称的“两课”进行设置。其中马克思主义理论课程包括“马克思主义原理”“中国革命史”“中国社会主义建设”“世界政治经济与国际关系”（文科开设），思想品德课程包括“法律基础”“大学生思想修养”“人生哲理”“职业道德”。这就是“85方案”的具体内容。

2. *“85方案”在实施过程中的课程调整*（1991—1997）

20世纪80年代末90年代初的国际国内形势发生了深刻变化。国内由于受资产阶级自由化思潮的冲击，高校“学潮”不断发生。针对1989年春夏之交的“六四”风波，邓小平指出：“十年来我们的最大失误是在教育方面，对青年的政治思想教育抓得不够，教育发展不够。”[1] 此时有，邓小平多次讲到我们要坚持四项基本原则，讲到思想政治工作，他指出，“四个坚持本身没有错，如果说有错误的话，就是坚持四项基本原则还不够一贯，没有把它作为基本思想来教育人民，教育学生，教育全体干部和共产党员。”[2] 党中央对此高度重视，加强了对大学生思想政治教育及高校思想政治理论课的领导。

1993年6月，国家教委思想政治理论司在中国矿业大学召开了“新形势下高校思想政治教育课程建设座谈会”。这是一次非常重要的会议，是“85方案”实施过程中的调整和总结，最后达成的共识如下：一是把“思想教育课”的名称改为“思想政治教育课程”；二是要根据形势需要对课程进行改革；三是将“大学生思想修养”和“人生哲理”两门课合并为“思想道德修养”一门课，作为必修课在大学一年级开设；四是把思想政治教育课与马克思主义理论课一起作为高校思想政治教育（德育）的主渠道和主阵地。会议纪要以国家教委思想政治理论司的文件形式转发，指导高校的思想政治理论课程建设。

1994年，第二次全国教育工作会议结束后发布了《爱国主义教育实施纲要》和《中共中央关于进一步加强和改进学校德育工作的若干意见》。

---

[1] 邓小平文选（第3卷）[M]. 北京：人民出版社，1993：287.

[2] 邓小平文选（第3卷）[M]. 北京：人民出版社，1993：305.

这两个文件成为国家教委于1995年10月下发《关于高校马克思主义理论课和思想品德课教学改革的若干意见》和1995年11月颁布《中国普通高校德育大纲（试行）》的重要指导。其主要内容为：一是充分阐述“两课”教学的重要意义，提出要适应新形势对“两课”进行改革，改革的重点是以邓小平同志建设有中国特色社会主义理论为中心内容，进一步加强马克思主义教育。二是对1985年以来高校马克思主义理论课和思想品德课的改革进行了认真总结，首次将高校马克思主义理论课和思想品德课简称为“两课”。三是对“两课”设置统一规定为：四年制本科马克思主义理论教育课程仍设置为“马克思主义基本原理”“有中国特色社会主义建设”“中国革命史”；思想品德教育课程仍设置为“思想道德修养”“法律基础”“形势与政策教育”。文科类专业还应开设“世界政治经济与国际关系”课程。四是对“两课”教学方法的改革、师资队伍建设、“两课”的科学研究和学科建设以及“两课”教学的领导与管理作出了详细规定，把“两课”教学的状况作为评估学校工作和各级领导干部工作实绩的重要条件、学校办学水平和“211工程”评估的标准之一。

1996年6月，全国高校“两课”管理工作座谈会在广州召开，会议一方面提出了争取在1997年确定新教学方案，另一方面提出了新的课程设置方案制订的原则。

1997年，党的十五大把邓小平理论确立为党的指导思想，写进了党章。党的理论创新和指导思想与时俱进，对高校思想政治理论课教育教学提出了新的任务和新的要求。党中央提出了邓小平理论要“进课堂、进教材、进学生头脑”的“三进”要求。1998年4月28日，中宣部、教育部下发了《关于普通高等学校开设“邓小平理论概论”课的通知》，要求从1998年秋季开始，普通高校都要以“中国社会主义建设”课程为基础，开设“邓小平理论概论”课，并把“马克思主义原理”中“科学社会主义论”的课程内容和“中国革命史”中关于1956年以后的课程内容融合到这一课程中进行统一讲授。

邓小平理论作为“两课”教育教学中心地位的确立，标志着新课程方案设置的制订又迈出了关键的一步。

（二）改革开放深化时期高校思想政治理论课设置特征

实施长达十余年的“85方案”作为改革开放深化时期的高校思想政治理论课方案，有如下特点：

1. 高校思想政治理论课的课程设置形成“两课”模式

“85方案”的实施及过程中的不断调整，最终初步形成了利用课堂对大学生进行思想政治教育的课程体系。最突出的表现就是对1985年以来高校马克思主义理论课和思想品德课的改革作了认真总结，首次明确将高校马克思主义理论课和思想品德课简称为“两课”。而用“两课”简称高校思想政治理论课持续的时间较长，充分说明了高校思想政治理论课的课程设置成为课程体系的特征，是有共识的。

2. 课程内容越来越注重社会发展和大学生的思想实际

高校思想政治理论课的课程设置主要有两大块，马克思主义理论课主要给学生讲授马克思主义基础理论、中国化马克思主义，思想品德课主要教给学生思想道德修养及相应的法律基础、国内外形势和党的方针、政策。课程设置很好地体现了对大学生进行历史、理论、现实和社会相结合的思想政治教育的重要思路这样的课程设置和教学内容充分反映了高校思想政治理论课的改革方向。

3. “中国社会主义建设”和思想品德教育课程不断创新

在改革开放中逐步形成的邓小平同志建设有中国特色社会主义理论开始进入课堂，最初主要在“中国社会主义建设”中讲授。“98方案”专门新设“邓小平理论概论”，会在“98方案”中加以论述。

思想品德教育课程在此阶段获得了全面发展。高校思想教育课程建设：“法律基础”“形势与政策”两门为必修课，“大学生思想修养”“人生哲理”“职业道德”三门课，规定可因校制宜有选择地开设。1995年10月，国家教委将“思想品德课”与“马列课”共同简称为“两课”。1995年11月23日，国家教委正式颁布了《中国普通高等学校德育大纲（试行）》，这是我国第一部全面系统规范高等学校德育工作的大纲。该《大纲》的颁布和实施，对思想品德课的建设提出了新的更高、更加规范的要求。

4. 高校思想政治理论课开始纳入学科建设

伴随着改革开放的步伐，我国的学科建设、学位授予等工作，也随之得到国家重视并逐步走向正规。1980 年 12 月 25 日，邓小平在中央工作会议上的讲话中指出："为了保证全党思想上行动上的一致，必须有效地加强和改善我们党的思想政治教育工作。"❶ 1984 年 6 月，中宣部、教育部联合组织召开了全国高等学校思想政治工作会议，会议指出"……确定学科名称为'思想政治教育学'，专业名称为'思想政治教育专业'，初步拟定了专业的课程设置"。❷ 从 1984 年开始，我国就在大学本科、研究生专业目录中设立"思想政治教育"专业，它属于法学门类政治学一级学科之下的二级学科。1988 年，又在"政治学"一级学科下增设了"马克思主义理论教育"二级学科，下设"马克思主义原理""中国革命史""中国社会主义建设""世界政治经济与国际关系"四个方向，形成"思想政治教育"与"马克思主义理论教育"并存的局面。

1995 年，国务院学位办经过调研认为，思想政治教育与马克思主义理论教育两个二级学科属性相似、功能相同，可以合并。1996 年，国务院学位办发出调整专业目录通知，上述两个二级学科合并为新的学科"马克思主义理论与思想政治教育"，仍属于法学门类政治学一级学科之下的二级学科。

20 世纪 80 年代，我国在法学门类政治学一级学科下设立了二级学科"马克思主义理论与思想政治教育"，这使思想政治教育学科有了明确的学科归属。这一学科的设立与建设，对高校思想政治理论课的课程建设、教材建设、师资培养和教学方法改革等，都起到了非常重要的推动作用。这也成为后来学科进一步发展的开始。1990 年，中国人民大学被批准设立全国第一个马克思主义理论教育博士点。1996 年，国家正式批准武汉大学、

❶ 邓小平文选（第 2 卷）[M]. 北京：人民出版社，1994：364.
❷ 罗洪铁. 思想政治教育学理论体系的形成和发展 [J]. 思想政治教育研究，2008（06）：2.

清华大学设立马克思主义理论与思想政治教育博士点。

六、世纪之交高校思想政治理论课的课程设置（1998—2004）

（一）高校思想政治理论课“98方案”课程设置简况

1997年中共十五大把邓小平理论写入党章，成为全党的指导思想。怎样更好地贯彻党的十五大和《中共中央关于进一步加强和改进学校德育工作的若干意见》精神，解决好邓小平理论“进课堂、进教材、进学生头脑”的任务，中央政治局常委会于1998年4月专题讨论了教育部党组关于“两课”课程设置的报告，并作了重要指示。1998年4月28日，中宣部、教育部颁发了《关于普通高等学校开设“邓小平理论概论”课的通知》，指出：“党的十五大把邓小平理论确定为党的指导思想。这对高校马克思主义理论课教学提出了新的更高的要求。当前最迫切的任务是要下大气力把邓小平理论编成教材，进入课堂，武装大学生的头脑。”该《通知》还要求普通高校从1998年秋季开始，以“中国社会主义建设”课程为基础，开设“邓小平理论概论”课，把“马克思主义原理”中有关科学社会主义的内容和“中国革命史”中关于1956年以后的课程内容融合到这一课程中统一进行讲授。❶

此时期的课程设置以邓小平理论作为高校思想政治理论课教育教学的中心内容，为新课程方案设置的制订迈出了关键的一步。1998年6月10日，中宣部、教育部印发了《关于普通高等学校“两课”课程设置的规定及其实施工作的意见》（教社科〔1998〕6号文件），规定：二年制专科开设“马克思主义哲学原理”“邓小平理论概论”；三年制专科开设“马克思主义哲学原理”“毛泽东思想概论”“邓小平理论概论”；本科马克思主义理论课开设“马克思主义哲学原理”“马克思主义政治经济学原理”“毛泽东思想概论”“邓小平理论概论”“当代世界经济与政治”（文科类

---

❶ 教育部社会科学司. 普通高校思想政治理论课文献选编（1949—2006）［M］. 北京：中国人民大学出版社，2006：180.

开设）。同时本科思想品德课开设“思想道德修养”和“法律基础”。研究生开设“科学社会主义理论与实践”“自然辩证法概论”（理工类开设）、“马克思主义经典著作选读”（文科类开设），博士生开设“现代科学技术革命与马克思主义”（理工类开设）、“马克思主义与当代社会思潮”（文科类开设）。还规定，各层次各科类学生都要开设“形势与政策”课。[1] 这标志着高校思想政治理论课“98 方案”的诞生。

1998 年秋季，“两课”课程设置新方案在全国高校展开实施，高校思想政治理论课课程改革进程中的“98 方案”落实。

（二）世纪之交高校思想政治理论课“98 方案”课程设置特征

1. 突出了邓小平理论在“两课”教学中的重要地位，体现了马克思列宁主义、毛泽东思想、邓小平理论、“三个代表”重要思想一脉相承而又与时俱进的关系

以邓小平 1992 年南方讲话和党的十四大召开为标志，我国改革开放和社会主义现代化建设事业进入了一个新的发展阶段。与此相适应，高校思想政治理论课教育教学也进入了一个新的发展阶段。把邓小平建设有中国特色社会主义理论作为高校思想政治理论教育的中心内容，这也成为新时期加强和改进学校德育工作的首要任务和根本措施。因此在“98 方案”的课程设置中，以“邓小平理论概论”取代了“中国社会主义建设”课程，在 1998 年秋季普遍开设“邓小平理论概论”课；并在整个课程体系中突出了邓小平理论的重要地位。突出了马克思主义科学世界观的时代性和现实性，增强了大学生对邓小平理论与马列主义、毛泽东思想是一脉相承的这一认识的深度，以及对邓小平理论作为当代中国马克思主义的科学内涵的认识深度。

进入新世纪新阶段，江泽民总书记在总结历史经验的基础上，提出了“三个代表”重要思想。2001 年，江泽民同志《在庆祝中国共产党成立 80

[1] 教育部社会科学司．普通高校思想政治理论课文献选编（1949—2006）［M］．北京：中国人民大学出版社，2006：182．

周年大会上的讲话》，全面阐述了“三个代表”重要思想的科学内涵。对于这一理论上的创新内容，一定要在高校思想政治理论课的内容中有所反映和跟进。为此，2001 年 7 月，教育部发布《关于普通高等学校“两课”教育教学中贯彻江泽民同志“七一”重要讲话精神的通知》，强调要“积极推进‘三个代表’重要思想进课堂、进教材、进学生头脑工作，是当前和今后一个时期高校‘两课’教育教学工作的重要任务”。党的十六大把“三个代表”重要思想同马克思列宁主义、毛泽东思想、邓小平理论一道确立为我们党必须长期坚持的指导思想。为在高校思想政治理论课教育教学中全面贯彻党的十六大精神，进一步深化“三个代表”重要思想“三进”工作，2003 年 2 月 12 日，教育部下发了《关于进一步深化“三个代表”重要思想“三进”工作的通知》，将“邓小平理论概论”课调整为“邓小平理论和‘三个代表’重要思想概论”课。

因此，从“98 方案”开始，突出体现了马克思列宁主义、毛泽东思想、邓小平理论、“三个代表”重要思想一脉相承而又与时俱进的关系，为以后高校思想政治理论课的改革打下了坚实的基础。

2. 课程设置体现了三个层面的内容，增强“两课”教学的针对性

“98 方案”的课程设置分为三个层面的内容：

一是马克思主义基本原理教育课程设置。“98 方案”把“85 方案”中“马克思主义原理”课分设为“马克思主义哲学原理”和“马克思主义政治经济学原理”两门课。这两门课是基础理论教育的内容。

二是马克思主义中国化理论成果教育课程设置。这主要体现马克思主义与中国实际相结合过程中两次理论飞跃的成果为主题的课程设置，从“98 方案”把“85 方案”中的“中国革命史”课调整为“毛泽东思想概论”课为开始，形成了从“毛泽东思想概论”到“邓小平理论概论”再到“‘三个代表’重要思想概论”的课程体系。这样的课程设置，既突出了马克思主义中国化的两次历史性飞跃所产生的理论成果以及几大成果之间的密切联系，又体现了马克思主义理论的发展性和时代性。

三是运用马克思主义的立场、观点和方法认识世界，树立“正确的人生观和价值观”为主题的课程设置。这些课程主要有“当代世界经济与政治”“思想道德修养”“法律基础”“形势与政策”。

这三个层面作为一个整体，建构起高校思想政治理论课的课程设置体系，对大学生进行全面的、针对性教育。

3. 明确高校思想政治理论课是“对大学生系统进行思想政治教育的主渠道和主阵地”

“98 方案”中体现了素质教育成为高等教育的主流，人才的质量决定社会主义现代化建设全局，育人目标强调综合素质的提高。“98 方案”中新的课程设置更好地体现了对大学生进行系统的思想政治教育的主渠道和主阵地，体现在：一是着眼于引导和帮助学生掌握马克思主义立场、观点、方法，树立正确的世界观、人生观和价值观，坚持党的基本理论和基本路线不动摇。二是以邓小平理论为中心内容，对大学生系统地进行马克思主义基本原理和爱国主义、集体主义、社会主义的教育。

4. 为高校思想政治理论课提供学科支撑的马克思主义理论与思想政治教育学科得到了进一步发展

此时期的学科建设已经开始大发展，在1996年学科建设的基础上，中国人民大学、武汉大学、中山大学的该学科点在2002年被确立为国家级重点学科。这标志着马克思主义理论与思想政治教育学科建设进入一个新的发展时期，对高校思想政治理论课教学提供了有力支撑。从1997年至2003年，“马克思主义理论与思想政治教育”专业开始招收硕士、博士研究生。当时有中国人民大学、武汉大学、清华大学等28所高校可以招收博士研究生，另有171所高校可以招收硕士研究生。

5. “98 方案”课程设置上存在着内容重复和分散的情况

新方案实施过程中自然暴露出来的内容重复的情况主要表现在三个方面。

一是高校思想政治理论课课程设置上的自身重复。比如“马克思主义哲学原理”中的部分内容与“毛泽东思想概论”中的部分内容的重复。

二是高校思想政治理论课与部分中学课程内容上的重复。这主要是因为高校思想政治理论课与中学的政治课内容上存在衔接不够的问题。比如“马克思主义政治经济学原理”课程中的部分内容与中学政治课程中的政治经济学部分内容有所重复。

三是高校思想政治理论课与高校有些专业课程重复。这主要表现在哲学、法律、经济学等专业开设的某些课程中，有部分内容与马克思主义哲学原理、法律基础、马克思主义政治经济学等内容上的重复。

课程设置中的重复情况，导致教师学生的疲倦感增强，再加上课程门数太多，也增加了学生的课业负担。所有这些，需要一个系统的工程才能得到很好的解决。

七、新阶段新时代高校思想政治理论课的课程设置（2005—2019）

（一）高校思想政治理论课“05方案”课程设置简况

1.21世纪新阶段高校思想政治理论课“05方案”出台

进入21世纪以后，高校思想政治理论课改革进入了一个新时期。2002年党的十六大召开之后，在全面建设小康社会的新实践中，党中央全力贯彻“三个代表”重要思想，着力于马克思主义理论的新发展，提出了科学发展观等重大战略思想。与此同时，党中央对思想政治建设，特别是对意识形态领域工作作出了重大指示。高校思想政治理论课程的新一轮调整再次开展。

2004年初，党中央发布了《关于进一步繁荣发展哲学社会科学的意见》，对新形势下繁荣和发展哲学社会科学的指导方针、总体目标和主要任务作了新的部署，作出了实施马克思主义理论研究和建设工程的重大决策。胡锦涛总书记对加强和改进大学生思想政治教育以及高校思想政治理论课教育教学也先后作出重要批示。所有这些都充分体现了党中央对大学生思想政治教育和高校思想政治理论课教育教学提出了更高的要求。

根据胡锦涛总书记的重要批示精神，中宣部、教育部、共青团中央联合进行了全国大学生思想政治教育暨高校思想政治理论课调研工作，并将调研报告报送党中央。调研反映了“两课”课程设置存在的主要问题主要有：一是课程体系不太科学，各门课程之间缺少相互衔接，内在逻辑联系和整体性缺乏统一思路。二是课程内容重复较多。三是课时过多。

针对高校思想政治理论课教学中存在的问题，2004 年 8 月，中共中央、国务院颁布《中共中央国务院关于进一步加强和改进大学生思想政治教育的意见》,主要内容为：一是实事求是分析了我国大学生思想政治教育面临的形势和任务，全面阐述了加强和改进大学生思想政治教育的指导思想、基本原则、基本要求、主要途径和方法，对高校思想政治理论课的建设提出了明确的要求。二是强调以马克思列宁主义、毛泽东思想、邓小平理论和“三个代表”重要思想为指导加强和改进大学生思想政治教育。三是深入贯彻党的十六大精神，贯彻党的教育方针，解放思想、实事求是、与时俱进，立足于帮助大学生树立正确的世界观、人生观、价值观，深入开展马克思主义立场、观点、方法的教育，开展党的基本理论、基本路线、基本纲领和基本经验教育，开展科学发展观教育，开展中国革命、建设和改革开放的历史教育，开展基本国情和形势与政策教育，不断增强高等学校思想政治理论课教学的针对性、实效性和吸引力、感染力。四是对思想政治理论课程体系的设置提出基本要求：一要体现马克思主义与时俱进的理论品质，更好地适应时代发展的要求；二要突出重点，更好地吸收理论和实践发展的最新成果；三要有利于更好地用马克思主义武装大学生头脑。

为深入贯彻落实《中共中央国务院关于进一步加强和改进大学生思想政治教育的意见》，2005 年 2 月中宣部、教育部联合印发了《中共中央宣传部教育部关于进一步加强和改进高等学校思想政治理论课的意见》,该《意见》明确指出：“高等学校思想政治理论课承担着对大学生进行系统的马克思主义理论教育的任务，是对大学生进行思想政治教育的主渠道。充分发挥思想政治理论课的作用，用马克思列宁主义、毛泽东思想、邓小平理论和‘三个代表’重要思想武装当代大学生，是党的教育方针的具体体现，是社会主义大学的本质特征，是党和国家事业长远发展的根本保证。”

在以上两个文件的指导下，2005 年 3 月印发了《〈中共中央宣传部教育部关于进一步加强和改进高等学校思想政治理论课的意见〉实施方案》,以此为标志，高校思想政治理论课开始了又一个新方案，即“05 方案”。

“05 方案”规定：四年制本科的课程设置为“马克思主义基本原理”、“毛泽东思想、邓小平理论和‘三个代表’重要思想概论”（“05 方案”执行两年后，2008 年秋季把“毛泽东思想、邓小平理论和‘三个代表’重要思想概论”这门课的名字更改为“毛泽东思想和中国特色社会主义理论体系概论”)、“中国近现代史纲要”“思想道德修养与法律基础”等 4 门必修课；专科生开设“毛泽东思想、邓小平理论和‘三个代表’重要思想概论”和“思想道德修养与法律基础”。另外，本专科生都要开设“形势与政策”。另外，开设“当代世界经济与政治”等选修课。[1]“05 方案”明确提出了新课程设置方案从 2006 级学生开始，在全国普通高等学校普遍实施。

2. 党的十八大后进入新时代高校思想政治理论课课程设置变化

党的十八大之后，高校思想政治理论课建设进入了一个新的发展阶段，进入了新时代。

为了适应新的形势和任务，国家推出了一系列重大新举措。2012 年 5 月，在国家级精品课建设的基础上，教育部办公厅发布了《关于印发〈精品资源共享课建设工作实施办法〉的通知》。该《实施办法》规定：2012 年和 2013 年重点开展原国家精品课程转型升级为国家级精品资源共享课的建设，采取遴选准入方式选拔课程；同时，从 2013 年起，适应新需求，结合高等教育发展趋势和教学改革成果，采取招标建设和遴选准入两种方式建设一批新的课程。从总体上看，这些国家级精品课、精品资源共享课，从多方面为全国范围高校思想政治理论课的建设提供了可资学习、借鉴的宝贵经验。

2015 年 7 月 27 日，中宣部、教育部印发《关于普通高校思想政治理

[1] 教育部社会科学司. 普通高校思想政治理论课文献选编（1949—2006）[M]. 北京：中国人民大学出版社，2006：218.

论课建设体系创新计划》，该文件把高校思想政治理论课的教材建设、师资队伍建设、教学方法、学科建设、评价标准和二级机构建设等方面提升到体系化的高度，明确指出了高校思想政治理论课建设体系创新计划的指导思想、基本原则和目标任务，并且确定了高校思想政治理论课建设体系创新计划的重点建设内容。2015年9月，教育部印发修订后的《高等学校思想政治理论课建设标准》，具体落实上一个文件的精神。2017年9月，教育部发布《高等学校马克思主义学院建设标准（2017年本）》，进一步强化了高校思想政治理论课的机构建设，为思想政治理论课提供了强有力的组织保证。

为切实加强新时代高校思想政治理论课建设，全面推进习近平新时代中国特色社会主义思想进教材进课堂进学生头脑，培养担当民族复兴大任的时代新人，2018年4月12日教育部印发了《新时代高校思想政治理论课教学工作基本要求》。该文件提出要明确指导思想，坚持基本原则，严格落实学分，合理安排教务，规范建设教研室（组），统一实行集体备课，创新集体备课形式，严肃课堂教学纪律，科学运用教学方法，改进完善考核方式，强化科研支撑教学，健全听课指导制度，综合评价教学质量，落实高校主体责任，强化地方统筹管理，加强全国宏观指导等。这一“基本要求”中的亮点是规定“从本科思想政治理论课现有学分中划出2个学分、从专科思想政治理论课现有学分中划出1个学分，开展本专科思想政治理论课实践教学”。这是党的十九大之后印发的直接针对思想政治理论课建设的重要文件，具有很强的现实针对性、指导性和可操作性。[1]

2019年3月18日，习近平总书记在学校思想政治理论课教师座谈会上发表了重要讲话，明确提出了推动思想政治理论课改革创新的重要目标，深入阐释了必须坚持的重要原则，为推动思想政治理论课改革创新指明了方向和路径。着力推动思想政治理论课改革创新，就要深刻把握“八个相统一”。习近平总书记明确提出：坚持政治性和学理性相统一，坚持

[1] 教育部关于印发《新时代高校思想政治理论课教学工作基本要求》的通知，2018年4月12日，http：//www.moe.gov.cn/srcsite/A13/moe_772/201804/t20180424_334099.html.

价值性和知识性相统一，坚持建设性和批判性相统一，坚持理论性和实践性相统一，坚持统一性和多样性相统一，坚持主导性和主体性相统一，坚持灌输性和启发性相统一，坚持显性教育和隐性教育相统一。这“八个相统一”，是思想政治理论课建设长期以来形成的一系列规律性认识和成功经验的科学概括，是推动思想政治理论课改革创新的重要原则。

2019年8月14日，中共中央办公厅国务院办公厅印发《关于深化新时代学校思想政治理论课改革创新的若干意见》，在课程建设和设置方面最重要的内容为：一是坚持党对思想政治理论课建设的全面领导，把加强和改进思想政治理论课建设摆在突出位置。二是坚持思想政治理论课建设与党的创新理论武装同步推进，全面推动习近平新时代中国特色社会主义思想进教材进课堂进学生头脑，把社会主义核心价值观贯穿国民教育全过程。三是注重推动思想政治理论课建设内涵式发展，全面提升学生思想政治理论素养，实现知、情、意、行的统一。四是调整创新思想政治理论课课程体系。加强以习近平新时代中国特色社会主义思想为核心内容的思想政治理论课课程群建设。在保持思想政治理论课必修课程设置相对稳定基础上，全国重点马克思主义学院率先全面开设“习近平新时代中国特色社会主义思想概论”课。博士阶段开设“中国马克思主义与当代”，硕士阶段开设“中国特色社会主义理论与实践研究”，本科阶段开设“马克思主义基本原理概论”“毛泽东思想和中国特色社会主义理论体系概论”“中国近现代史纲要”“思想道德修养与法律基础”“形势与政策”，专科阶段开设“毛泽东思想和中国特色社会主义理论体系概论”“思想道德修养与法律基础”“形势与政策”等必修课。各高校要重点围绕习近平新时代中国特色社会主义思想，党史、国史、改革开放史、社会主义发展史，宪法法律，中华优秀传统文化等设定课程模块，开设系列选择性必修课程。[1] 这是最新的指导意见，一门新的课程——“习近平新时代中国特色社会主义思想概论”即将在高校开设，这是一个重大的变化和改革。

---

[1] 中共中央办公厅 国务院办公厅印发《关于深化新时代学校思想政治理论课改革创新的若干意见》，2019年8月14日，新华网，http://www.xinhuanet.com/politics/2019-08/14/c_1124876294.htm.

（二）高校思想政治理论课“05方案”课程设置特征

1. 正式以“思想政治理论课”来概括原来的“两课”各门课

这是一次最新的概括，比“两课”简称是进步。因为高校思想政治理论课这样的称谓，坚定了此类课程的性质，客观反映了“马克思主义理论”和“思想教育”或“思想品德”这两类课程之间的内在联系，使高校思想政治理论课真正进入了高速、规范的发展时期。

2. “05方案”中的课程设置突出了马克思主义中国化的时代内容

新的课程设置中以马克思主义中国化的理论成果“毛泽东思想、邓小平理论和‘三个代表’重要思想”为中心内容，后来初步形成了以“毛泽东思想和中国特色社会主义理论体系概论”为主题内容的新课程体系。新的课程体系又在不断丰富，从2019年8月14日开始，全国重点马克思主义学院率先全面开设“习近平新时代中国特色社会主义思想概论”课。总之，新的课程体系充分体现了马克思主义中国化的最新理论成果和中国特色社会主义实践经验的总结，科学准确地回答了大学生关注的现实问题和解决大学生深层次的思想认识问题。在新中国成立70年的今天，追溯历史，仍然能够感受到这一课程设置的科学与成功，特别是为以后的科学发展观和习近平新时代中国特色社会主义思想作为中国特色社会主义理论体系的重要组成部分，以及以后中国共产党的理论创新预留了广阔的空间。

3. “05方案”课程设置展现了高度的整合性

一是把“98方案”中的“思想道德修养”和“法律基础”课程整合为“思想道德修养与法律基础”课程。这种合并不是两门课程的简单相加，而是教学内容的彻底整合。这在一定程度上解决了“98方案”课时较多、部分内容重复的问题，突出了“依法治国”和“以德治国”二者的结合。

二是“05方案”对“98方案”中分设的“毛泽东思想概论”和“邓小平理论概论”（后调整为“邓小平理论和‘三个代表’重要思想概论”）课作了调整。最后在2008年时形成了“毛泽东思想和中国特色社会主义理论体系概论”这一门课程，突出了中国化马克思主义这一中心内容。这门课就为后来把科学发展观和习近平新时代中国特色社会主义思想作为中国特色社会主义理论体系的重要内容进课堂、进教材、进头脑奠定了基础，也为2019年新学期在全国重点马克思主义学院开始开设“习近平新时代中国特色社会主义思想概论”课奠定了基础。

三是把“98方案”中的“马克思主义哲学原理”和“马克思主义政治经济学原理”整合为“马克思主义基本原理概论”，同时强调要加入科学社会主义的有关内容。这一调整不是原有两门课程的合并或简单相加，更不是对“85方案”的简单回归，实际上是新的理论体系和课程内容的构建，是将马克思主义基本原理系统性的讲授给学生的探索。

四是“05方案”增加了“中国近现代史纲要”新课程。从“05方案”中的“中国近现代史纲要”课程设置来看不是整合的，吸收了前两次课程改革的优点：吸收了“85方案”中注重社会历史发展教育和“98方案”中注重理论发展教育的长处，实现了中国近现代社会发展和马克思主义中国化理论发展的统一。

4. 加强了高校思想政治理论课的教学科研机构建设和课程建设标准

2008年8月，中央在高校思想政治理论课工作会议上提出全国各高校都要独立设置直属学校领导的思想政治理论课教学科研二级管理机构，同时制定了高校思想政治理论课的建设标准。2011年1月，教育部印发了《高等学校思想政治理论课建设标准（暂行）》，为高校思想政治理论课成效评估确定了基本标准。

5. 形成了课程设置与学科建设良性互动的局面

为了加强和改进高校思想政治理论课，改善高校思想政治理论课发展空间有限和学科影响力度不强的现状，2005年3月印发了《〈中共中央宣传部教育部关于进一步加强和改进高等学校思想政治理论课的意见〉实施方案》（教社政［2005］9号）还提出了设立马克思主义理论一级学科的任务。思想政治理论课教育教学所依托的学科是我国特有的一门政治性、科学性和实践性很强的学科，只能加强，不能削弱。设立马克思主义一级学科，为了加强高校思想政治理论课建设，培养思想政治教育工作队伍提供有力的学科支撑。2005年12月国务院学位委员会、教育部下发了《关于调整增设马克思主义理论一级学科及所属二级学科的通知》，正式设立马克思主义理论一级学科。决定在《授予博士、硕士学位和培养研究生的学科、专业目录》中增设马克思主义理论一级学科及所属二级学科。新增设的马克思主义理论一级学科，暂设置于“法学”门类内，下设五个二级学科，即马克思主义基本原理、马克思主义发展史、马克思主义中国化研究、国外马克思主义研究、思想政治教育。为了进一步加强高校思想政治理论课“中国近现代史纲要”课程功能建设，2008年《国务院学位委员会、教育部关于增设“中国近现代史基本问题研究”二级学科的通知》规定，“中国近现代史基本问题研究”又新增设为该一级学科中的第六个二级学科。这样马克思主义理论一级学科及其所属六个二级学科的建设，使高校思想政治理论课各门课程有了明确的学科依托，思想政治理论课也被直接纳入学科建设的领域，促进了高校思想政治理论课的建设，使高校思想政治理论课有了强大的学科支撑。截至2009年，全国共有“马克思主义理论”一级学科博士点21个，一级学科硕士点73个；二级学科博士点213个，二级学科硕士点842个。国家还批准了“马克思主义理论”博士后科研流动站34个，有30所高校的思想政治教育专业成为国家级特色专业。[1] 马克思主义理论学科建设，取得了突破性进展，从而形成了学科建设与课程设置良性互动的局面。

高校坚持和巩固马克思主义的指导地位，必须加强马克思主义理论学科建设，用马克思主义理论学科建设支撑人才队伍培养。马克思主义理论学科在支撑和服务思想政治理论课教师队伍建设，提高思想政治理论课教学质量与效果方面，承担着义不容辞的使命与责任。

---

[1] 王树荫．马克思主义理论学科发展的回顾与思考［J］．首都师范大学学报（社科版），2009（01）．

新中国成立70年高校思想政治理论课课程设置经验

新中国成立70年来，高校思想政治理论课课程设置经历了七轮沿革。高校思想政治理论课在每一轮设置沿革中都在相应的历史时期发挥了应有的作用。从初步确立到发展完善，到受干扰和冲击，再到思想政治理论课程的全面恢复和进一步完善，形成了完整的结构合理的课程体系，经过多少次反复和曲折过程，积累了丰富的经验和深刻的教训。通过以上的文字阐述和下面新中国成立70年来高校思想政治理论课的课程沿革表，以此总结新中国成立70年高校思想政治理论课程设置的基本经验。

新中国成立70年高校思想政治理论课课程沿革表

发展历程	课程设置	全体学生课程
创建 1949—1952	新民主主义论（本科、专科） 政治经济学（本科、专科） 社会发展史（1951年改为“辩证唯物论和历史唯物论”）（本科）	无
扩展 1953—1956	马列主义基础（本科） 中国革命史（本科、专科） 政治经济学（本科、专科） 辩证唯物主义和历史唯物主义（本科、专科）	无

续表

发展历程	课程设置	全体学生课程
调整 1957—1966	中共党史（文本、理本、专文） 政治经济学（文本） 哲学（文本） 马克思列宁主义概论（理本、专文、专理）	形势和任务
曲折 1966—1976	一度停开 1970年工农兵学员学习公共政治理论课 以毛主席语录、毛主席著作为教材	无
恢复 1977—1984	中共党史（本科） 政治经济学（本科） 哲学（本科） 国际共产主义运动史（或科学社会主义）（文科） （二年制专科开设一至二门，三年制专科开设二至三门。课程门类由各校根据专业性质自定）	时事教育
“85方案” 1985—1997	“马克思主义理论课”包括： 马克思主义原理（本科、专科） 中国革命史（本科、专科） 中国社会主义建设（本科、专科） 世界政治经济和国际关系（本科） “思想教育课”包括： 形势与政策（本科、专科） 法律基础（本科、专科） 大学生思想修养（选修） 人生哲理（选修） 职业道德（选修）	形势与政策
“98方案” 1998—2004	马克思主义哲学原理（本科、专科） 马克思主义政治经济学原理（本科） 毛泽东思想概论（本科、专科） 邓小平理论概论（本科、专科） 思想道德修养（本科） 法律基础（本科） 当代世界经经济与政治（文科） 科学社会主义理论与实践（硕研） 自然辩证法概论（硕研、理工类） 马克思主义经典著作选读（硕研、文科） 现代科学技术革命与马克思主义（博研、理工类） 马克思主义与当代社会思潮（文科类开设）	形势与政策

续表

发展历程	课程设置	全体学生课程
“05方案” 2005至今	马克思主义基本原理概论（本科） 毛泽东思想、邓小平理论和“三个代表”重要思想概论（2008年改名为“毛泽东思想和中国特色社会主义理论体系概论”）（本科、专科） 习近平新时代中国特色社会主义思想概论（2019年秋季开设） 中国近现代史纲要（本科） 思想道德修养与法律基础（本科、专科） 当代世界经济与政治（本科选修） 中国特色社会主义理论与实践研究（硕研） 自然辩证法概论（硕研、理工类） 马克思主义与社会科学方法论（硕研、文科） 中国马克思主义与当代（博研） 马克思主义经典著作选读（博研选修）	形势与政策

一、对思想政治理论课的课程设置在高校教育教学中的特殊重要地位有清醒的认识

高校思想政治理论课是巩固马克思主义在高校意识形态领域指导地位，坚持社会主义办学方向的重要阵地，是全面贯彻落实党的教育方针，培养中国特色社会主义事业合格建设者和可靠接班人，落实立德树人根本任务的主干渠道，是进行社会主义核心价值观教育、帮助大学生树立正确世界观人生观价值观的核心课程。

首次提出高校共同政治理论课的课程目标问题是1961年4月，在教育部和中宣部颁布的《改进高等学校共同政治理论课程教学的意见》中明确指出，高等学校共同政治理论课的教学任务是，“向学生进行理论和实践统一的马克思列宁主义教育，帮助他们理解马克思列宁主义、毛泽东著作，了解党的路线、方针、政策；引导他们以马克思列宁主义基本原则为指导，去观察问题、研究学问和处理工作，不断地同现代修正主义、资产

阶级思想和其他反动思想的影响进行斗争”❶。之后课程设置的每一轮修改变化，都对此进行重点强调。再以“05 方案”在颁布前的2005年2月，中宣部、教育部联合印发的《中共中央宣传部教育部关于进一步加强和改进高等学校思想政治理论课的意见》为例。该《意见》明确指出：“高等学校思想政治理论课承担着对大学生进行系统的马克思主义理论教育的任务，是对大学生进行思想政治教育的主渠道。充分发挥思想政治理论课的作用，用马克思列宁主义、毛泽东思想、邓小平理论和‘三个代表’重要思想武装当代大学生，是党的教育方针的具体体现，是社会主义大学的本质特征，是党和国家事业长远发展的根本保证。”在2015年7月27日由中央宣传部教育部关于印发《普通高校思想政治理论课建设体系创新计划》的通知中依然明确指出：“思想政治理论课是巩固马克思主义在高校意识形态领域指导地位，坚持社会主义办学方向的重要阵地，是全面贯彻落实党的教育方针，培养中国特色社会主义事业合格建设者和可靠接班人，落实立德树人根本任务的主干渠道，是进行社会主义核心价值观教育、帮助大学生树立正确世界观人生观价值观的核心课程。办好思想政治理论课，事关意识形态工作大局，事关中国特色社会主义事业后继有人，事关实现中华民族伟大复兴的中国梦，必须始终摆在突出位置，持之以恒、常抓不懈。”可见，不管高校思想政治理论课的课程方案发生怎样的变化，高校思想政治理论课的地位和任务是始终如一的。

正因为对高校思想政治理论课的这一地位有清醒的认识，所以新中国成立70年来，高校思想政治理论课的课程设置基本上是围绕办好思想政治理论课，事关意识形态工作大局，事关中国特色社会主义事业后继有人，事关实现中华民族伟大复兴的中国梦，必须始终摆在特殊重要的位置来进行的。

但我们也要清醒地认识到，思想政治理论课在高校考核体系中的地位和作用还不够突出；思想政治理论课建设体系还需进一步完善。进入新时代的高校思想政治理论课的课程建设，其任务将会更加重要、艰巨和复杂。

---

❶ 教育部社会科学司．普通高校思想政治教育课程文献选编（1949—2006）［M］．北京：中国人民大学出版社，2007：41．

二、高校思想政治理论课的课程设置改革反映了时代的变化

纵观新中国成立70年来高校思想政治理论课程改革和建设的历史，各个时期高校思想政治理论课程设置都能反映时代的变化和马克思主义最新发展的理论成果。从新中国成立之初的高校思想政治理论课的“老四门”，到改革开放后的不断调整形成的“85方案”“98方案”“05方案”，每一轮的课程调整都反映了时代的需求，每一轮课程体系的改革都是在其特殊的时代背景下进行的，当然也会受到各种各样包括国内外因素的制约与影响，但这恰恰成为高校思想政治理论课课程设置十分宝贵的经验。

三、课程设置的改革变化与党的理论创新密切联系在一起

高校思想政治理论课的任务特殊，课程设置的改革必须反映中国共产党的理论创新。纵观70年高校思想政治理论课的设置沿革，是不断把中国共产党创新的理论写入课程设置的历史，从毛泽东思想、邓小平理论、“三个代表”重要思想、科学发展观，到习近平新时代中国特色社会主义思想，一旦有了理论创新，一定会在高校思想政治理论课中体现出来。所以才有了70年来高校思想政治理论课的多轮改革。

1998年4月，中宣部、教育部在《关于普通高等学校开设〈邓小平理论概论〉课的通知》中提出：要下气力把邓小平理论编成教材，进入课堂，武装大学生的头脑。当年6月，中宣部、教育部在《关于普通高等学校“两课”课程设置的规定及其实施工作的意见》中明确使用了邓小平理论“进教材，进课堂，进头脑”的提法。之后，在实施“98方案”时简称为“三进”，这个提法沿用至今。每一次重要的理论创新，都要“三进”。“三进”表达的是要十分重视党的理论创新成果的学习、宣传和贯彻，要在高校思想政治理论课教材和教学中尽快而充分地体现出来。

因此，只有与时代发展同步伐，坚持与党的理论创新联系在一起，坚持理论联系实际、与时俱进，才能保持高校思想政治理论课课程体系的蓬勃生机和发展前景。

四、基本保持了高校思想政治理论课程设置的相对稳定性

新中国成立70年来，我国高校思想政治理论课程设置尽管在不断变化和调整，但大体上相对稳定。从新中国成立到社会主义改造基本完成及“文革”前十年再到“85方案”“98方案”“05方案”的课程设置。可以看出，高校思想政治理论课的课程名称和课程内容或多或少都有变动，这种变动是由国内外形势、社会发展和新的理论成果的出现所必然导致的，但大体上还是保持了相对的稳定。

五、课程设置和教学内容在不断探索中贴近大学生思想实际

思想政治理论课的教育对象是大学生。大学生是国家和民族的未来，是中国特色社会主义建设事业的接班人。纵观70年高校思想政治理论课的课程设置和教学内容，都是在围绕着如何贴近大学生的生活和思想实际展开。尽管在反右斗争扩大化和“文化大革命”中有偏差，但在提高高校思想政治理论课的实效性、针对性与亲和力的基本要求方面，一直没有大的变化，并在不断深入。

六、课程设置坚守对大学生进行思想政治教育的主渠道和主阵地

新中国成立70年，高校思想政治理论课一直都是对大学生进行思想政治教育的主要载体。在新时期，我们更不能放松。要加强高校思想政治理论课改革，探索新方法，提高思想政治教育的实效性。1993年《中共中央组织部、中共中央宣传部、国家教育委员会关于新形势下加强和改进高等学校党的建设和思想政治工作的若干意见》、1995年10月《关于高校马克思主义理论课和思想政治品德课教学改革的若干意见》、2004年中央16号文件和2005年《中共中央宣传部、教育部关于进一步加强和改进高等学校思想政治理论课的意见》等重要文件，都强调思想政治理论课（以前的“两课”）是大学生思想政治教育的主渠道和主阵地。在任何时候都不能放松这个主阵地的建设。这也是新中国成立70年，我国高校思想政治教育的主要经验之一。

新中国成立70年高校思想政治理论课教材建设沿革

教材，又称“教科书”或“课本”，是指学校用以教学和考核学生学习的根本依据，是被确认为科学或权威、汇聚了人类知识精华的著作。也就是说教材是高校教学和科研水平的反映，既是教学的出发点，也是教师“教”和学生“学”的主要依据。同时教材又集中体现着民族的历史文化、国家的意志战略、社会的变迁发展和教育的水平发展，是实现培养目标的最直接载体。就一定的高度而言，教材决定着国家的未来。

高校思想政治理论课是思想政治教育的子系统，思想政治理论课教材又属于思想政治理论课的子系统。高校思想政治理论课的课程设置和教材之间存在着紧密的联系，不能分割。新中国成立70年，高校思想政治论课教育教学获得了长足发展，其中，教材建设功不可没。

高校思想政治理论课教材，集中反映出执政党的治国方针与理念，体现着国家意志和主流意识形态。同时，思想政治理论课教材作为国家管理社会的一种手段和工具，也肩负着思想政治教育的任务、功能。中国共产党每一次理论上的重大创新，都会以“进课堂、进教材、进头脑”的方式对大学生进行教育。因此，高校思想政治理论课教材，既是高校学生学习的工具，同时又承载着马克思主义理论及其中国化最新理论成果，也是国家主流意识形态的灌输路径，是表达民族信念和国家意志的重要载体。高校思想政治理论课教材建设必须带有一定的政治性，是对大学生进行政治素质教育，帮助大学生树立正确的世界观、人生观、价值观，提高大学生正确认识和有效分析当前社会的复杂现象以及解决问题的能力。

正是因为高校思想政治理论课教材有其特殊地位和重要特点，因此，本文所涉及的高校思想政治理论课教材主要是指，依据教育部颁发的课程标准（或教学大纲），结合高校思想政治理论课程的性质、地位及功能，由国家教育主管部门、省、自治区、直辖市教育主管部门、或者学校组织人员编写，以马克思主义基本原理，马克思主义中国化理论成果，中国共产党路线、方针和政策，中国共产党历史，中国近现代历史，思想道德修养与法律基础等为内容，旨在培养大学生正确的世界观、人生观、价值观为目标而编写的政治性教科书。从时间上来说，主要是指1949年后在全日制普通高校使用的思想政治理论课教材（需要说明的是，“05方案”时编写教材的工作主要由马克思主义理论研究和建设工程（简称“马工程”）承担）。

新中国成立70年来，高校思想政治理论课及教材，从无到有，在继承与发展中，依据不同历史时期的国内外形势、具体社会环境和政治需要，不断地进行着调整和改革，并逐步走向科学化、理论化和现代化。这一巨大成就，必须充分肯定。高校思想政治理论课教材的沿革历史，反映着高校思想政治教育的时代使命，也反映着马克思主义意识形态的时代痕迹。因此，此部分内容主要研究新中国成立70年来高校思想政治理论课教材的沿革，对不同时期高校思想政治理论课教材的主要内容及特点进行分析，同时以现在使用的“毛泽东思想和中国特色社会主义理论体系概论”教材为例，追溯历史，总结高校思想政治理论课教材发展建设的基本经验，为建设中国特色的高校思想政治理论课教材提供一定的参考。

一、新中国成立后至“文革”高校思想政治理论课的教材建设（1949—1966）

1949年新中国成立之后的几年，我国教育深受苏联教育的影响，整个国家教学内容和教学方法在向苏联学习的基础上，对原有的旧教育制度、教学内容和教学方法进行相应的改革。1949年12月23日至31日，第一次全国教育工作会议在北京召开之后，教育部指示开始逐步地进行思想政治理论课程的建设，初步形成了新中国高校马克思主义政治理论课程体系。教材的建设因此启动。

（一）高校思想政治理论课教材从无到有（1949—1956）

新中国刚成立时，高校思想政治理论课教材主要通过运用民主革命时期的理论著作、翻译苏联教材、自编新教材、使用教育部指定教材或人民大学教材及党中央和教育部推荐的参考（阅读）资料等几个途径来解决。

1950年2月初，在教育部的主持下，由华北大学（中国人民大学前身）革命问题教研室牵头，组织召开了首次《新民主主义论》教学讨论会。这次会议拟定的《新民主主义论讲授提纲》，经教育部审定之后，成为当时京津各高校讲授新民主主义理论的重要文本。京津各高校春季开学后，均按照《新民主主义论讲授提纲》开始授课。[1]

许多苏联学者编写的教材也开始被我国各高校采用。当时苏联学者奥斯特洛维强诺夫编写了《政治经济学讲授提纲》，该讲授提纲于1950年5月由北京生活·读书·新知三联书店出版。不久之后，中国人民大学也出版了此讲授提纲，并用于教学。

1950年8月，《光明日报丛刊》（第二辑）全文刊登了《新民主主义论讲授提纲》《辩证唯物论与历史唯物论教学纲目》和《政治经济学讲授提纲》的教学内容参考材料。[2]这些提纲成为当年各高校秋季学期教师开展思想政治理论课教学选用的参考教材。

1950年10月4日，教育部下发了《关于全国高等学校暑期政治课教学讨论会情况及下学期政治课应注意事项的通报》。在该通报最后所列附件二《华北区1950年第一学期政治课“社会发展史”的教学内容和教学组织》及《华北区“社会发展史”教学进度表》中，指出：《社会发展

[1] 刘辉. 中国人民大学与建国初高校“新民主主义论”、“中国革命史”课程的开设［J］. 教学与研究，2008（11）：86－93.

[2] 转引自：李梁. 建国初期思想政治理论课程教材建设的探索和经验［J］. 新课程研究（中旬刊），2012（02）：141－143.

史》课程，以《辩证唯物主义和历史唯物主义》（斯大林著）和《历史唯物论——社会发展史讲授提纲（修订本）》（艾思奇著）为参考教科书；《政治经济学》课程，以北京生活·读书·新知三联书店出版的《政治经济学讲授提纲》（苏联奥斯特罗维强洛夫著）和《政治经济学课程各分册》为参考教科书；《新民主主义论》课程，以《新民主主义论》（毛泽东著）和《中国新民主主义革命史》（胡华著）为基本参考教科书。[1]

1951年，又有一批高校自编的讲授提纲和个人翻译的苏联著作问世，主要有：东北人民大学编写出版的《马克思列宁主义基础参考资料》、东北师范大学编写的《新民主主义讲授提纲》及其他高校自编的教学资料；东北人民政府文化教育委员会出版的《辩证唯物论与历史唯物论教学大纲》（傅尚民译）和《政治经济学教学大纲》（C. B. 尤菲列夫著）等译著。

1952年11月27日教育部发出《关于翻译苏联高等学校教材的暂行规定》，要求各高等学校制订翻译苏联教材的计划，对翻译苏联教材的原则、组织、规划等也作了规定。译稿经教材编审委员会审查通过之后，以“教育部推荐高等学校教材试用本”的名义出版。[2]

为此，1952年12月25日，教育部成立了专门的教材编审机构——教材编审处（高等教育出版社前身，1954年5月正式成立了高等教育出版社），开始正式地、有计划地修订、编写、出版高校思想政治理论课的教学大纲、教科书，重点翻译、出版苏联的教学大纲、讲义、政治教科书等。同时邀请了苏联专家进入高校，指导编译政治课教科书。作为学习苏联教育经验的试点高校——中国人民大学最具有代表性，“据统计，1950年至1957年，中国人民大学聘请了近百位苏联专家……由苏联专家直接编写和在苏联专家指导下编写的讲义、教材共达106种。”[3] 以下列举部分主要的代表作：

---

[1] 赵艳霞. 建国初期高校学生政治教育［D］. 四川：西南交通大学，2008.

[2] 中华人民共和国教育大事纪（1949—1982）［Z］. 北京：教育科学出版社，1984：68.

[3] 李梁. 新中国成立以来高校思想政治理论课教材建设的探索历程和基本经验［J］. 思想理论教育导刊，2010（01）：70－76.

“辩证唯物论与历史唯物论”课程教材主要有：《历史唯物论》（米丁著，沈志远译，上海三联书店 1949 年版）、《辩证唯物主义与历史唯物主义》（斯大林著，解放社 1949 年版）、《辩证唯物主义》（阿历山大罗夫主编，马哲译，人民出版社 1954 年版）、《历史唯物主义》（康士坦丁诺夫主编，刘丕坤等译，人民出版社 1955 年版）等。

“政治经济学”课程教材主要有：《政治经济学》（列昂节夫著，解放社 1949 年版）、《政治经济学讲义（手稿）》（米·费·斯比里顿诺夫著，马克思列宁学院教务处编译室译，高等教育出版社 1954 年版）等。

“马列主义基础”课程教材主要有：《马克思列宁主义基础讲义》（瓦·阿·斯米尔诺娃著，马克思列宁学院教务处译）、《马克思列宁主义基础讲义》（库兹涅佐夫著，北京师范大学马克思列宁主义教研室翻译组译，北京师范大学出版社 1955 年版）、《马克思列宁主义基础》（杰米多夫、巴甫洛夫等编，中国人民大学马克思列宁主义教研室译，中国人民大学出版社 1955—1956 年版）等。

1953 年 6 月 17 日，中央人民政府高等教育部下发《关于改“新民主主义论”为“中国革命史”及“中国革命史”的教学目的和重点的通知》，要求“新民主主义论”课程一律改为“中国革命史”课程，教学提纲拟试用中国人民大学 1953 年起草的《中国革命史纲目》。受教育部委托，由著名的马克思主义史学家和教育家、先后任中国人民大学研究部副部长和历史系主任、一级教授的何干之组织编写正式的“中国革命史”课程教材。1954 年 2 月，由何干之主编的《中国现代革命史讲义》由高等教育出版社出版。这是全国高校最早的“中国革命史”课程教材。《中国现代革命史讲义》一书的特点是史论结合，一方面系统地介绍中国共产党的历史，另一方面科学地总结了马克思列宁主义在中国的实践。

此后，也涌现出了一批来自全国各高等院校编写、翻译和出版的讲义、教材、学习资料。例如，东北人民大学马列主义基础教研室编《马克思列宁主义基础关于中国革命问题的参考资料（第一辑）》（1953）；中国人民大学马列主义研究室编《〈马列主义基础〉参考资料》（1952），及《马克思列宁主义基础讲稿》和《中国革命史参考资料》，等等。

1956年9月9日，高等教育部下发《关于高等学校政治理论课课程的规定（试行方案）》，要求根据新的学时规定，重新修订和编写教学大纲。到1956年底，绝大数高校使用的教材如下：

“马列主义基础”课程的教材为《苏共党史简明教程》；“中国革命史”课程的主要教材是《中国现代革命史讲义》（何干之主编）；“政治经济学”课程的教材是苏联编的《政治经济学教科书》；“辩证唯物主义与历史唯物主义”课程的教材由教师自编讲义。其主要内容实际上是采用了中国人民大学苏联专家克列在1953年所编写的该门课程的讲稿。也不是所有学校都采用了克列编写的讲稿，如有的学校就把苏联康斯坦丁诺夫著的“历史唯物主义”作为了教材。[1]

此时期，在高校思想政治理论课程与教材建设方面处于全国领先地位的是中国人民大学，其编写的教材被广泛用于其他高校。比如，胡华编写的《中国新民主主义革命史（初稿）》，于1950年3月由新华书店出版后，迅速成为高等院校学习中共党史和革命史的基本教材，到1953年3月已出版了11个版次，全国各地不断翻印，仅上海来说，到1954年的时候就已经印刷了18次，印数达到了43万余册。[2] 再比如，何干之主编的《中国现代革命史讲义（讲稿）》，自1954年12月由高等教育出版社出版后，随即作为高等学校内部试用教材而备受欢迎，至1956年7月北京已印刷13次，印数达到116万余册，至1956年9月天津已印刷15次，印数达130余万册，足见影响之大。[3] 该教材还被译成俄、英、越等国文字，在国外发行。

（二）高校思想政治理论课教材的曲折建设（1957—1976）

1957年反右斗争扩大化对高校思想政治理论课教材建设也形成了冲击。1957年12月，高等教育部、教育部联合下发《关于在全国高等学校

---

[1] 教育部社会科学司．普通高校思想政治理论课文献选编（1949—2008）［M］．北京：中国人民大学出版社，2008．

[2] 周一平．中共党史史学史［M］．兰州：甘肃人民出版社，2001：154．

[3] 周一平．中共党史史学史［M］．兰州：甘肃人民出版社，2001：166．

开设社会主义教育课程的指示》，规定全国高校不分年级所有学生必须无例外地参加学习《社会主义教育》课程，“学习时间暂规定为一学年”，“原应开的四门政治课一律停开”。还规定“教材以毛泽东《关于正确处理人民内部矛盾的问题》为中心，同时阅读一些必要的马克思列宁主义经典著作、党的文件和其他文件”❶。

到1959年，高校的思想政治理论课程逐步恢复，教材也开始趋于稳定。政治理论课定为四门：“中共党史”“社会主义”“哲学”“政治经济学”。

1961年7月24日，教育部下发《关于1961—1962学年度上学期高等学校共同政治理论课安排的几点意见》，指出：由于课程和教学内容不稳定，没有教科书，这已严重影响到政治理论课的正常教学。该《意见》要求各高校根据具体课程采取一些过渡办法，以待后期教科书的出版。教科书可以采用中宣部（局）编写的教材，选读毛泽东同志的有关著作及其他领导人的著作、文章，同时可选择一本现有的较好的党史教材作为参考读物。

1964年10月11日，中央宣传部、高教部党组、教育部临时党组联合下发《关于改进高等学校、中等学校政治理论课的意见》，对每门课程的教科书内容作了详细规定，强调“毛主席著作”是政治理论课最好的教科书。要求各高校必须把毛主席的著作作为思想政治理论课教学最基本的教材；高校政治理论课在继续开设“形势与政策”课之外，还设置了“中共党史”“政治经济学”“哲学”等课程，同时规定了这些课程所应采用的相关教材。《中共党史》课选读毛主席著作，《社会主义》课以《马克思主义的三个来源和三个组成部分》《共产党宣言》等为教材；《哲学》课、《政治经济学》课选用苏联教材。❷

十年“文化大革命”，给党、国家和人民造成严重的灾难，教育领域、

---

❶ 教育部社会科学司. 普通高校思想政治理论课文献选编（1949—2008）［M］. 北京：中国人民大学出版社，2008：31－32.

❷ 李梁. 新中国成立以来高校思想政治理论课教材建设的探索历程和基本经验［J］. 思想理论教育导刊，2010（01）：70－76.

文化领域成为重灾区。思想政治教育理论课也难以避免。学校正常的教学秩序被打破，正常课程被取消，教材也就无从谈起。1970 年下半年，部分高校开始复课、恢复招生。此时大学的生源，多数为“根正苗红”的工农兵子弟，即“工农兵大学生”。同年 6 月 27 日，中共中央批转了《北京大学、清华大学关于招生（试点）的请示报告》，要求学校根据具体情况招生，在校政治课的学习，仍以毛主席著作为基本教材。这说明思想政治理论课教学得以恢复，但其指导思想和教学内容，仍严重受“左”的错误的影响。直至党的十一届三中全会胜利召开后，思想政治理论课教材才逐步正规化。

总之，从 1957 年至 1976 年，高校思想政治理论课程的教材建设出现了曲折，教材建设没有顺利展开，基本上是以毛泽东著作、苏联教科书为主要教材。用领导人著作作为大学代用教材的做法，不是很科学，反映出思想政治教育学科还需要进一步完善。

二、“文革”后到“85 方案”以前高校思想政治理论课的教材建设（1976—1984）

1976 年“文化大革命”结束之后，高校思想政治理论课的建设开始逐步恢复和重建，一般开设“辩证唯物主义与历史唯物主义”“政治经济学”“中国共产党党史”和“国际共产主义运动史”等四门课，主要系统地讲授马列主义三个组成部分的基本原理及其运用。[1] 但各高校思想政治理论课没有统一的教材，有的学校连四门理论课的教学大纲和讲义都没有，少数学校虽然有讲义，但内容仍受“文化大革命”的错误思潮的影响。随着高考制度的恢复，高校的生源年龄参差不齐、来源多元，迫切需要从理论到现实解决他们困惑的问题。在许多现实问题需要解决、更多的理论问题需要阐述的情况下，全国“统一教材”的想法被提上了议事的日程。

1978 年 4 月，教育部办公厅印发了《关于加强高等学校马列主义理论

[1] 罗建平，胡继冬．建国以来普通高校思想政治理论课课程设置的历史沿革［J］．唐山师范学院学报，2007（05）：104.

教育的意见》，明确指出："高等学校马列主义理论的教学，主要是系统地讲清马列主义三个组成部分的基本原理及其运用，并结合选读必要的经典著作。有必要迅速集中全国水平较高的教师，在中央有关理论部门的领导下，分别组织编写三种学时不同的、各有所侧重的全国统一教材……在统一教材编出之前，可先编出三种统一的教学大纲，并且从目前高等学校准备使用的许多种讲义中推荐一些较好的，以应各校急需。"❶

在这一意见中提到要在中央有关理论部门的指导下，迅速集中全国高水平的教师，分别组织编写三种全国统一性教材，规定这些教材的学时应不同，且需各有侧重点。1978 年 6 月，教育部组织召开了全国高等学校有关文科教学的座谈会，这次座谈会讨论了多个方面的问题，其中最主要的一个议题便是高等学校马克思主义课程教材的建设问题。

1979 年 5 月 20 日，教育部在发布的《高等学校政治理论课的基本情况和存在问题》中再次强调了当时各高校自编或合编教材质量不高的问题，并重申了将由教育部集中优秀教师，花较长的时间来编写四门公共政治课新的教学大纲的意见。1980 年 7 月 7 日，教育部向全国印发了《改进和加强高等学校马列主义理论课的试行办法》，进一步明确了新时期高等学校马列主义课的地位和任务，明确了马列主义课的教学方针，确定了马列主义课的课程、学时、大纲和教材。规定各校马克思主义理论课教学可以选用教育部推荐的相关教材，亦可按照教育部指定的教学大纲，由高校组织一定教师自编教材。❷

高校思想政治理论课教材的建设问题，也得到了党中央的关心。中共中央书记处于 1981 年 1 月召开会议，并听取和讨论了教育部和北京市相关部门对高等学校思想政治教育问题的报告，提出中央将直接抓高等学校思想政治课教材的建设，从而大力推进了高校思想政理论课的教材建设。1982 年 5 月，党中央作出了我国自行编辑新版《列宁全集》（中文第 2

❶ 教育部社会科学司．普通高校思想政治教育课程文献选编（1949—2006）［M］．北京：中国人民大学出版社，2007：71－72.

❷ 教育部社会科学司．普通高校思想政治教育课程文献选编（1949—2006）［M］．北京：中国人民大学出版社，2007：88.

版）的决定。

1982年党的十二大之后，根据党的十二大关于加强共产主义思想教育的精神，教育部决定在高等学校逐步开设共产主义思想品德课。教育部随之于1982年10月9日发出了《关于高等学校逐步开设共产主义思想品德课的通知》。为了开设好此课，1983年，全国第一本思想品德课教材《共产主义思想品德教育》由四川人民出版社正式出版。1984年7月湖南教育出版社也正式出版了一本教材——《共产主义思想品德教程》，这是由中南、西南和西北等部分高校的专家教授共同编写的教材。这两本教材很具有代表性，为后来编制教学大纲奠定了较好的基础。[1]

1984年9月12日，教育部在总结肯定各地高校开课经验的基础上，印发了《关于高等学校开设共产主义思想品德课的若干规定》，并制定颁布了《共产主义思想品德教学大纲（试用本）》。[2] 从此，思想品德课在教材建设上走向规范，在称谓上也开始走向统一。可以说，正是从那时开始，高校思想政治理论课课程体系逐步形成了由马克思主义理论课和思想道德课组成的课程体系即“两课”体系，成为“85方案”的思路，而高等学校思想政治理论课的教材建设也是从那时开始走向规范化和系统化。

三、“85方案”时高校思想政治理论课的教材建设

（一）“85方案”时高校思想政治理论课的教材建设概况

与“85方案”课程设置相配套的教材建设工作，也得到中共中央的高度重视。

1985年8月1日，中共中央下发《关于改革学校思想品德和政治理论课程教学的通知》，该文件指出，“编写出几套社会主义现代化建设需要的、具有较高水平的新教材，是改革马克思主义思想理论课教学的中心环

[1] 罗建平，胡继冬．建国以来普通高校思想政治理论课课程设置的历史沿革，唐山师范学院学报［J］．2007（05）：104．

[2] 教育部社会科学司．普通高校思想政治理论课文献选编（1949—2008）［M］．北京：中国人民大学出版社，2008：7．

节。”“中央成立全国马克思主义思想理论课教材编审委员会，并设置相应的办事机构，统筹规划课程设置、教材编辑及审定、教学参考资料的研究和进行其他组织工作。”❶

为进一步贯彻落实国家教育委员会下发该《通知》的精神，1986 年 3 月 20 日，国家教委对开设的新课程教材进行详细的规定，并规定了具体步骤：

关于“中国革命史”：1986 年，总结清华大学等校改“中共党史”课为“中国革命史”课的试点经验，组织编写供不同类型院校使用的示范性大纲，推动教材建设……1987 年，评审推荐全国试用教材。

关于“中国社会主义建设”：1986 年，完成由中宣部理论局和国家教委政教司共同组织编写的“中国社会主义建设”试用教材和教学参考大纲……1988 年，评审推荐全国试用教材。

关于“马克思主义原理”：1986 年，初步探讨“马克思主义原理”课的教学内容和体系，组织科研攻关。1987 年，在科研攻关的基础上，编写教学大纲和试用教材，1988 年……编写示范性大纲，修改试用教材。1989 年，评审推荐全国试用教材。

关于“世界政治经济和国际关系”：可以在试点院校先开展专题讲授或组织讲座❷。

同时国家教委也决定“拟在高等学校比较集中的省、市，由高教厅（局）统一组织以马克思主义理论教师为骨干的编写组，进行新教材的编写工作”❸。

在国家教委的指导下，经过几年高校思想政治理论课教材的编写出版，涌现出了一批新的教材，获得了教育主管部门的肯定。这对切实提高思想政治理论课教育教学水平，促进高校思想政治理论课教材的发展，有

---

❶ 教育部社会科学司．普通高校思想政治理论课文献选编（1949—2008）［M］．北京：中国人民大学出版社，2008：8.

❷ 教育部社会科学司．普通高校思想政治理论课文献选编（1949—2008）［M］．北京：中国人民大学出版社，2008：110.

❸ 教育部社会科学司．普通高校思想政治理论课文献选编（1949—2008）［M］．北京：中国人民大学出版社，2008：111.

深远的影响。

1987年3月17日，国家教委发布《关于进一步改革高等学校马克思主义理论课（公共课）教学的意见》，对1985年以来高校思想政治理论课教材编写所取得的进展表示了肯定，并指出："为了改革马克思主义理论课的教学内容、编写新教材、提高教师水平，迫切需要开展科学研究。这是一项基础性工作。学校领导和各级教育主管部门对此应充分重视。""对优秀的研究成果要给予奖励，并推荐为教学参考材料，汇编出版。"

为了切实保证新教材的质量，对大学生进行统一的思想政治教育，提高思想政治理论的教育教学水平，减少不必要的重复劳动和人力物力的浪费，国家教委于1988年4月15日印发了《关于编写出版普通高等学校马克思主义理论课（公共课）教材的暂行管理办法》，指出："高等学校马克思主义理论课的全国通用教材，仅限国家教委直接组织编写、审定的教材和由国家教委向全国推荐使用的教材。其他有关教材原则上均作为各地教材、校内教材或校际交流教材使用。"随后，国家教委社科司组织中国人民大学、南开大学、清华大学、华东理工大学的专家，编写了《马克思主义原理》一书，该书出版后被各高等院校作为马克思主义理论课通用教材。中国人民大学的许征帆教授还受国家教委政教司和社科司的委托担任了多门教材编写组的召集人和统稿、定稿人。在此基础上，国家教委社科司作出了编写中国革命史统编教材的决定。1991年4月，社科司组成由中国人民大学党史系杨先材教授主持的编写组，具体进行《中国革命史》教材的编写工作。

但由于这一时期高校思想政治理论课教材的编写审定政策相对宽松，从而造成教材编写过于分散、质量良莠不齐及数量泛滥等情况。为了扭转这种局面，1991年8月3日，国家教育委员会发布《关于加强和改进高等学校马克思主义理论教育的若干意见》，该《意见》规定："对现有各种教材应组织人力进行检查清理，对质量较差的教材应明令停止使用……尽快对原有的教学大纲和统编教材进行修订，并组织编写尚未统编的教材，以

及逐步组织编写供教师使用的带有指导性和资料性的教学参考书。”❶

为了确实避免质次价高、鱼龙混杂的教材进课堂，国家教委于1992年7月10日又下发了《关于加强高等学校思想政治教育课程教材建设的管理意见》，该《意见》指出，“编写思想政治教育课程教材，是一项政治性很强的工作，必须加强领导和管理。要严格教材审批制度，制止多头编写教材等现象。思想政治教育课程教材建设实行中央和地方两级管理的办法。国家教委思想政治工作司统筹规划、管理思想政治教育课程教材建设工作，负责组织编写指导性教学大纲、教学要点和全国通用教材；各省、自治区、直辖市教育部门可按照国家教委颁布的教学大纲和教学要点组织编写教材和有关教学参考资料。高等学校联合编写行业性强的教材，凡跨省（区、市）的，须经学校上级主管部门或国家教委思想政治工作司批准；未跨省（区、市）的，要报经当地教育部门批准。各高等学校可根据实际情况编写供校内使用的讲义，确需编写和出版教材的，要报请当地教育部门批准，并限定在批准的范围内使用。公开出版发行的教材，应注明批准出版的单位。今后，任何个人和单位未经批准不得擅自编写出版思想政治教育课程教材，否则要追究责任，并一律不作为评聘教师职务的依据。”这表明，教育主管机构对当时高校思想政治理论课教材的编写审查政策趋严。❷

1992年党的十四大召开，大会科学概括了邓小平理论的主要内容，构成了邓小平理论较为完整的科学体系，邓小平建设有中国特色社会主义理论也相应地作为思想政治理论课教学的中心内容。国家教委社科司组织有关专家编写了《建设有中国特色社会主义理论读本》和《马克思主义原著选编》，供教学使用，并对马克思主义理论课统编教材进行了重新修订。❸1994年，国家教委组建了思想政治教育专业课程教材编写委员会，并组织

❶ 教育部社会科学司．普通高校思想政治理论课文献选编（1949—2008）[M]．北京：中国人民大学出版社，2008：140.

❷ 李梁．新中国成立以来高校思想政治理论课教材建设的探索历程和基本经验 [J]．思想理论教育导刊，2010（01）：73.

❸ 石云霞．新中国成立以来中国共产党思想理论教育历史研究 [M]，北京：中国社会科学出版社，2007.

来自全国20多所高校的50多位专家、教授编写了一整套12本的新教材。1996年，国家教委社科司组织编写了《建设有中国特色社会主义理论读本》，供各高校教学使用，并对马克思主义理论课统编教材进行了重新修订。

在相对比较严格的编写审查政策下，1992年至1998年，国家教委社科司曾先后组织编写过的教材中，出现了一批优秀的教材，如许征帆主编的《马克思主义原理》、罗国杰主编的《思想道德修养》等。

（二）“85方案”时高校思想政治理论课的教材建设特点

1. 国家教委对教材内容和出版步骤进行详细规定

1985年中央成立全国马克思主义思想理论课教材编审委员会，并设置相应的办事机构，统筹规划课程设置、教材编辑及审定、教学参考资料的研究和进行其他组织工作。1986年3月国家教委对教材进行详细的规定，并规定了具体步骤。1992年7月10日又下发了《关于加强高等学校思想政治教育课程教材建设的管理意见》，加强对教材的管理工作。可见，课程设置的教材建设工作，依然得到中共中央的高度重视。

2. 教材建设取得了一定的成绩

“85方案”时期高校思想政治理论课教材建设，在中央宣传部和教育部的领导下，在遵守党和国家总的指导思想、教育方针的基础上，组织和委托高校、科研单位及省属教育机构，自编教学大纲、教材，取得的成绩值得肯定。

3. 不同类型的教材满足不同类型的院校使用，示范教材与自编教材并存

这期间的基本做法是，组织全国高校马克思主义理论课教师的力量，在开展科学研究的基础上，编写出几套供理、工、农、医和文科等不同类型院校使用的具有较高水平的新教材。当时，在高校比较集中的省、市，由高教厅（局）统一组织以马克思主义理论教师为骨干的编写组，进行新教材的编写工作，向各高校推荐一些示范性的教材和教学大纲。在此期

间，国家教委还组织编写了高校研究生马克思主义理论课的教学纲要，供各校开设相关课程时试用。❶

四、“98方案”时高校思想政治理论课的教材建设

1992年中共十四大以后，高校思想政治理论课将“建设有中国特色社会主义理论”作为教与学的重点内容，十分重视该课程的教学大纲及教材编写等工作，为“98方案”教材的建设发展奠定基础。

(一)“98方案”时高校思想政治理论课的教材建设概况

1997年中共十五大首次将邓小平理论写入党章，这对高校马克思主义理论课教学提出了新的更高的要求。1998年4月28日，中共中央宣传部、教育部印发《关于普通高等学校开设〈邓小平理论概论〉课的通知》，明确指出：“当前最迫切的任务是要下大气力把邓小平理论编成教材，进入课堂，武装大学生的头脑。”“教育部在组织专家编写的邓小平理论示范性教材出版之前，将推荐供选用的教材目录，各高校可从中选用。各省（自治区、直辖市）也可根据本地区的实际条件，集中组织有关专家、学者抓紧编写系统、准确、生动简明、有吸引力和可读性的教材。原则上每省（自治区、直辖市）只能编写一本教材。”❷ 因此，教材编写的重点是怎样让邓小平理论进入教材。

1998年6月，中宣部、教育部印发的《关于普通高等学校“两课”课程设置的规定及其实施工作的意见》，标志着高校思想政治理论课“98方案”的诞生。本科马克思主义理论课开设“马克思主义哲学原理”“马克思主义政治经济学原理”“毛泽东思想概论”“邓小平理论概论”“当代世界经济与政治”（文科类开设）。三年制专科开设“马克思主义哲学原理”“毛泽东思想概论”“邓小平理论概论”；关于教材，该方案规定：“教育

❶ 陈占安. 改革开放以来高校思想政治理论课教材建设的回顾与展望，思想理论教育导刊[J]. 2018 (10): 4-5.

❷ 教育部社会科学司. 普通高校思想政治理论课文献选编（1949—2008）[M]. 北京：中国人民大学出版社，2008：180.

部将组织编写各门课程的示范性教材，向全国推荐使用。有条件的省（自治区、直辖市）每门课程可以编写一本推荐教材；教材的编写计划与大纲要报教育部‘两课’教学改革领导小组备案同意。除经教育部批准进行教材编写改革的试点学校外，各高等学校都不再自编‘两课’教材，所需教材从教育部或本省推荐教材中选用。”❶

为了保证教学改革、课程建设和教材建设的顺利进行，1998年8月11日，教育部办公厅下发《关于加强普通高等学校马克思主义理论课和思想品德课（公共课）教材建设及管理问题的通知》，指出：“全国普通高校‘两课’（专科、本科和研究生层次）各门课程所需教材的编写审批出版工作，由教育部和各省教育主管部门，按教育部有关文件规定，分级进行规划管理。”“高等学校‘两课’的全国通用教材，仍限于由教育部直接组织编写、审定的示范性教材和由教育部经过评审后向全国推荐的教材……未经教育部向全国推荐的教材不得跨省（自治区、直辖市）使用。”❷

“98方案”实施后，为落实以上《意见》和《通知》的规定，教育部及时组织专家、学者及科研院校编写出新的教学大纲，并编写出了一批新的“两课”教科书示范本。1998年，全国第一套普通高校新版系列教材由高等教育出版社出版发行，一共有7本，第一次印刷量就达到了7万多册。为提高高校思想政治理论课教材的科学化水平和质量，由教育部社政司主持，“在2000年下半年对各省省编教材和教育部示范教材，采取隐名评估的方式，进行一次全面的评审。21个单位组织的33本‘两课’教材被评为优秀教材。其余149本教材均为合格。被评为优秀等级的占18.13%，优秀单位占75%”❸。由此看出，当时在教育主管部门主持下，高校思想政治理论课教材在质量上有了很大提升。

2002年中共十六大把“三个代表”重要思想写入党章，并确立为党和

❶ 教育部社会科学司．普通高校思想政治理论课文献选编（1949—2008）[M]．北京：中国人民大学出版社，2008：180.

❷ 关于加强普通高等学校马克思主义理论课和思想品德课（公共课）教材建设及管理问题的通知 [N]．中华人民共和国教育部政报，1998：8－11.

❸ 石云霞．新中国成立以来中国共产党思想理论教育历史研究 [M]．北京：中国社会科学出版社，2007：757－758.

国家各项工作的指导思想。为此，2003年2月12日，教育部发布《关于进一步深化“三个代表”重要思想“三进”工作的通知》，该《通知》要求：“当前高校特别是‘两课’教育教学的首要任务是要下大气力把‘三个代表’重要思想编成教材，进入课堂，武装大学生的头脑。”[1] 该《通知》还指出将发布《〈邓小平理论概论和“三个代表”重要思想概论〉教学基本要求》，作为该门课程教学与教材编写的基本规范，组织编写《“三个代表”重要思想概论》作为本门课程的示范教材。

不久，教育部发布了《〈邓小平理论概论和“三个代表”重要思想概论〉教学基本要求》，并组织编写了《“三个代表”重要思想概论》作为本门课程的示范教材。这在后面概述《邓小平理论概论和“三个代表”重要思想概论》教材时将进行展开阐述。

（二）“98方案”时高校思想政治理论课的教材建设特点

总之，“98方案”确定后，从该时期教材建设的情况来看，高校思想政治理论课教材呈现出如下两大特点：

1. 全国性的示范教材与各省统编、教师自编教材并存

这一时期，高校思想政治理论课教材的编写出版繁荣昌盛。高校思想政治理论课教材在中共中央宣传部、教育部社政司的领导下，制定和编写出了各门课程的教学大纲，并编写出版了全国示范性教材，推荐给各高校使用。同时，全国绝大多数省、自治区、直辖市根据中央教育主管部门编订教学大纲，许多高校都开始自己编写“两课”教材，自编教材蔚然成风，因此出现了各地高校使用的教材版本不一、教材编写呈现出“百花齐放”的现象。比如，由于“邓小平理论概论”课是首次出现在高校思想政治理论课的系统中，当时出现了全国性的编写出版教材的情况。据不完全统计，当时全国出版的《邓小平理论概论》教材有200多个版本，还有一大批教学参考资料、学习辅导资料、光盘等配套书籍。

[1] 教育部社会科学司. 普通高校思想政治理论课文献选编（1949—2008）[M]. 北京：中国人民大学出版社，2008：193-194.

2. 权威性与可读性相结合，教材建设呈现多样化

由于教材编审政策较为宽松，为确保权威性，教育部推荐有全国性的示范教材，这确保了高校思想政治理论课的权威性。同时又允许重点大学自编或各省统编教材，这有助于调动任课教师参与教材编写的积极性，从而也使教材更具有一定的吸引力和针对性，也增强了可读性。

五、“05 方案”时高校思想政治理论课的教材建设

（一）“05 方案”时高校思想政治理论课的教材建设概况

2005 年 2 月 7 日，中宣部、教育部下发《关于进一步加强和改进高等学校思想政治理论课的意见》，就加强新教科书编写管理工作作了重要指示：“高等学校思想政治理论课教学大纲和教材编写纳入马克思主义理论研究和建设工程，中宣部、教育部负责教学大纲和教材编写工作，组织由学术带头人任首席专家，理论研究人员、教学人员以及实际工作部门同志组成的编写队伍，编写全国高等学校思想政治理论课教材。”同时指出，“要建立高等学校思想政治理论课教材编写编审委员会，对教材进行审议”❶。另外，倡导组织编写和制作“精彩一课”“精彩教案”“教学热点难点重点解析”等行之有效和适应教学需要的立体化教学资料。

为保证高校思想政治理论课教科书的科学性、权威性和严肃性，进一步加强和管理教科书编写，2006 年 1 月 27 日，由中宣部、教育部、新闻出版总署三部门联合印发的《关于加强高校思想政治理论课教材出版管理的通知》，明确规定：“将高等学校思想政治理论课教材编写纳入马克思主义理论研究和建设工程，集中全国力量组织编写。中宣部、教育部已联合成立了高校思想政治理论课教材编写领导小组，负责教学大纲和教材的编写组织领导工作。中宣部、教育部已组建了由多方面专家组成的高校思想政治理论课教材编审委员会，组建了教学大纲和教材编写组，统一编写教

❶ 教育部社会科学司. 普通高校思想政治理论课文献选编（1949—2008）[M]. 北京：中国人民大学出版社，2008：216.

学大纲和教材。为确保高校思想政治理论课教材的科学性、权威性和严肃性，未经中宣部、教育部、新闻出版总署批准，任何部门、单位和个人不得再自行组织编写、出版发行各种名义的高校思想政治理论课教材。”❶2006年4月12日，教育部办公厅下发《关于进一步加强高等学校思想政治理论课教材编写管理、规范教材使用的通知》，再次重申了教材编写、管理的相关规定。主要内容有：一是高校思想政治理论课教材的编写和使用是一项政治性很强的工作。各省（自治区、直辖市）教育部门和高校要高度重视，严肃对待，要深刻认识中央将高校思想政治理论课教材编写纳入马克思主义理论研究和建设工作的重大意义，深刻认识中央关于教材编写的总体要求，深刻认识由中宣部、教育部统一组织集中编写一套思想政治理论课必修课教材的重要性和必要性，把思想认识统一到中央的决策上来，切实加强对高校思想政治理论课教材编写的管理，规范教材的使用。二是从2006级新生入学开始，全国普通高校统一使用由中宣部、教育部组织编写的、由高等教育出版社出版的“马克思主义理论研究和建设工程教材”。三是未经中宣部、教育部、新闻出版总署批准，各省（自治区、直辖市）教育部门、高校及教师不得自行组织编写各种名义的高校思想政治理论课教材。四是各省（自治区、直辖市）教育部门和高校要把高校思想政治理论课教材编写和使用纳入新课程方案实施管理之中……确保新课程方案高质量实施。五是各省（自治区、直辖市）教育部门和高校要及时研究和解决新教材使用中出现的新情况、新问题，重大情况要报中宣部、教育部。❷

2015年7月27日，中宣部、教育部印发《关于普通高校思想政治理论课建设体系创新计划》，对教材编写明确规定：“推进统编教材编写使用，编写教师参考用书、学生辅学读本、教学指导资料和理论普及读物等教学系列用书，构建面向教师和学生不同对象，辐射本专科生、研究生各

❶ 教育部社会科学司．普通高校思想政治理论课文献选编（1949—2008）［M］．北京：中国人民大学出版社，2008：232.

❷ 教育部社会科学司．普通高校思想政治理论课文献选编（1949—2008）［M］．北京：中国人民大学出版社，2008：233－234.

个层次，涵盖纸质和数字化等多种载体，体现思想性、科学性、可读性相统一的立体化教材体系。”

2019年8月14日，中共中央办公厅国务院办公厅印发《关于深化新时代学校思想政治理论课改革创新的若干意见》，提出要加强思想政治理论课教材体系建设。国家教材委员会统筹大中小学思想政治理论课教材建设，科学制订教材建设规划，注重提升思想政治理论课教材的政治性、时代性、科学性、可读性。国家统一开设的大中小学思想政治理论课教材全部由国家教材委员会组织统编统审统用，在教材中及时融入马克思主义中国化最新成果，坚持和发展中国特色社会主义最新经验、马克思主义理论学科最新研究进展。地方或学校开设的思想政治理论课选修课教材，由各地负责组织审定。研究编制习近平新时代中国特色社会主义思想进课程教材指导纲要，研究编制中华优秀传统文化、革命文化、社会主义先进文化、科技创新文化及总体国家安全观等进课程教材指南，编制中华民族古代历史和革命建设改革时期英雄人物、先进模范进课程教材图谱，分课程组织编写高校思想政治理论课专题教学指南，组织专家编写深度解读教材体系的示范教案，实施思想政治理论课优秀讲义出版工程，开列马克思主义经典著作、当代中国马克思主义理论著作、中华优秀传统文化典籍书单，建设思想政治理论课网络教学资源库。[1]

总之，此时期的教材建设是全国统一的教材，中宣部、教育部对教材的编写出版，有明确的指示和规定。

(二)“05方案”时高校思想政治理论课的教材建设特点

总之，“05方案”确定后，高校思想政治理论课教材建设呈现出如下特点：

1. 教材由中共中央审定，为国家级教材

“05方案”时期，党中央十分重视高校思想政治理论课的教材建设工

[1] 中共中央办公厅 国务院办公厅印发《关于深化新时代学校思想政治理论课改革创新的若干意见》，2019年8月14日，新华网，http://www.xinhuanet.com/politics/2019-08/14/c_1124876294.htm.

作。各高校、各省、各任课教师没有自编权，全国所有高校、所有学生都统一采用印有“马克思主义理论和建设研究工程”标志、由中共中央审定的国家级教材。[1]

关于四门本科生教材，所采取的重要措施有：

一是将四门新课程的教材列为马克思主义理论研究和建设工程的重点教材，由中宣部、教育部统一组织编写。每本教材都经过严格的立项审批程序，集中全国最优秀的教学和科研力量，成立专门的教材编写课题组。课题组在开始编写工作前，都对现有国内外相关教材进行充分研究，对马克思主义经典作家的相关论述，特别是中国特色社会主义理论体系的相关论述进行认真学习领会。在编写过程中广泛征求高校师生的意见和建议，汲取多方智慧，集体攻关、反复研讨。

二是严格规范的三级审查机制。四本教材的编写提纲和书稿，均要首先经过中宣部、教育部在全国范围内遴选的本学科专家的审读把关，再经过由国内不同学科权威专家组成的综合性专家委员会的多次审议，最终报经中央和国家层面审定批准。

三是对教学大纲和教材的编写采取了“定向申报、择优遴选、集中编写”的办法，目的是要整合优势力量，发挥集体的智慧，编写出高质量的教材。[2]

2. 教材的政治性、实践性和时代性进一步增强

举全国之力进行统编，实行“一纲一本”。各门教材由中共中央政治局亲自审定，中宣部和教育部联合组织编写，新闻出版总署具体负责出版发行，体现了高校思想政治理论课教材的权威性。但进入 21 世纪，互联网的迅速发展和意识形态的复杂程度加深，大学生的思想日趋多元、复

---

[1] “马工程”项目自 2004 年 4 月起正式启动，至今已近 15 年。其重要建设目标之一，就是有目的、有组织、有计划地编写 139 种基本覆盖高校思想政治理论课和马克思主义理论、哲学、政治学、法学、社会学、经济学、文学、历史学、新闻学、教育学、管理学、艺术学等哲学社会科学主要学科专业的基础理论课程和专业主干课程教材，逐步形成具有中国特色、中国风格、中国气派的哲学社会科学教材体系。

[2] 王展飞. 六十年马克思主义理论教育的实践与探索［M］. 北京：人民教育出版社，2009：396.

杂。高校思想政治理论课教材是巩固马克思主义在意识形态领域指导地位的基础工程，是政治性、思想性与学术性的统一体，直接关系到大学生形成科学的世界观、人生观、价值观和培养人、造就人的问题。因此在加强教材权威性的同时，也必须增强其政治性。

随着现代科学技术特别是互联网的快速发展，教育教学需求、学生学习需求发生了深刻变化，对教材建设提出了新的要求。为此，高校思想政治理论课教材也在不断吸引学生学习兴趣、创新符合互联网时代教学特点的数字资源，推动教材形态创新，增强教材的实践性和时代性。教材通过二维码方式关联网上丰富数字资源，提供众多典型案例、音视频内容和"即测即评"习题，方便学生随时随地进行移动学习阅读。还开发了方便教学的教师备课软件，可以简单有效地将这些资源进行整合、转化和编辑，不仅为教学工作提供了丰富的教学资源，也极大地方便了教师使用这些资源，给教师教学和学生学习提供了更多高质量的立体化服务。同时将最新的理论成果以及国内外重大事件等反映在教材中，以切实回应教师、大学生基于当今时代背景下的新需求和新疑惑。

3. 教材编写，依然是继承与创新并存

"05 方案"在课程设置上对"98 方案"是继承与创新，因此在教材编写上也体现了继承与创新。2007 年以后，这四门高校思想政治理论课教材陆续出版使用，此后大致每一两年都要进行一次修订。从编写到修订，都要经过严格的审查。每一轮审查修改，都是直面并解决各学科重点、难点问题的过程，也是理论创新，构建具有中国特色、中国风格、中国气派的哲学社会科学学术体系、话语体系的过程，凝聚了各学科领域全国专家的智慧。比如"毛泽东思想和中国特色社会主义理论体系概论"课程教材，在编写的内容上就是这样的例子，每一次修订都要增加许多新内容，特别要增加马克思主义中国化的最新理论成果。后面会专门进行分析。

4. 四门本科教材内容上相互联系与互相补充

四门本科教材的主线都贯穿着马克思主义理论的基本原理，分为不同的四门课进行分层次推进。具体来说，《思想道德修养与法律基础》从学生实际和国内国际态势出发，引入现实性的教育内容在如何使大学生成为中国特色社会主义事业接班人和建设者上设计内容；《中国近现代史纲要》主要反映中华民族的近代历史发展，讲清楚四个选择；《马克思主义基本原理概论》重点介绍马克思主义的世界观、方法论，编写时必须充分考虑到学生整体性对马克思主义基本原理的认识和理解；“毛泽东思想和中国特色社会主义理论体系概论”着重讲授中国化马克思主义的基本理论。教材在具体内容安排上较好地反映了四门课程相互之间的联系。

在此期间，教育部社科司组织编写了高校研究生马克思主义理论课的教学纲要，供各校开设相关课程时试用。

总而言之，通过追述新中国成立 70 年我国高校思想政治理论课教材的演变历程，我们清楚看到，高校思想政治理论课的每一次课程设置的变化，都有其特定的时代背景和国内外形势，都与我国社会主义现代化建设的实践，以及中共中央指导思想的变化和调整紧密相关。而教材的内容也随之发生变化。这种紧密联系、相辅相成的关系，是我国高校思想政治理论课课程建设的本质反映。

六、以“毛泽东思想和中国特色社会主义理论体系概论”教材为例的历史演变

“毛泽东思想和中国特色社会主义初级阶理论体系概论”（以下简称“概论”），其演变过程可以分为大范围和小范围。大范围从“新民主主义论”课程开始，小范围从“毛泽东思想概论”课程开始。

（一）“概论”课程教材从新民主主义论开始的演变过程

1. 大范围的课程演变路线图

新中国成立初期的“新民主义论”——1953—1956 年的“中国革命史”——1957—1966 年的“中共党史”——1978—1984 年的“中共党史”——“85 方案”时的“中国革命史”“中国社会主义建设”——“98 方案”时的“毛泽东思想概论”“邓小平理论概论”——“05 方案”时的

“毛泽东思想、邓小平理论和‘三个代表’重要思想概论”（2008年改名为“毛泽东思想和中国特色社会主义理论体系概论”）。

2. 从“新民主主义论”课程教材到“85方案”时的课程教材

下面的教材介绍主要是从新中国成立到“85方案”时的课程设置所使用的教材，主要有：“新民主主义论”课程所用的教材为《中国现代革命史》；“中共党史”课程所用的教材《中国共产党历史讲义》；“中国革命史”课程所用的教材《中国革命史》；“中国社会主义建设”课程所用的教材《中国社会主义建设》共4种类型的教材。

（1）“新民主主义论”课程教材为《中国现代革命史》

1950年10月4日，教育部规定了《新民主主义论》的教学内容重点，即“（1）中国革命的历史特点；（2）中国新民主主义革命史；（3）中国革命的主要经验；（4）新民主主义的政治；（5）新民主主义的经济；（6）新民主主义的文化；（7）中国革命的前途”❶。1953年进入社会主义改造阶段后，1953年6月17日，教育部将《新民主主义论》改为《中国革命史》，并阐述《中国革命史》教学目的：“阐明马克思列宁主义在中国的新的胜利，系统地讲授毛泽东思想的基础知识，使学生认识中国政治的发展规律。”❷“说明新民主主义社会的过渡性，其前途必然是社会主义和共产主义。”❸1949年至1956年的课程设置符合当时我国新民主主义社会的性质。教材主要选用何干之主编的《中国现代革命史》一书。本教材所叙述的历史年代跨度大，包括了从新民主主义革命时期到新中国成立后社会主义改造的完成这一阶段的历史时期。再加上何干之具有扎实的马克思主义理论功底，他由经济入手，研究中国革命理论问题和中国现代革命史，使教材具有针对性和系统性。对中共党史这门学科的建设有着重大的意义。

---

❶ 教育社会科学司组编．普通高校思想政治理论课文献选编（1949—2008）[M]．北京：中国人民大学出版社，2008：6.

❷ 教育社会科学司组编．普通高校思想政治理论课文献选编（1949—2008）[M]．北京：中国人民大学出版社，2008：16.

❸ 教育社会科学司组编．普通高校思想政治理论课文献选编（1949—2008）[M]．北京：中国人民大学出版社，2008：17.

（2）“中共党史”课程教材没有统一教材，以《中国共产党历史讲义》和毛泽东著作为主

关于中共党史学科的性质，党史学界长期以来争论不休。有的党史学家认为它属于历史学科，不属于政治学科；有的认为它应属于政治学，是一门马克思主义的理论科学；有的学者还认为它是一门独立的学科，既不属于历史学，也不属于政治学。不仅是在学术界人们对中共党史学科的定义众说纷纭，而且国家机构对中共党史的分类也存在差异，比如，国家标准局把中共党史放在历史学科，而国务院学位委员会把中共党史放在政治学中。中共党史学科的定义，从字面意思理解，都可以将它解释为研究中国共产党历史的学科。因此，中共党史属于历史学已经被大多数学者所接受，但是，它又不同于一般的历史学，具有很强的政治性。[1]

1951 年，为纪念中国共产党成立 30 周年，胡乔木写成《中国共产党的三十年》，该书全文 5 万余字。该书成为新中国建立到 20 世纪 60 年代发行量最大，印数达 200 多万册，且极具影响力的介绍党史的著作，也是第一本从马列主义基本原理和中国具体实际相结合的角度叙述党史的教材。1961 年 7 月 24 日，教育部发布《关于 1961—1962 学年度上学期高等学校共同政治理论课安排的几点建议》，将《中国共产党的三十年》推荐为高校学习《中共党史》和《中国现代革命史》课的教材。该书采用历史分期的编写体例论述中国共产党的历史，主体部分为五个时期：党的成立和第一次国内革命战争时期、国内革命战争时期、抗日战争时期、第三次国内革命战争时期、中华人民共和国的成立和经济恢复时期，最后一部分为“三十年的基本总结”。该书在构建社会主义意识形态的思想政治教育话语体系上进行了很好的尝试，如在分析中国共产党的领导地位时，开篇说明了中国共产党的性质、产生的必然性。指出，“中国共产党是中国工人运动和马克思列宁主义相结合的产物”“中国共产党在 1921 年成立不是偶然的”。[2] 科学地回答了中国共产党产生的原因，从理论上证明了共产党产生

[1] 梁栋．何干之与中国现代革命史著作的编撰——三本中国革命史教材的比较研究，党史研究与教学［J］，2010（04）：64.

[2] 胡乔木．中国共产党的三十年［M］．上海：中央华东局编印，1951：2.

的科学依据。因此，该书整体思路和架构围绕着“中国共产党的历史作用和革命贡献，以及党的重要领导人的伟大贡献”进行叙述和构建，最终要阐明中国共产党领导革命取得胜利的历史必然性，塑造中国共产党思想的先进性、正确性，以及新中国成立后执政的合法性。《中国共产党的三十年》成为高校学生学习的教科书，因此该书既发挥了宣传著作的功能，又发挥了教科书功能，影响广泛。再加上该书是新中国成立后第一次用马克思主义中国化的观点系统阐述中共党史的著作，奠定了中共党史研究的规范与体例，成为以后各种党史著作的范本。

改革开放后，由于高校思想政治理论课没有统一教材。1980 年 7 月 7 日，教育部又印发了《改进和加强高等学校马列主义课的试行办法》的通知，该通知要求“各校可选用教育部推荐的教材，亦可根据教育部制定的教学大纲，自编教材”[1]。由此，许多高校或单独，或联合以教育部拟定的《中共党史教学大纲》的要求编写出了一批“中共党史”课程所需要的教材（参阅附件一：1978—1987 年出版的部分《中共党史》教材）。下面重点介绍三套教材：

由湖北省《中国共产党历史讲义》编写组，湖北人民出版社 1980 年出版的《中国共产党历史讲义》。全书分为上、下两篇，增加了新中国成立到 20 世纪 80 年代 30 年的历史作为下篇，注重紧密联系实际，总结了革命和建设的经验教训。

1982 年 8 月 6—17 日，陕西师范大学、西北师范学院、重庆师范学院、四川师范学院三省四院校《中共党史简明讲义》编写组编写了《中共党史简明讲义》（试用教材），包括中国新民主主义革命时期和社会主义革命与建设时期，共 8 章，约 21 万字，1983 年上半年由陕西人民出版社出版发行。在体系结构上，前后照应，注意了各章目的对称和统一。在内容的表述上，力求对历史事件的评价和文字表达的准确；在广泛吸取党史科研新成果的基础上，注意纠正过去传统的而实际上不正确的说法，尽可能

[1] 教育部社会科学司. 普通高校思想政治理论课文献选编（1949—2008）[M]. 北京：中国人民大学出版社，2008：87.

如实地反映历史事件和党领导的革命斗争；同时，党在不同历史阶段所提出的任务、制定的方针政策以及领导人民所从事的各种活动，在关于爱国主义、社会主义、共产主义宣传教育和精神文明建设方面，都增加了不少新的内容。

还有为了适应师范院校政治专业课教学的需要，湖南师范学院与北京师范学院、上海师范学院、江西师范学院、贵阳师范学院、西南师范学院、陕西师范大学、江苏师范学院等 11 所师范学院协作编写了《中国共产党历史讲义》（修订稿 1—3 册），1984 年由湖南师范学院学报编辑部出版。全书共 60 万字，反映了当时党史研究的成果；该书条理清楚，重点突出，加强了理论分析，史料也比较丰富，具有一定的广度和深度，是一部比较好的党史教材。

(3)“中国革命史”课程教材为《中国革命史》

“85 方案”一个最大的变化，就是将过去的“中共党史”课改为“中国革命史”课。1986 年 3 月 20 日，国家教育委员会紧接着下发了《关于进一步贯彻〈中共中央关于改革学校思想品德和政治理论课程教学的通知〉》的意见，对《中国革命史》《中国社会主义建设》和《马克思主义原理》这三门思想政治理论课程的教材建设作了具体的规划。对高校《中共党史》课改为《中国革命史》课的改革步骤、内容、做法等进行了相关规定。1986 年，全国开始组织编写《中国革命史》教材，并以此作为不同类型院校使用的示范性大纲，从而推动了教材的建设。

此时期，《中国革命史》教材出现了多个版本，从 1985 年到 1993 年，全国各地已陆续出版了约 200 种中国革命史教材。到 1998 年形成“98 方案”时，到底有多少教材，还没有精确的统计（附件二：1987—2004 年出版的部分《中国革命史》教材）。

当时的教材是“一纲多本”。国家教委社科司于 1990 年 12 月在广州召开的全国高校马克思主义理论课课程改革研讨会，与会同志对中国革命史课程性质取得了比较一致的认识，在此基础上，国家教委社科司作出了编写中国革命史统编教材的决定。

1991 年 4 月，国家教委社科司组成由中国人民大学党史系杨先材教授主持的编写组。8月，国家教委社科司邀请全国部分高校长期在教学第一线工作的革命史教师讨论了本书的写作提纲，对教材的总体结构、上下限划分，以及重大历史疑难问题的处理进行了认真讨论，形成了较一致的意见。1992年4月，国家教委社科司召集编写组成员讨论了本书的初稿，提出了修改意见。随后，在各章修改稿基础上进行了统稿。1993年3月，国家教委社科司和编写组邀请部分高校革命史教师举行审稿会，审定了书稿。该书由高等教育出版社出版，6月出书，供1993年秋季开学后使用。该书主线明确，对历史发展脉络阐述清晰，全面反映了自1840年鸦片战争至1992年党的十四大这150余年间，我国仁人志士，尤其是中国共产党人为救中国和发展中国而百折不挠、英勇奋斗的历史进程，整体框架结构合理，各章内容安排得当，史料丰富，史论结合适度，观点正确，全书字数约为35万字，适用于当时高校革命史课72学时的教学需要。作者在认真研究的基础上，对重要历史问题作了比较科学的论述，体现了中国革命史作为一门马克思主义理论课的特色，全书文字流畅，语言生动，可读性强，易于为读者接受。总之，该书体现了中国革命史教学与研究的新水平，比较适合于目前教学需要，是一本合用的全国高等学校公共政治理论课通用教材。❶

尽管有了统编教材，但当时国内高校“中国革命史”课程的教师们自己编写教材的热情仍然高涨，从附件二所罗列的教材中就可以看出，1994年、1995年出版的《中国革命史》教材数量达到了高峰。下面具体介绍分析三本《中国革命史》教材。

1987年人大版《中国革命史》教材。该教材由中国人民大学出版社1987年4月出版，由杨先材主编，王顺生、王钦民、罗正楷、刘国新、汪云生编写的《中国革命史》。该教材把中国革命史划分为三个大的阶段，鸦片战争到辛亥革命前，为革命的准备阶段（1840—1901）；辛亥革命到五四运动前，为资产阶级领导革命的阶段（1901—1919）；五四运动到中华人民共和国的建立，为无产阶级领导革命夺取胜利的阶段（1919—

❶ 何虎生.《中国革命史》统编教材举行定稿会［J］. 教学与研究，1993（03）：75.

1949）。在该书结语中，对从新民主主义到社会主义的转变，作了概略的展望。目录包括：第一章近代中国由封建社会沦为半殖民地半封建社会；第二章近代中国革命的酝酿和准备；第三章资产阶级革命派领导的辛亥革命；第四章辛亥革命后资产阶级革命派的奋斗与挫折；第五章新民主主义革命的开端；第六章国共合作与国民革命；第七章国民党新军阀的统治和土地革命的艰难历程；第八章抗日民主运动的掀起，抗日民族统一战线的初步形成；第九章抗日民族战争；第十章全国解放战争的胜利和新中国的成立。该教材阐述了中国革命史的基本任务，是揭示中国革命发展的历史规律，总结和阐发中国革命的丰富经验，歌颂革命先烈的革命英雄主义和爱国主义精神，进行坚持四项基本原则的教育和爱国主义的教育。❶

1987年清华校内使用教材《中国革命史》（上、下册）。清华大学中国革命史教研室编写，1989年2月由清华大学出版社出版。这套教材的主体内容部分共计7章22节，旧民主主义革命时期为第一章、第二章，新民主主义革命时期为第三章至第六章，第七章为社会主义革命时期。全套教材共20余万字。主要由绪论、上篇、中篇和下篇四部分组成。“绪论”：简要地叙述了鸦片战争前的中国与世界，介绍了中华民族曾为世界文明作出的贡献及在世界历史中的位置，指出了因资本主义萌芽在中国发展迟缓，最终沦为任人宰割的对象。“上篇”：首先，介绍了近代中国社会逐步沦为半殖民地半封建社会原因及中国人民的反侵略斗争。其次，经过对农民阶级和资产阶级领导革命的命运分析，阐述了中国共产党领导中国革命的历史必然性。“中篇”：论述了中国共产党领导中国人民战胜中外反动派，赢得革命胜利的历史过程，得出了“没有共产党，就没有新中国”的历史结论。“下篇”：论述了新中国成立后，全国人民克服了重重困难，继续在中国共产党的领导下，进行社会主义改造和建设的伟大成就。这是一本以革命史为主要线索，而非以党史为主要线索的教材，包括旧民主主义革命史、新民主主义革命史、社会主义革命建设史三大部分，历史的色彩

---

❶ 杨先材，王顺生，王钦民，罗正楷，刘国新，汪云生．中国革命史［M］．北京：中国人民大学出版社，1987：4－7．

更加浓厚，符合教育部对“中国革命史”课程的定位、要求与功能。

1995年清华版“中国革命史”课程教材《中国革命史通论》，在1995年12月，由朱育和主编、清华大学出版社出版。该教材的内容提要：该书以两条线索贯通论述近代以来中国历史的发展趋势。第一条线索：中国与外部世界的关系，大致经历了从主动封闭到被迫开放，再从被迫封闭到主动开放这样一个曲折历程。第二条线索：中国内部的变革和发展，由旧民主主义、新民主主义和社会主义三大阶段组成。旧民主主义阶段，封建统治阶级、农民阶级和新兴的资产阶级在近代化进程中各自留下深刻的足迹。新民主主义阶段，国民党、民主党派和中国共产党三股政治力量主张各异，道路不同，互相较量，盛衰起伏。社会主义阶段，在中国共产党领导下，经济、政治和思想文化都发生了深刻的变化，1978年后，变化尤为显著。教材分为四编十六章。第一编为近代化过程中的中外关系演变，共分三章：第一章鸦片战争前的中国与世界、第二章鸦片战争后中国被迫“开放”国门（1840—1949）、第三章中华人民共和国成立后的被迫“封闭”与主动开放（1949—）；第二编为中国近代化道路探索之一——旧的资产阶级民主主义道路，分为三章：第四章封建统治阶级在内忧外患中的应变举措、第五章农民为主体的下层群众在近代社会中的处境与抗争、第六章新兴资产阶级为建立近代民主社会而奋斗的几种模式；第三编为中国近代化道路探索之二——新的资产阶级民主主义道路，分为五章：第七章旧的资产阶级民主主义革命向新的资产阶级民主主义革命的转变、第八章继续在半殖民地半封建轨道上滑行的国民党独裁统治、第九章幻想建立资产阶级民主共和国有利于国共两党之间的第三种势力、第十章中国共产党领导的新民主主义革命在探索中走向成熟、第十一章新民主主义革命的胜利和中华人民共和国的建立；第四编为中国近代化道路探索之三——中国特色的社会主义道路，分为五章：第十二章社会主义制度的建立、第十三章社会主义的经济体制及建设道路的探索、第十四章为巩固社会主义制度而开展的政治文化斗争与严重失误、第十五章伟大的历史性转折、第十六章新时期建设有中国特色的社会主义理论与实践。该书的任务是“试图通过中外古今的广阔视角和纵深跨越的贯通分析，使读者对两百年来的中国历史脉络，能把握一个比较明晰的轮廓；对改革开放、建设中国特色的社会主义具备相对厚重的历史感情和使命意识”。[1]

由以上三本教材的介绍与分析可以看出，教材的内容在不断进行修订，中国革命史的下限伴随着中国共产党召开新的代表大会提出新的任务在不断延伸。1987年党的十三大、1992年党的十四大、1997年党的十五大，都在教材中有所体现和反映。只有这样，才能比较全面地讲述中国共产党人对社会主义建设道路的探索、有中国特色社会主义理论的提出和逐步完善的过程，以及党的基本路线的提出和实践过程。

(4)“中国社会主义建设”课程教材为《中国社会主义建设》

“85方案”时最重要的变化是增加一门新的课程——“中国社会主义建设”。因此，编写教材的任务十分艰巨。在教育部颁布了课程大纲以后，从教育部到各省、自治区、直辖市教育主管部门以及各高校在很短的时间内已经编写出版了一部分《中国社会主义建设》的教材（附件三：1983—1998年出版的部分《中国社会主义建设》教材）。

下面具体介绍分析一本1986年7月，由辽宁人民出版社出版的《中国社会主义建设》教材。为适应高校政治理论课改革的需要，该教材对“中国社会主义建设”这门新课程的教材建设进行了有益的探索，迈出了重要的一步。该教材共有五编十章，另有前言和结束语。作者把现代化的经济建设、政治建设和精神文明建设以及与之相适应的各方面的改革，作为中国社会主义建设的三个主要组成部分，在第二、三、四编中用较多的篇幅依次论述。第一编总论，着重叙述社会主义是我国历史发展的必然和我国社会主义现代化建设的历史前提；第二编经济建设，着重阐述了发展社会生产力和完善与发展社会主义生产关系对于中国社会主义建设的决定性意义；第三编政治建设，着重论述了健全社会主义民主和法制、加强人民团结和保证国家安全对于社会主义建设的重大意义；第四编精神文明建设，着重突出了社会主义精神文明的战略地位；第五编党的建设，着重阐明加

[1] 朱育和．中国革命史通论［M］．北京：清华大学出版社，1995．

强和改善党的领导是我国社会主义建设事业取得成功的根本保证。该教材主要有以下特点：一是全书主题思想明确，中心内容突出，构架比较合理。把我们党和国家在新的历史时期的总任务，即关于建设现代化的，高度民主、高度文明的社会主义国家的总任务，作为全书的基本内容，建构了一个比较合理的教材框架。二是基本上反映并阐明了党的十一届三中全会以来关于建设有中国特色的社会主义的理论、基本政策和实践。在“经济建设”“政治建设”和“精神文明建设”各编，该书都比较全面地反映和阐述了党在各方面关于建设有中国特色社会主义的理论、基本政策和改革实践。三是对我国社会主义建设和改革提出的理论分析比较全面深入，并有创见。它着重讲授的不是社会主义建设的一般理论，而是一般理论在实践中的具体运用；讲授我国建设和改革中提出的理论问题。它需要阐述社会主义建设的方针、政策，但又不能是方针、政策的汇编，而是一门具有理论性、科学性的学科。四是对社会主义建设中存在的一些实际问题的分析具有针对性、科学性和说服力。❶

1992年党的十四大报告在党的已往探索的基础上，明确概括出建设有中国特色社会主义理论的9项主要内容，从理论的高度第一次比较系统地初步阐明了在中国这样经济文化比较落后的国家如何建设、巩固和发展社会主义的一系列基本问题，这标志着我们党对社会主义的认识提高到了一个新水平。国家教委《中国社会主义建设》编写组在这种认识的基础修订了《中国社会主义建设》（1992年修订版）教材，由中国人民大学出版社出版。该教材把这一理论作为教材的根本出发点和归宿点，力图把它的精神渗透到全书有关各章的内容中。该教材在1996年再次进行了修订。

这里需要说明的是，怎样避免中国革命史课与中国社会主义建设课在内容上可能出现的重复也会在教材中有所反映的情况？对此，主编《中国革命史》统编教材的杨先材进行过阐述：“两门课各有自己的特点。作为中国革命史，我们主要是从历史的角度．从宏观上讲述我党探索中国社会

❶ 胡似．高校政治理论课教材建设的可喜成果—评介《中国社会主义建设》［M］．中国高等教育，1987：04．

主义建设道路的历史过程，讲述探索中的成就、曲折、失误，总结正反两方面的经验教训，特别是有中国特色社会主义理论的酝酿、提出、发展和不断完善的过程。考虑到避免与社建课的重复，革命史教材这部分内容篇幅不大。教材的社会主义时期共有两章，即第七章和第八章。社会主义制度在全国的确立为第七章。从社会主义改造基本完成直到党的十四大为第八章，其主题就是对社会主义建设道路的探索。应该说，这部分内容为中国社会主义建设课的讲授作了铺垫，为学生学习中国社会主义建设课打下了基础。两门课之间应该是相互配合、相互补充的关系。"❶

（二）"概论"课程教材从毛泽东思想概论开始的历史沿革

1. 小范围的"概论"课程教材演变路线图

所谓的小范围，主要是指从 1998 年的"98 方案"开始。因为从"98 方案"开始，用"毛泽东思想概论"和"邓小平理论概论"分别取代了"85 方案"时的"中国革命史"和"中国社会主义建设"，这一演变的路线图为：

"98 方案"时的"毛泽东思想概论""邓小平理论概论"（2003 年的"邓小平理论和'三个代表'重要思想概论"）——"05 方案"时的"毛泽东思想、邓小平理论和'三个代表'重要思想概论"（2008 年改名为"毛泽东思想和中国特色社会主义理论体系概论"，以下简称为"概论"）。

下面就以"98 方案"实施以来，关于"概论"课程教材的建设情况进行阐述，主要有 5 种类型的教材。

2. "概论"课程教材的五次演变

（1）"毛泽东思想概论"教材建设

从"98 方案"开始实施到 2000 年，教育部社政司和不少省、自治区、直辖市教委相继组织编写了普通高校"毛泽东思想概论"教材。全国出现了十几种"毛泽东思想概论"教材。大部分教材的内容这样安排：一是新

❶ 本刊记者学敏．加强中国革命史学科建设的重要环节——杨先材教授谈中国革命史统编教材［J］．教学与研究，1993（02）：57.

民主主义革命理论部分，比重最大的占全书的60%以上，比重最小的占全书的36%。二是社会主义革命和社会主义建设理论部分，比重最大的占全书的27%，比重最小的占全书的11%。三是毛泽东思想的活的灵魂部分，比重一般都占全书的10%左右。四是毛泽东思想的形成、历史地位、指导作用及意义等方面的内容，比重一般都占全书的17%左右，比重最小的占全书的10%，比重最大的占全书的36%。[1] 总体而言，对于这门新开设的课程是没有编写教材的经验的。能在短时间内出版不同版本的教材，实属不易，有效地保障了正常的教学秩序。但因为编写“毛泽东思想概论”教材的大多数人原来都是教“中国革命史”课的，要编写一本新的理论课即《毛泽东思想概论》教材，会有一定的难度，同时又很难跳出原来的历史框架，建立起“论”的体系。而“毛泽东思想概论”教材总的来说，应该是“论”的体系，因为毛泽东思想概论属于理论学科不是历史学科。“毛泽东思想概论的研究对象，是毛泽东思想的概括和综合。就是说，它是对毛泽东思想理论体系的最基本内容以及研究方法、意义等问题，作概括的、综合的论述。”[2]

2003年，根据新修订的教学基本要求，教育部及部分省市及高校编写并出版了一批具有较高质量的《毛泽东思想概论》教材。以其中由教育部社会科学研究与思想政治工作司（以下简称“社政司”）组织编写、中国人民大学王顺生教授主编的全国普通高等学校“两课”示范教材《毛泽东思想概论（本科本）》（2003年由高等教育出版社出版）为例进行一些分析。整本教材共设七章，分别为：第一章 毛泽东思想——马克思主义中国化的理论成果，第二章 新民主主义革命的总路线和基本纲领，第三章 新民主主义革命的基本问题，第四章 社会主义改造的理论原则与经验总结，第五章 社会主义若干基本问题的探索成果，第六章 社会主义建设的方针政策，第七章 掌握毛泽东思想的活的灵魂，坚持和发展毛泽东思想。从整

---

[1] 张静如，杨帆．对“毛泽东思想概论”教材的分析和研究［J］．思想理论教育导刊，2000（06）：39.

[2] 张静如，杨帆．对“毛泽东思想概论”教材的分析和研究［J］．思想理论教育导刊，2000（06）：41.

个教材的体系结构来看，包括了对毛泽东思想的总体认识，毛泽东思想的各方面基本原理，毛泽东思想的基本立场、观点和方法，对待毛泽东思想应有的正确态度。这样，就能使学生对毛泽东思想有一个比较全面、具体的了解，有一个应有的正确认识。[1]

除了这部示范教材外，当时还有部分省市和一些高校组织编写了普通高校《毛泽东思想概论》教材。按照当时修订的“‘毛泽东思想概论’教学基本要求”，这门课要对毛泽东思想的科学含义、形成发展、科学体系、基本原理、活的灵魂、历史地位和指导作用进行概要的论述。对应的内容有：一是毛泽东思想是马克思主义中国化的理论成果。其中包括毛泽东思想的科学含义、毛泽东思想的产生和发展、毛泽东思想的科学体系、毛泽东思想的历史地位。二是关于新民主主义革命的基本理论。其中包括近代中国国情，中国革命的性质和发展规律，新民主主义革命的对象、领导力量和同盟军，以及新民主主义革命的发展前途。三是关于新民主主义革命时期的武装斗争、统一战线和党的建设的理论。四是关于社会主义改造的理论、原则和经验总结。五是关于社会主义建设的理论、原则和方针政策。六是毛泽东思想的活的灵魂。七是在新的历史条件下坚持和发展毛泽东思想。从当时的教材来看，无一例外地都涵盖了这些基本内容。[2]

总体上看，这段时间“毛泽东思想概论”课程教材，一方面，各教材的体系结构是合理的，在内容方面贯彻了教育部对这门课的教学基本要求；另一方面，教材能对许多重大的理论问题，结合当时的历史实际和现实实际进行回答，解决了大学生认识上的困惑，增强了课程的针对性和实效性。同时，贯彻了教育部社政司提出的“两课”要贯彻党的十六大精神和“三个代表”重要思想的要求，通过教材内容的具体阐释，有力地说明了中国共产党从成立之时起，就是一个代表中国先进生产力的发展要求、代表着中国先进文化的前进方向、代表着中国最广大人民的根本利益的

---

[1] 阎治才，杨正元. 一部优点突出、特点突出的好教材——评全国普通高等学校“两课”示范教材《毛泽东思想概论》[J]. 思想理论教育导刊，2004（02）：77.

[2] 阎治才. 对若干《毛泽东思想概论》教材的研究与分析 [J]. 思想理论教育导刊，2004（10）：70.

政党。

由于“98 方案”中明确规定专科、本科学生都要开设“毛泽东思想概论”课，所以在使用的教材上，主要在难易程度上有所区别。

(2)“邓小平理论概论”教材建设

1998 年4月28 日，中共中央宣传部、教育部印发《关于普通高等学校开设〈邓小平理论概论〉课的通知》，明确指出：“当前最迫切的任务是要下大气力把邓小平理论编成教材，进入课堂，武装大学生的头脑。”[1] 因此，编写出版“邓小平理论概论”教材成为当时十分重要的工作。

由于此时期出现了全国性的示范教科书与各省统编、教师自编教科书并存的情况。据不完全统计，当时全国出版的《邓小平理论概论》教材有200 多个版本（附件四：1998—2005 年出版的部分《邓小平理论概论》教材）。

“98 方案”开始的两年，全国高校《邓小平理论概论》教材建设成绩突出，但还需要进一步提高质量。从总体上看，评审教材反映了学术界关于邓小平理论研究的优秀成果，集中体现了高校研究邓小平理论达到的水平。特别是几本优秀教材，结构完整，概念清晰，观点准确，论述深透，紧密联系实际，针对性很强，时代特色鲜明，文字生动活泼，设计编排各有特色，达到了比较高的水平。但也出现了逻辑结构、脉络线索的问题，有的教材结构层次不合理，主次颠倒，如把社会主义初级阶段的基本经济制度和分配制度放到社会主义市场经济体制框架内，给人以经济体制比基本经济制度更为根本的错觉。有的教材关于概念的界定和表述有问题，如什么是“社会主义现代化”“社会主义精神文明”“科教兴国战略”“产业结构”等都不作解释。有的教材理论观点存在问题，如把“社会主义经济”和“社会主义市场经济”混为一谈，混淆了社会主义经济与非社会主义性质经济的界限。有的教材思想内容存在遗漏的问题，讲“解放思想、实事求是”，缺少对两者之间辩证统一关系的分析等。而版本之间存在抄

[1] 教育部社会科学司. 普通高校思想政治理论课文献选编（1949—2008）[M]. 北京：中国人民大学出版社，2008：180.

袭、雷同的现象，所以对于后期的“邓小平理论概论”的编写要有稳定而程度高的教材编著队伍，还要组织专题攻关。❶

（3）“邓小平理论和‘三个代表’重要思想概论”教材建设

2003年2月，教育部将“邓小平理论概论”课程调整为“邓小平理论和‘三个代表’重要思想概论”，并发布了《〈邓小平理论概论和“三个代表”重要思想概论〉教学基本要求》，作为该门课程教学与教材编写的基本规范，组织编写《邓小平理论和“三个代表”重要思想概论》作为本门课程的示范教材（附件五：2003—2004年出版的部分《邓小平理论和“三个代表”重要思想概论》教材）。

下面分别概述徐志宏、秦宣，陈贤忠、汪青松，田克勤三组主编出版的《邓小平理论与“三个代表”重要思想概论》教材。

徐志宏、秦宣主编的《邓小平理论和“三个代表”重要思想概论》教材，由教育部社会科学研究与思想政治工作司组审，由中国人民大学出版社2004年出版，是作为全国普通高等学校“两课”的推荐教材。教材共有十二章：第一章用发展着的马克思主义指导新的实践，第二章解放思想、实事求是、与时俱进，第三章社会主义本质和根本任务，第四章社会主义初级阶段理论和党的基本路线、基本纲领，第五章中国特色社会主义的发展战略，第六章中国特色社会主义的改革开放，第七章中国特色社会主义经济，第八章中国特色社会主义民主政治，第九章中国特色社会主义文化，第十章社会主义的外交战略和外交政策，第十一章“一国两制”和平统一祖国的科学构想，第十二章中国特色社会主义事业的依靠力量和领导核心。主编之一秦宣谈本教材的编写思路时指出：围绕建设中国特色社会主义这一主题，构建《邓小平理论和“三个代表”重要思想概论》的教材体系，围绕邓小平理论和“三个代表”重要思想的主要内容，系统阐述邓小平理论和“三个代表”重要思想的继承和发展关系，以邓小平同志和江泽民同志的重要著作和党的重要文献为依据，力求用准确的观点表述教

❶ 梅荣政. 评审《邓小平理论概论》教材后的几点感受［J］. 想理论教育导刊，2001（12）：48-50.

材的内容。[1] 本书的重要特色是充分体现了从“邓小平理论概论”到“邓小平理论和‘三个代表’重要思想概论”在课程体系和内容方面的新变化，对教学重点、难点把握到位。本书审稿专家、教育部普通高等学校思想品德课教学指导委员会委员武汉大学梅荣政教授对本书的评价是：“这是一本质量比较高的教材，它比较全面系统地反映了邓小平理论和‘三个代表’重要思想的内容，突出了中国特色社会主义这一主题，框架结构合理，基本观点表述准确，内容展开注意理论和实际结合，论证中的一些观点具有前沿性。”[2]

陈贤忠、汪青松主编出版的《邓小平理论与“三个代表”重要思想概论》教材，由北京的高等教育出版社2004年出版，作为安徽省高校“两课”教学使用的通用教材。这本教材严格以党的十五大和十六大精神为指导，以中共中央印发的《邓小平同志建设有中国特色社会主义理论学习纲要》和《“三个代表”重要思想学习纲要》为重要依据，反映邓小平、江泽民和胡锦涛同志的一系列重要讲话和十一届三中全会以来特别是十三届四中全会以来党和国家的重要文献的基本精神，反映我国改革开放和现代化建设的新鲜经验，用准确的语言、权威的观点、丰富的材料来阐明邓小平理论和“三个代表”重要思想，让大学生能够正确地理解邓小平理论和“三个代表”重要思想，科学地把握其中的新思想、新观点、新论断及其内在联系，避免了邓小平理论和“三个代表”重要思想在阐述上的交叉重复。[3]

田克勤主编出版的《邓小平理论与“三个代表”重要思想概论》教材，由北京的高等教育出版社2003年出版，主要供高校本科思想政治教育专业主干课教学使用。该教材对“邓小平理论和‘三个代表’重要思想”这一课程的基本内容作了界定：即“全面论述邓小平理论和‘三个代表’

[1] 秦宣.《邓小平理论和“三个代表”重要思想概论》新教材的编写基本思路［J］. 教学与研究，2003（08）：54－58.

[2] 全国普通高等学校“两课”推荐教材——邓小平理论和“三个代表”重要思想概论［J］. 教学与研究，2003（08）：53.

[3] 石国亮.“两课”教材建设的新成果——《邓小平理论和“三个代表”重要思想概论》评介［J］. 思想理论教育导刊，2003（12）：80.

重要思想的科学含义、形成发展过程、科学体系、历史地位、指导意义、基本观点以及中国特色社会主义建设的路线方针政策”。进而从理论基础、历史根据、现实依据、时代背景等方面回顾了邓小平理论形成和“三个代表”重要思想提出的历程。这样在总论中对邓小平理论和“三个代表”重要思想的形成过程作出梳理并集中概述，有助于突出邓小平理论和“三个代表”重要思想一脉相承的逻辑关系，为读者整体把握本门课程内容奠定基础。该教材采用理论与课程体系的结合的思路进行编写，编者致力于梳理出以邓小平为核心的党的第二代中央领导集体和以江泽民为核心的党的第三代中央领导集体理论创新的轨迹，并力图把理论体系融于课程教学体系。同时，与这一纸板教材配套的是，编者还研制开发了《邓小平理论和“三个代表”重要思想概论网络课程》。以视频、音频、图片、动画、文字融为一体的立体化教材，为师生提供丰富的参考文献、资料库、素材库或社会热点、理论难点、学科前沿问题，供学生自主学习和研究性学习。这一网络课程为纸质教材的教与学拓展了广阔的空间。[1]

（4）“毛泽东思想、邓小平理论和‘三个代表’重要思想概论”教材建设

①2007年2月第1版“毛泽东思想、邓小平理论和‘三个代表’重要思想概论”课教材

“05方案”颁布后，教育部专门组织了“概论”课教材编写课题组。课题组由北京大学吴树青教授为首席专家召集人，每组设首席专家3~4人，成员若干人，这些专家和成员全部来自国内重点高校马克思主义理论课的学科带头人和骨干教师。2005年9月底，“概论”教材编写提纲经中央政治局常委审定后，编写组正式启动教材编写工作。编写组在认真学习领会中央领导同志对提纲所提意见精神的基础上，经过六次修改撰写，2006年3月形成教材送审稿初稿。

中宣部和教育部为了提高“概论”课教材的质量，于2006年12月1

---

[1] 李桂莲．一脉相承的体系建构网络时代的教材模式——高教版《邓小平理论和“三个代表”重要思想概论》述评［J］．西南师范大学学报（人文社会科学版），2004（11）：172-173.

日至4日，在京召开了“毛泽东思想、邓小平理论和‘三个代表’重要思想概论”教材征求意见座谈会。来自教育部直属高校和地方高校“概论”课一线骨干教师130余人参加了会议。教材编写组首席专家召集人吴树青教授在会上就教材的总体情况作了介绍，编写组首席专家陈占安教授、田克勤教授、肖贵清教授分别对教材各部分内容，包括各章的教学目的和要求、重点难点问题以及相关内容之间的内在联系作了集中讲解。与会教师对教材的整体结构、主要内容、基本观点等提出了修改意见。[1] 同时，中宣部和教育部还邀请中央党校、中央编译局等单位的专家对“概论”课每一章节教材内容进行审读，提出修改意见，并与编写组讨论如何修改。此外，还将讨论稿印发给了部分教师和学生，让他们从讲课和听课的角度对新编教材提出宝贵的意见。

编写组经过广泛吸取各方的意见和建议，反复修改原稿，后经马克思主义理论研究和建设工程专家委员会审查，“毛泽东思想、邓小平理论和‘三个代表’重要思想概论”课教材于2007年2月正式出版第1版。

2007年2月第1版“毛泽东思想、邓小平理论和‘三个代表’重要思想概论”课教材的指导思想主要贯彻了三点：第一，全面、准确地把握和落实中央关于开设“毛泽东思想、邓小平理论和‘三个代表’重要思想概论”课程的基本要求。第二，突出教材的思想政治教育功能，更好地承担起对大学生进行系统的马克思主义理论教育的任务。第三，坚持理论联系实际，贴近实际、贴近生活、贴近学生，激发学生学习的积极性和主动性。新编教材主要体现了以下特点：第一，准确把握三大理论成果的内容，切实保证教材的科学性和准确性。第二，努力使三大理论成果作为一个整体，形成中国化马克思主义的系统性。第三，突出思想政治理论课的理论性，提高大学生科学分析社会问题的能力。新编教材涵盖了以往的“毛泽东思想概论”和“邓小平理论和‘三个代表’重要思想概论”两门课程的内容，在处理与以往教材的关系上，新编教材首先需要考虑的是怎

[1] 本刊记者.《毛泽东思想、邓小平理论和“三个代表”重要思想概论》教材征求意见座谈会述要［J］. 思想理论教育导刊，2006（12）：8－10.

样才能做到既充分反映马克思主义中国化的三大理论成果，又不是原来两门课程的简单合并，怎样使“概论”课教材有不同于过去教材的特色。实现在一门课程内对三大理论成果相关内容的有机整合。只有把三大理论成果作为一个整体进行分析，才能够全面说明我们党怎样适应时代和历史的发展，在中国革命、建设和改革的进程中，不断从中国的实际出发，在不断总结正反两个方面历史经验的基础上，把马克思主义基本原理同中国的具体实际结合起来，实现党的指导思想的与时俱进，从而推动中国革命、建设和改革事业的发展。这样做，比较好地体现了中央关于设置这门课程的精神和要求。[1] 该教材共分为三个部分十五章：第一部分，总论，分设两章，即第一章和第二章。第一章概述马克思主义中国化进程中的三大理论成果和党的十六大以来最新理论成果；第二章主要讲马克思主义中国化理论成果的精髓，阐述党的思想路线的形成和发展，以及内容和意义。第二部分，毛泽东思想体系中的两个特殊内容，分设两章，即第三章和第四章。第三章讲中国新民主主义革命的理论和经验，主要分析新民主主义革命理论的形成，新民主主义革命的总路线和基本纲领，新民主主义革命的道路和基本经验；第四章讲中国社会主义改造的理论和经验，说明从新民主主义到社会主义转变的必要性和可能性，我国社会主义改造的特殊道路和社会主义基本制度在中国的确立及其重大意义。这两章的内容是毛泽东思想极其重要的组成部分，所以单独作为一个部分，一方面因为毛泽东思想理论体系中的其他内容都可以与邓小平理论和“三个代表”重要思想理论体系中的有关内容打通来讲，而这两章是毛泽东思想中两个独特的原创性内容，无法打通来讲，因此需要单列两章；另一方面是因为改革开放以来，对这两大革命的意义和实现的理论创新存在估计不足的问题，一些错误的观点如“告别革命论”“补课论”等对学生有一定的影响，需要澄清。第三部分讲建设中国特色社会主义，是本教材的重点部分。这个部分可以分为四个方面相对独立的内容：一是中国特色社会主义的三个基本问题，

---

[1] 本刊记者.《毛泽东思想、邓小平理论和“三个代表”重要思想概论》的指导思想、主要特点和基本思路——访教材编写组首席专家（召集人）吴树青教授［J］. 思想理论教育导刊，2006（05）：4－7.

也就是关系建设中国特色社会主义全局的三大理论，即社会主义本质理论、社会主义初级阶段理论、社会主义改革开放理论，分设三章，即第五章到第七章。第五章主要论述中国特色社会主义建设道路的探索，社会主义本质的新概括，以及社会主义的根本任务；第六章主要论述社会主义初级阶段是我国最大的实际，社会主义初级阶段的基本路线、基本纲领和发展战略；第七章主要讲改革是社会主义制度的自我完善和发展，对外开放是中国的基本国策。二是中国特色社会主义的总体布局，包括建设中国特色社会主义的经济、政治、文化、社会。分设四章，即第八章到第十一章。第八章主要讲中国社会主义经济体制的探索，社会主义初级阶段的基本经济制度，社会主义初级阶段的分配制度，以及推动经济又快又好发展；第九章主要讲中国特色的民主政治制度，建设社会主义法治国家和推进政治体制改革以及发展民主政治；第十章主要讲中国特色社会主义文化建设的战略地位、根本任务和主要内容；第十一章主要讲构建社会主义和谐社会的重要性和紧迫性，构建社会主义和谐社会的指导思想、基本原则和目标任务。三是祖国完全统一和外交政策，分设两章，即第十二章和第十三章，这两章一章讲内政，一章讲外交，作为一个组成部分是因为它们有一个共同点，就是阐述了建设中国特色社会主义面临的大背景。第十二章主要讲实现祖国完全统一是中华民族的根本利益所在，“一国两制”的构想在香港和澳门地区的成功实践，以及解决台湾问题、实现祖国的完全统一；第十三章主要讲国际形势的发展及特点和独立自主的和平外交政策。四是建设中国特色社会主义的依靠力量和领导核心，分设两章，即第十四章和第十五章。第十四章主要讲建设社会主义事业是全国各族人民的共同事业，巩固和发展爱国统一战线，以及加强国防和军队现代化建设；第十五章主要讲党的领导是社会主义现代化建设的根本保证，新时期应坚持立党为公、执政为民，加强党的建设。第三部分可以说是本教材的创新之处，强调贯彻把毛泽东思想、邓小平理论和“三个代表”重要思想及十六大以来最新理论成果作为一脉相承又与时俱进的理论成果打通来阐述的原则，让学生了解党在对中国特色社会主义建设和改革进行的艰苦曲折的探索历程，了解三大理论成果及十六大以来最新理论成果之间一脉相承和

与时俱进的关系。❶

因此，《毛泽东思想、邓小平理论和"三个代表"重要思想概论》新教材以构建中国化马克思主义理论成果的整体性为创新点，以注重理论发展的历史过程分析为新思路，以强化问题意识为特点，把毛泽东思想、邓小平理论和"三个代表"重要思想，以及党的十六大以来马克思主义中国化的最新理论成果融为一体，充分体现了中国化马克思主义理论成果既一脉相承又与时俱进的关系。❷受到了广大一线教师和学生的好评。

②2008年2月第2版"毛泽东思想、邓小平理论和'三个代表'重要思想概论"课教材

中国共产党第十七次全国代表大会于2007年10月15日至21日在北京召开后，根据中央领导的指示和马克思主义理论研究和建设工程协调小组《关于修订高校思想政治理论课教材的函》的要求，中宣部和教育部于2007年11月启动了包括"概论"课在内的四门必修课教材的修订工作，前后历时近2个月。2008年2月由高等教育出版社出版，并投入使用。这次教材修订主要确定了两条原则：一是"小改"原则。教材的体系结构原则上不变，章节基本不变，目可以修改或调整。这就是说，整个修订一定要服从有利于充分反映党的十七大精神，丰富教材的内容，以确保教材既充分体现中央关于十七大精神"进教材、进课堂、进学生头脑"的要求，又具有一定的稳定性。二是力求教材的准确、权威。在教材修订中，贯彻党的十七大精神，反映马克思主义中国化的最新理论成果，严格以十七大文件和中央领导同志的有关讲话精神为依据，以确保教材的权威性。具体来说，主要修改情况如下：第一，关于"第一章马克思主义中国化的历史进程和理论成果"的修改和调整。这一章作了多处补充和修改，重点有两处：一是第一节新增了第四目"中国特色社会主义理论体系是马克思主义中国化的最新成果"，集中阐释十七大报告和党章关于中国特色社会主义

❶ 本刊记者.《毛泽东思想、邓小平理论和"三个代表"重要思想概论》教材征求意见座谈会述要［J］. 思想理论教育导刊，2006（12）：9-10.

❷ 顾钰民.《毛泽东思想、邓小平理论和"三个代表"重要思想概论》新教材解读［J］. 思想理论教育（上半月）综合，2006（09）：30.

伟大旗帜、中国特色社会主义道路、改革开放历史进程所取得的宝贵经验，特别是中国特色社会主义理论体系的内容。二是整个改写第五节“科学发展观”。第二，关于“第二章马克思主义中国化理论成果的精髓”的修改和调整。这一章大的修改是在第三节“解放思想，实事求是，与时俱进”，增加了一目“解放思想是发展中国特色社会主义的一大法宝”，作为第二目，以突出十七大关于坚持解放思想的分析。第三，关于“第六章社会主义初级阶段理论”的修改和调整。这一章的修改除了根据十七大关于社会主义初级阶段新的阶段性特征、基本路线、基本纲领等方面的一些新的表述作了补充和修改外，主要是在第三节第二目“全面建设小康社会”，压缩了教材中原有内容，重点突出十七大对全面建设小康社会目标提出新的更高要求的背景和内容的分析。第四，关于“第七章社会主义改革和对外开放”的修改和调整。这一章重点增加一节“改革开放是决定当代中国命运的关键抉择”，下设两目：“一、改革开放是一场新的伟大革命”，分析提出改革开放政策的历史背景和现实依据，改革开放的目的、性质和意义；“二、社会主义社会的基本矛盾”，分析改革开放的根本理论依据。原第一、二节顺延为第二、三节，标题分别改为“坚定不移地推进全面改革”和“毫不动摇地坚持对外开放”，内容也相应作了局部调整。第五，关于“第八章建设中国特色社会主义经济”的修改和调整。这一章作了多处补充和修改。重点是将第四节的标题改为“促进国民经济又好又快发展”。增加一目“国民经济又好又快发展，要求‘好’与‘快’有机结合”，分析国民经济又好又快发展提出的历史与现实依据，又好又快发展的内涵，实现国民经济又好又快发展的关键。取消原第六目“积极扩大就业”，将其主要内容与第三节第三目第二点“健全社会保障体系”中关于政策性的分析一并移到第十一章。把原来第四节前五个目，改为现在第二到第六目，并把顺序调整为：提高自主创新能力，建设创新型国家；转变经济发展方式，坚持走中国特色新型工业化道路；建设社会主义新农村；统筹区域发展；建设资源节约型、环境友好型社会。在这五个目的内容中贯彻十七大报告中有关方面的精神。第六，关于“第九章建设中国特色社会主义政治”的修改和调整。十七大强调坚持“党的领导、人民当家作主、依法治国有机统一”在中国特色社会主义政治发展道路中的地位。为此，这一章重点是将原第三节第一目“坚持党的领导、人民当家作主和依法治国的有机统一”的内容调整为第一节第一目，并根据十七大报告的精神进行了改写。将原第三节第二目标题“在坚持四项基本原则的前提下积极稳妥地推进政治体制改革”，修改为“深化政治体制改革，扩大社会主义民主”，内容按照十七大报告的有关论述适当进行了改写，突出必须坚定不移地坚持走中国特色社会主义政治发展道路。第七，关于“第十一章构建社会主义和谐社会”的修改和调整。这一章也作了较大修改，主要是将第二节标题“构建社会主义和谐社会的指导思想、基本原则和目标任务”改为“构建社会主义和谐社会的总体思路”，下设两目：原第一目“构建社会主义和谐社会的指导思想和基本原则”修改为“构建社会主义和谐社会的指导思想、基本原则和目标任务”。取消原第二目“构建社会主义和谐社会的目标任务和主要举措”，将其内容调整到第一目。新增第二目“加快推进以改善民生为重点的社会建设”，按照十七大报告中第八部分关于实现教育公平、扩大就业、增加居民收入、建立覆盖城乡居民的社会保障体系、建立基本医疗制度、完善社会管理等内容撰写。并将第八章有关就业和社会保障问题和第九章有关教育公平等内容调入本节。[1]

(5)“毛泽东思想和中国特色社会主义理论体系概论”教材建设

①2008年9月“毛泽东思想和中国特色社会主义理论体系概论”教材第1版（2008年修订版）

党的十七大报告中提出了中国特色社会主义理论体系的重大命题。因此，2008年7月，《毛泽东思想、邓小平理论和“三个代表”重要思想概论》教材又作了一次修订。根据中央马克思主义理论研究和建设工程办公室的安排，这次修改，一是按照中央要求，将《毛泽东思想、邓小平理论和“三个代表”重要思想概论》改名为“毛泽东思想和中国特色社会主义理论体系概论”；二是适应课程名称的变化并吸收了有关专家对该教材2008年

---

[1] 本刊记者.《毛泽东思想、邓小平理论和“三个代表”重要思想概论》教材修订的有关问题——访教材修订课题组首席专家（召集人）吴树青教授［J］. 思想理论教育导刊，2008(03)：4-6.

2月第2版的修改意见和建议。该书在2008年9月由高等教育出版社出版。

2008年9月版“毛泽东思想和中国特色社会主义理论体系概论”教材，是课程名称改为“毛泽东思想和中国特色社会主义理论体系概论”后的第1版，但由于时间紧迫，所以，仍然没有作大的修订，在原来15章的前提下，对各章都有修改要点，还有个别文字上的修改和少量版式上的调整，这里不再赘述。可以参考《思想理论教育导刊》2008年第9期（总第117期）13—15页刊登的文章：《关于〈毛泽东思想和中国特色社会主义理论体系概论〉教材最新修改的几点说明》。

②2009年7月“毛泽东思想和中国特色社会主义理论体系概论”教材第2版（2009年修订版）

中央马克思主义研究和建设工程委员会于2009年2月23日发出了《关于高校思想政治理论课教材修订工作方案》的指示。“概论”课题组根据指示精神于2009年3月2日召开了全体成员会议，布置落实教材修订的工作。本次修订重点突出了以下几方面的内容：第一，教材反映了十七大精神和十七届三中全会精神，特别是充分反映了中国特色社会主义理论体系、社会主义核心价值体系等重大理论观点。第二，增加了2008年12月31日胡锦涛同志在纪念《告台湾同胞书》发表30周年座谈会上讲话的内容。第三，增加了胡锦涛同志在纪念党的十一届三中全会召开30周年大会上的讲话精神，进一步完善了“十个结合”的思想。第四，充分反映了党的十七大以来我党在中国特色社会主义经济、政治、文化、社会建设等方面的理论创新和实践创新，增加了开展深入学习实践科学发展观活动的内容。该修订版教材于2009年7月出版，9月在高校投入使用。

③2010年6月“毛泽东思想和中国特色社会主义理论体系概论”教材第3版（2010年修订版）

2009年12月29日，中央马克思主义理论研究和建设工程发出了《关于高校思想政治理论课教材修改工作的函》和《马克思主义理论研究和建设工程高校思想政治理论课教材修改工作方案》的指示精神，“概论”课题组在教育部社科司的指导下，对2009年修订版《概论》教材又作了一次新的修订。全书十五章内容，除了第十一章没有作改动外，其他十四章都或多或少作了一些调整。例如：第一章第一节第四目中除了删除了部分过时的内容外，在第4段最后增加了一段内容："积累了重要的历史经验。30多年的历史经验归结到一点，就是把马克思主义基本原理同中国具体实际相结合，走自己的路，建设中国特色社会主义。"[1]第六章引言部分。用"为开辟中国特色社会主义发展道路、形成中国特色社会主义理论体系奠定了重要基础"这个提法，替换下原稿"从整体上解决了我国社会主义发展的现实起点问题"的提法。第九章引言和第一节作了改动外，本章的阅读书目在2009版用的是《在庆祝中国人民政治协商会议成立55周年大会上的讲话》，本次修订改成了胡锦涛同志《在庆祝中国人民政治协商会议成立60周年大会上的讲话》内容。第十五章第三节第一目。在最后加写了一大段反映党的十七届四中全会精神的内容。其他多个章节也作了个别修改，这里不再赘述。另外，这次修订对原稿中的几个提法统一作了改动。比如将"建国以来"改为"新中国成立以来"；将"十一届三中全会以来"，改为"党的十一届三中全会以来"；将"党在现阶段的基本理论"，改为"党在社会主义初级阶段的基本路线"，等等。还有一些个别文字上的修改，具体可以参考《思想理论教育导刊》2010年第9期（总第141期）9—15页刊登的文章：《关于〈毛泽东思想和中国特色社会主义理论体系概论〉2010年修订情况的说明》。

④2014年1月"毛泽东思想和中国特色社会主义理论体系概论"教材第4版（2013年修订版）

为认真贯彻党的十八大、十八届三中全会精神和习近平总书记一系列重要讲话精神，充分体现中国特色社会主义理论与实践的最新成果，充分吸收近年来教学一线广大师生的意见和建议，努力改进文风，进一步增强教材的针对性和可读性，在中宣部、教育部的领导下，课题组对《毛泽东思想和中国特色社会主义理论体系概论》（2010年）教材进行了一次全面的修订，形成了2013年修订版。

---

[1] 本书编写组．关于"毛泽东思想和中国特色社会主义理论体系概论"2010年修订情况的说明［J］．思想理论教育导刊，2010（09）．

2013年修订版的背景。2012年11月，具有重大历史意义的党的十八大胜利召开。十八大之后，习近平总书记围绕坚持和发展中国特色社会主义，发表了一系列重要讲话。2013年11月，党的十八届三中全会召开，对全面深化改革作出战略部署。为深入贯彻党的十八大、十八届三中全会精神和习近平总书记系列讲话精神，需要对教材进行全面修订。这是本次教材修订最大的一个背景。还有一个背景，思想政治理论课统编教材从2007年陆续出版以来，中间有过几次小幅修订。总体上看，这套教材的权威性、准确性和规范性是一流的，这一点得到了广大师生的认可。但一线教师和大学生经过学习使用，也发现了一些问题，希望进一步修改完善，比如有些教材篇幅过大、内容有些交叉重复、语言不够生动等。教材经过使用，反复修订完善，这是教材建设的规律，世界上一些公认的优秀教材都是经过教学实践检验，不断修订完善形成的，而且思想政治理论课教材现实性、实践性强，更加需要不断修订、充实、完善，才能打造出精品，使之更加符合广大师生的需要。[1]

2013年修订版的修订过程中严格遵守以下原则：一是认真贯彻党的十八大、十八届三中全会精神和习近平总书记系列重要讲话精神，充分体现党的理论创新的最新成果，保持教材内容的与时俱进。二是充分吸收教学一线广大师生在教材使用中提出的意见和建议。三是着力改进文风，努力使教材更加简洁明快、通俗易懂，增强可读性。[2]

2013年《概论》修订版的修订历时近一年。修订从提出方案到最终审定，都是在中央工程办公室和教育部社科司的直接领导下进行的。教材修订一开始，工程办会同教育部社科司，到5个省区市进行调研，听取了近200名一线师生的意见，根据征求到的意见，工程办公室会同课题组研究形成修订提纲，提请工程咨询委员书面审议，并作了两次调整修改。经批

[1] 《光明日报》记者王珊，本刊记者蒋旭东．推动党的理论创新成果“三进”的重要举措——访“毛泽东思想和中国特色社会主义理论体系概论”教材编写课题组负责人［J］．思想理论教育导刊，2014（03）：10.

[2] 《光明日报》记者王珊，本刊记者蒋旭东．推动党的理论创新成果“三进”的重要举措——访“毛泽东思想和中国特色社会主义理论体系概论”教材编写课题组负责人［J］．思想理论教育导刊，2014（03）：10.

准同意后，课题组开始书稿修改工作。教材修订稿初稿形成后，工程办公室两次组织高校一线教师和有关专家对教材修订稿进行了集中审看，近40位专家提出了重要修改意见。

为全面系统地体现党的理论创新成果，对书稿作了大幅度修订，包括对原来的框架结构进行了调整，充实了相关内容，合并删减一些章节。一是将十八大和十八大以来中央提出的一系列重大战略思想、重大理论观点、重大工作部署，全面准确地体现到教材各章节目的修订中。二是按照十八大关于中国特色社会主义总依据、总布局、总任务的新概括，调整了相关章节的顺序和内容。三是按照十八届三中全会关于全面深化改革的部署，对“社会主义改革开放理论”一章进行了较大幅度的修订，对“中国特色社会主义总布局”相关章节内容进行了增补。四是在“社会主义本质和建设中国特色社会主义总任务理论”等部分，增补了中国梦有关内容。五是在“中国特色社会主义领导核心理论”一章，增加了党的纯洁性建设，建设学习型服务型创新型马克思主义执政党，开展党的群众路线教育实践活动、坚决反对“四风”等内容。此外，为贯彻习近平总书记关于正确评价改革开放前后两个历史时期的思想、在纪念毛泽东120周年诞辰座谈会上的讲话精神，加写了“社会主义建设道路初步探索的理论成果”一章，帮助读者全面把握毛泽东思想的科学体系，也使得教材的结构更加平衡。[1] 这次修改幅度最大，反映了党的理论创新成果，将十八大、十八届三中全会和习近平系列重要讲话精神扩充进教材内容；调整教材框架，由原来15章改为12章；精简文字，由原来35万精简为23万字。一是将原教材第一、二章整合为“马克思主义中国化两大理论成果”一章，逻辑更为严谨，结构更为合理；二是结合习近平关于“两个不能否定”的重要论述，以及在纪念毛泽东同志120周年诞辰座谈会上的讲话精神，将原教材第五章第一节独立成章，构成第四章“社会主义建设道路初步探索的理论成果”；三是将原教材的经济、政治、文化、和谐社会部分，与十八大报

[1] 《光明日报》记者王珊，本刊记者蒋旭东．推动党的理论创新成果“三进”的重要举措——访“毛泽东思想和中国特色社会主义理论体系概论”教材编写课题组负责人［J］．思想理论教育导刊，2014（03）：11.

告提出的生态文明建设放在一起，整合为“建设中国特色社会主义总布局”一章，集中阐释“五位一体”总布局；四是将原教材第十四章改为第十一章“建设中国特色社会主义的根本目的和依靠力量”，增加第一节“专门论述建设中国特色社会主义的根本目的”。❶

⑤2015 年 8 月“毛泽东思想和中国特色社会主义理论体系概论”教材第 5 版（2015 年修订版）

《毛泽东思想和中国特色社会主义理论体系概论》2015 年修订版进一步贯彻了党的十八届三中、四中全会精神及习近平系列重要讲话精神，充分体现了党的十八大以来的最新理论成果，充分吸收了一线师生的意见和建议，并进一步改进了教材文风和呈现方式。下面所采用的是陈占安教授发表在《思想理论教育导刊》2015 年第 10 期上的论文——《〈毛泽东思想和中国特色社会主义理论体系概论〉教材 2015 年修订版的重点内容》的重点内容。

《概论》2015 年修订版重新归纳了党的十八大以来的理论创新：党的十八大以来，习近平围绕坚持和发展中国特色社会主义、实现中华民族伟大复兴的中国梦，围绕推进经济建设、政治建设、文化建设、社会建设、生态文明建设和党的建设，围绕推进国防和军队建设、祖国统一、外交工作等，发表了一系列重要讲话，提出了一系列治国理政的重大思想观点，特别是形成了全面建成小康社会、全面深化改革、全面依法治国、全面从严治党的战略布局，进一步丰富发展了中国特色社会主义理论体系。

与 2013 年版教材相比，2015 年版《概论》教材总的节数增加了 1 个；总的目数增加了 1 个（其中删了 4 个，加了 5 个）；改写了 2 个章标题、6 个节标题、22 个目标题；全书的总字数由 19.3 万字调整为 20.8 万字。❷

---

❶ 肖贵清，龙兵．关于 2015 版“毛泽东思想和中国特色社会主义理论体系概论”教材修订及其使用的几个问题［J］．思想教育研究，2015（12）：31.

❷ 陈占安．“毛泽东思想和中国特色社会主义理论体系概论”教材 2015 年修订版的重点内容［J］．思想理论教育导刊，2015（10）：4－9.

⑥2018年4月“毛泽东思想和中国特色社会主义理论体系概论”教材第6版（2018年修订版）

2018年，为推动习近平新时代中国特色社会主义思想进教材、进课堂、进头脑，深入贯彻落实党的十九大和十九届二中、三中全会精神，中宣部、教育部组织对教材进行全面修订。由秦宣主持修订，肖贵清、郑传芳、孙蚌珠、刘先春、韩喜平等参加修订，工程办公室组织的审改定稿工作。涉及国防和军队建设、外交、港澳台的内容分别征求了中央军委政治工作部、外交部、国务院港澳办和中央台办的意见。参加审看的有顾海良、侯惠勤、韩震、韩振峰、李树忠等。❶

《概论》教材修订小组有关同志经过4个多月的认真学习、反复研讨，对《概论》进行了全面修订。后经工程咨询委员会书面和会议审议，形成了《概论》2018年版，于2018年4月由高等教育出版社出版。关于该教材的修订情况，下面引用的是中国人民大学马克思主义学院教授、《毛泽东思想和中国特色社会主义理论体系概论（2018年版）》课题组首席专家秦宣发表在《思想理论教育导刊》上关于《毛泽东思想和中国特色社会主义理论体系概论（2018年版）》的修订说明的内容。

《概论》（2018年版）的修订原则：第一，全面性。充分反映马克思主义中国化最新成果、中国特色社会主义丰富实践、本学科研究的最新进展。因此教材修订，全面反映习近平新时代中国特色社会主义思想的核心要义和主要内容，包括党的十八大以来习近平总书记系列重要讲话精神；全面反映党的十九大报告精神，包括党的十八大以来十八届三中、四中、五中、六中全会精神和十九届二中、三中全会精神；全面反映党的十八大以来学术界关于毛泽东思想和中国特色社会主义理论体系研究的最新成果；充分反映党的十九大以来学术界关于习近平新时代中国特色社会主义思想研究形成的共识。第二，权威性。教材表达的观点、使用的材料都必须权威、有依据，依据就是党的文献、经典著作、领导人讲话。有关毛泽

❶ 本书编写组. 毛泽东思想和中国特色社会主义理论体系概论（2018年版）［M］. 高等教育出版社，2018：315－316.

东思想的内容主要保留了原有教材的内容；邓小平理论的内容主要依据《邓小平文选》《邓小平同志建设有中国特色社会主义理论学习纲要》；“三个代表”重要思想主要依据《江泽民文选》《“三个代表”重要思想学习纲要》；科学发展观主要依据《胡锦涛文选》《科学发展观学习纲要》；关于习近平新时代中国特色社会主义思想，主要依据是党的十九大报告和党的十八大以来习近平总书记系列重要讲话精神。第三，针对性。教材修订，充分吸收高校一线教师和学生在以往教材使用中的意见和建议，使新编教材更加贴近教师，贴近学生，贴近实际。第四，创新性。“毛泽东思想和中国特色社会主义理论体系”是中国共产党领导人民革命、建设、改革形成的思想和理论，其理论来源于马克思列宁主义科学理论，其实践基础是近百年来党领导人民进行革命、建设和改革的伟大实践，其理论使命是指导党和人民在十几亿人口的大国建设社会主义现代化国家，使具有5000多年文明史的中华民族实现历史上前所未有的伟大复兴。不论从哪个角度讲，“毛泽东思想和中国特色社会主义体系”都应该是一个具有高度思想性、理论性和智慧性的理论体系，都应该是能够与我国波澜壮阔的伟大实践相印证的中国共产党治国理政方略体系。此次教材修订既不是另起炉灶，也不是修修补补，充分体现了创新性。在突出习近平新时代中国特色社会主义思想这一理论创新的同时，把这一思想与此前的几大理论成果融合起来，使几大理论成果达到深度融合。

《概论》（2018年版）修订的主要内容：第一，结构调整。教材分为三个部分，突出了中国站起来、富起来、强起来的历史逻辑。毛泽东思想是使中国站起来的理论体系，邓小平理论、“三个代表”重要思想和科学发展观是使中国富起来的理论体系，习近平新时代中国特色社会主义思想是使中国强起来的理论体系。本教材在结构上除了前言和结束语外，由三部分共十四章组成。其中“前言”主要阐释了马克思主义中国化的提出、科学内涵，从纵向论述了马克思主义中国化的理论成果，论述了学习本课程的意义，介绍了教材的结构，并对青年学生如何学习本门课程提出了指导性意见。

教材的第一部分主要阐述毛泽东思想，共分四章，第一章主要阐述毛泽东思想的形成发展、主要内容、历史地位、指导意义；第二章到第四章主要阐述毛泽东思想的主要内容，分别讲新民主主义革命理论、社会主义改造理论、中国社会主义建设道路初步探索的理论成果。

教材的第二部分为第五章到第七章，分别阐述邓小平理论、“三个代表”重要思想、科学发展观各自形成的社会历史条件、形成发展过程、主要内容和历史地位。

教材的第三部分主要阐述习近平新时代中国特色社会主义思想，共分七章，具体内容包括：第八章，习近平新时代中国特色社会主义思想及其历史地位，主要阐述了中国特色社会主义进入新时代的依据和意义，结合“八个明确”和“十四个坚持”论述了习近平新时代中国特色社会主义思想的核心要义和主要内容，论述了习近平新时代中国特色社会主义思想的理论意义和实践意义；第九章，坚持和发展中国特色社会主义的总任务，主要阐释了实现中华民族伟大复兴的中国梦和建成社会主义现代化强国的战略安排；第十章，“五位一体”总体布局，主要结合党的十九大报告论述了中国特色社会主义经济建设、政治建设、文化建设、社会建设、生态文明建设；第十一章，“四个全面”战略布局，分别论述了全面建成小康社会、全面深化改革、全面依法治国、全面从严治党，并阐释了四者的关系；第十二章，全面推进国防和军队现代化，主要论述了习近平强军思想和国防现代化思想；第十三章，中国特色大国外交，重点论述了中国的和平发展道路和习近平构建人类命运共同体思想；第十四章，坚持和加强党的领导，主要阐释了习近平关于“中国共产党的领导是中国特色社会主义最本质的特征”和“中国共产党的领导是中国特色社会主义制度的最大优势”的思想，论述了新时代中国共产党的历史使命和习近平关于“坚持党对一切工作的领导”的思想。

与2015年版教材相比，本教材结构有如下变化：一是对原有教材中的一些章节内容作了归并，如原有教材中的社会主义初级阶段理论、社会主义本质理论在本教材没有展开，而是将相关内容放在了邓小平理论中；爱国统一战线的相关内容，在原有教材中是单独一节，此次修订过程中，只是缩小为一个目放在了习近平新时代中国特色社会主义思想中。二是对原有教材的一些内容作了适当分解，如在原有教材中，实现祖国完全统一的理论是单独一章，此次修订过程中，一部分内容放在邓小平理论中，还有一部分放在了习近平新时代中国特色社会主义思想“五位一体”总体布局的“发展社会主义民主政治”中；关于坚持党的领导和加强党的建设等相关内容，原教材是放在一起讲的，现教材将“全面从严治党”放在了“四个全面”战略布局中，将坚持和加强党的领导作为单独一章放在了最后。三是对原有教材的部分内容作了扩充，比如，依法治国相关内容在原教材中只是政治建设中的一个目，此次修订过程中扩充为一节放在“四个全面”战略布局中；军队与国防建设的内容在2015年版中只是一节，此次在修订过程中将“全面推进国防和军队现代化”单独成为一章放在习近平新时代中国特色社会主义思想中。

第二，教材以马克思主义中国化为主线，以坚持和发展中国特色社会主义为主题，以习近平新时代中国特色社会主义思想为重点。一是以马克思主义中国化为主线。把马克思主义基本原理与中国实际相结合，实现马克思主义中国化，这是中国革命、建设和改革的客观需要，也是中国共产党承担的历史使命，也是中国百年剧变留下的宝贵经验。该教材就是要展示马克思主义中国化的理论成果。按照现在的结构，毛泽东思想、邓小平理论、“三个代表”重要思想、科学发展观、习近平新时代中国特色社会主义思想，也就是马克思主义中国化的五大成果都得到了体现和反映，党的指导思想得到了整体体现。这次修订，将三大理论成果分成了三章，扩充了这三部分的内容，使这三大理论成果的内容得到了充分反映。二是以坚持和发展中国特色社会主义为主题。纵向来看，我们党所有理论创新，尤其是改革开放以来的理论创新都是围绕坚持和发展中国特色社会主义这个主题的。毛泽东思想为中国特色社会主义奠定了制度基础和理论前提；以邓小平为主要代表的中国共产党人，提出走自己的路，建设有中国特色的社会主义，开创了中国特色社会主义；以江泽民为主要代表的中国共产党人成功地把中国特色社会主义推向21世纪；以胡锦涛为主要代表的中国共产党人在新的历史起点上推进了中国特色社会主义；党的十八大以来，以习近平同志为核心的党中央在新时代续写了中国特色社会主义新篇章。

横向来看，每个理论成果都是围绕中国特色社会主义展开的，虽然各个理论成果的理论贡献不一样，但都深化了对中国特色社会主义的认识。三是以习近平新时代中国特色社会主义思想为重点。习近平新时代中国特色社会主义思想作为马克思主义中国化的最新成果，在教材中被重点展示。从章节分布上看，这次用了近一半的章节反映了习近平新时代中国特色社会主义思想。从篇幅来看，大约占用了45%的篇幅。从内容上看，不仅第三部分专门反映了习近平新时代中国特色社会主义思想，而且前面的每一部分只要有涉及习近平总书记的论述，都有一定程度的反映。如在毛泽东思想部分，教材吸收了 2013 年习近平在纪念毛泽东 120 周年诞辰大会上的讲话和 2016 年纪念中国共产党成立 95 周年讲话的内容；关于邓小平理论，教材吸收了 2014 年习近平在纪念邓小平 110 周年诞辰大会上的讲话内容；关于科学发展观，教材吸收了 2016 年习近平在学习《胡锦涛文选》大会上的讲话精神。

《概论》（2018 年版）修订教材的重点难点：第一，关于中国特色社会主义理论体系的整体性问题。本教材名称叫“毛泽东思想和中国特色社会主义理论体系概论”，反映的是马克思主义中国化的两大理论成果。新编教材用一个版块专门阐述了毛泽东思想，使毛泽东思想有了完整的展现。但中国特色社会主义理论体系作为整体我们在前言中作了简要论述，后面对包含在中国特色社会主义理论体系之中的几大理论成果分别作了论述。广大教师在教学过程中，不能割裂中国特色社会主义理论发展的历史逻辑，一定要加强中国特色社会主义理论体系的整体性研究，讲清楚中国特色社会主义理论体系之中几大理论成果一脉相承而又与时俱进的关系。第二，关于邓小平理论、“三个代表”重要思想和科学发展观。这三大理论成果均属于中国特色社会主义理论体系的重要内容。在教学过程中，广大教师如何既全面展示各个理论成果的全貌，又突出各个理论成果的重点和突出贡献，如何彰显各个理论成果的特色，这对广大教师是一个考验，也是教学中的一个难点。第三，关于习近平新时代中国特色社会主义思想。这既是本次教材修订的重点，也是难点。本次教材修订的初衷就是实现习近平新时代中国特色社会主义思想进教材，所以是重点。一是习近平新时代中国特色社会主义思想刚刚提出，学术界对这一思想的框架体系有多种表述；二是习近平新时代中国特色社会主义思想中包含的若干新论断，还需要作深入的理论研究与阐释，目前相关成果还在不断丰富；三是这一思想还在继续发展中，习近平总书记的最新论述要及时在教学中反映。还有许多问题既是教学中的难点，也是研究中的难点。第四，关于教材语言向教学语言的转换问题。为了保证教材的严肃性、权威性、准确性，该教材的文件语言色彩仍然很浓。需要教师在教材使用过程中，既要努力把教材体系转换成为教学体系，还要把教材语言转换成为教学语言。[1]

总之，“毛泽东思想和中国特色社会主义理论体系概论”教材历经“98方案”时的“毛泽东思想概论”“邓小平理论概论”（2003年的“邓小平理论和‘三个代表’重要思想概论”），到“05方案”时的“毛泽东思想、邓小平理论和‘三个代表’重要思想概论”（2008年改名为：“毛泽东思想和中国特色社会主义理论体系概论”）（附件六：高等教育出版社“概论”教材文本修订情况一览表），这一演变过程，充分说明了高校思想政治理论课教材的内容，必须充分反映、及时融入马克思主义中国化最新成果，是该历史时期的党和国家的重要发展战略和最新理论成果的呈现。

---

[1] 秦宣.《毛泽东思想和中国特色社会主义理论体系概论（2018年版）》修订说明［J］. 思想理论教育导刊，2018（05）：10－13.

附件一：1978—1987 年出版的部分《中共党史》教材

浙江省高等学校党史编写组，《中国共产党历史讲义》，浙江人民出版社出版，1978.

福州大学政治理论教研组，《中国共产党历史讲义》，福州大学政治理论教研组印刷，1978.

山东省高等学校中共党史讲义编写组，《中国共产党历史讲义》，山东人民出版社出版，1980.

郑德荣、朱阳等编写，《中国共产党历史讲义》，吉林人民出版社出版，1980.

上海市《中国共产党历史讲义》编写组，《中国共产党历史讲义》，上海人民出版社出版，1981.

蒋绍椿等，《中国共产党历史讲义》，山东人民出版社出版，1982.

郝国兴主编，《中国共产党历史讲义》，山东人民出版社出版，1983.

本书编写组，《中国共产党历史讲义》，上海人民出版社出版，1985.

上海市高校编写组，《中国共产党历史讲义》，上海人民出版社出版，1983.

冯怀壁等主编，《中国共产党历史讲义》，天津人民出版社出版，1987.

湖北省《中国共产党历史讲义》编写组，《中国共产党历史讲义》，湖北人民出版社出版，1980.

附件二：1987—2004年出版的部分《中国革命史》教材

陈明显，《新编中国革命史》，中国工人出版社，1987.

南京师范大学中国革命教研室编，《中国革命史》，南京大学出版社，1987.

杨先材主编，《中国革命史》，中国人民大学出版社，1987.

李绍堂主编，《中国革命史教程》，辽宁大学出版社，1987.

许春章主编，《中国革命史简编》，哈尔滨船舶工程学院出版社，1987.

张永安编，《中国革命史新编》，湖北教育出版社，1987.

田泽沛主编，《中国革命史》，对外贸易教育出版社，1987.

邓永贤主编，《中国革命史》，北京工业学院出版社，1988.

梁山主编，《中国革命史》，中山大学出版社，1988.

陈旭麓、姜义华主编，《中国革命史教程》，上海人民出版社，1988.

国家教委政治思想教育司编，《中国革命史教学大纲：试用本》，高等教育出版社，1988.

陈志平主编，《中国革命史简明教程：1840—1987年》，中国政法大学出版社，1988.

曹铎光、张传伦主编，《中国革命史》，云南教育出版社，1988.

曹靖国主编，《中国革命史新编》，吉林人民出版社，1988.

姜华宣主编，《简明中国革命史》，光明日报出版社，1988.

邵文超、柏福临主编，《中国革命史新编》，黑龙江教育出版社，1988.

王树德、卓兆恒主编，《中国革命史自学指南》，四川大学出版社，1988.

清华大学中国革命史教研室编，《中国革命史》（上、下册），清华大学出版社，1989.

朱波主编，《中国革命史》，复旦大学出版社，1989.

徐方治、翁坚主编，《中国革命史》，广西人民出版社，1989.

马菊英主编，《中国革命史》，广东高等教育出版社，1989.

杨勤为主编，《简编中国革命史》，中共党史资料出版社，1989.

田启瑞主编，《简明中国革命史》，甘肃人民出版社，1989.

黄志仁主编，《中国革命史新编》，厦门大学出版社，1989.

刘茂林主编，《中国革命史》，北京出版社，1990.

何泌主编，《中国革命史》，武汉大学出版社，1990.

李必成主编,《简明中国革命史》, 西南财经大学出版社, 1990.

田泽沛主编,《中国革命史》, 文化艺术出版社, 1991.

郑兆安主编,《中国革命史教程》, 湖南师范大学出版社, 1991.

王慕民主编,《中国革命史》, 南京大学出版社, 1992.

区广发编著,《中国革命史题解》, 华南理工大学出版社, 1992.

姜华宣主编,《新编中国革命史》, 人民出版社, 1993.

何沁主编,《中国革命史》, 中央广播电视大学出版社, 1993.

孔令闻、孙国英、李志英主编,《中国革命史述论》, 北京航空航天大学出版社, 1993.

毛磊、刘继增主编,《中国革命史教程》, 中国财政经济出版社, 1993.

赖仁光主编,《中国革命史》, 江西高校出版社, 1994.

李振亚主编,《中国革命史》, 天津人民出版社, 1994.

彭修龄主编,《中国革命史》, 高等教育出版社, 1994.

朱育和主编,《中国革命史通论》, 清华大学出版社, 1994.

江苏省教育委员会政教处组编,《中国革命史》, 河海大学出版社, 1995.

罗正楷主编,《中国革命史》, 民族出版社, 1995.

安德才、卫忠海主编,《中国革命史》, 四川大学出版社, 1995.

李敬文主编,《中国革命史》, 中国文史出版社, 1995.

战殿学、张志杰主编,《中国革命史》, 东北财经大学出版社, 1995.

罗忠敏主编,《中国革命史》, 华文出版社, 1995.

孙颖杰、刘永明主编,《中国革命史简论》, 辽宁人民出版社, 1995.

李宝席、李淑明主编,《中国革命史》, 天津人民出版社, 1996.

张传伦、刘育英主编,《中国革命史》, 云南教育出版社, 1996.

姜连起编著,《中国革命史教程》, 北京广播学院出版社, 1996.

罗正楷主编,《中国革命史》, 高等教育出版社, 1997.

汤毅平主编,《中国革命史》, 湖南大学出版社, 1997.

王雪梅编著,《中国革命史》, 红旗出版社, 1997.

张大勇主编,《中国革命史概论》, 中国农业大学出版社, 1998.

王宏主编,《中国革命史》, 贵州教育出版社, 2002.

杨升祥编著,《中国革命史》, 天津人民出版社, 2004.

附件三：1983—1998年出版的部分《中国社会主义建设》教材

范彬主编，《中国社会主义建设简明教程》，湖南人民出版社，1987.

扬弃、徐永上主编，《中国社会主义建设》，北京航空学院出版社，1987.

孙荣根、张仁赞主编，《中国社会主义建设论纲》，中国国际广播出版社，1988.

张鸿文主编，《中国社会主义建设概论》，南开大学出版社，1988.

石祖培主编，《中国社会主义建设》，中山大学出版社，1988.

国家教委政治思想教育司编，《中国社会主义建设教学要点：试用本》，高等教育出版社，1988.

王树凡主编，《中国社会主义建设》，武汉出版社，1988.

陈荣城编，《中国社会主义建设》（大专本），上海人民出版社，1988.

李泽鹭主编，《中国社会主义建设简明教程》，航空工业出版社，1988.

庞长荣、陈晓宁主编，《中国社会主义建设》，广东人民出版社，1988.

张毅主编，《中国社会主义建设》，陕西人民教育出版社，1988.

柯明中主编，《中国社会主义建设教材》，经济科学出版社，1988.

刘建兴主编，《中国社会主义建设》，中国经济出版社，1988 .

赵绍敏、林曾靖主编，《中国社会主义建设》，云南人民出版社，1988.

徐正明主编，《中国社会主义建设基本知识》，四川人民出版社，1989.

杨娴、杜家芳主编，《中国社会主义建设》，北京大学出版社，1989.

王守山、唐绍华主编，《中国社会主义建设教学参考》，湖南大学出版社，1989.

《中国社会主义建设》组编，《中国社会主义建设》，湖北人民出版社，1989.

张泽主编，《中国社会主义建设辅助教材》，天津人民出版社，1990.

杨守珠主编，《中国社会主义建设新编》，山西经济出版社，1990

万鉷主编，《中国社会主义建设》，厦门大学出版社，1990.

杨干忠主编，《中国社会主义建设》，中国人民大学出版社，1991.

柯明中主编，北京十一所高等院校编，《中国社会主义建设教材》，经济科学出版社，1991.

李华杰主编，《中国社会主义建设》，广东高等教育出版社，1991.

卫鸿初主编，《新编中国社会主义建设》，中国国际广播出版社，1991.

刘洪彬主编，《中国社会主义建设》，华夏出版社，1991.

吴朔生主编，《中国社会主义建设》，档案出版社，1991.

翟法莉主编,《中国社会主义建设读本教学参考书》,中国劳动出版社,1991.

国家教委《中国社会主义建设》编写组,《中国社会主义建设》,中国人民大学出版社,1992.

王伟伟、唐其主编,《中国社会主义建设疑难问题探讨》,西南交通大学出版社,1992.

魏石金、丁宏起主编,《中国社会主义建设新编》,北京农业大学出版社,1993.

石祖培、洪永崧主编,《中国社会主义建设》,中山大学出版社,1993.

北京市高等教育局编,耿学超主编,《中国社会主义建设课教学难点问题探讨》,中国政法大学出版社,1994.

赵显钧主编,《中国社会主义建设基本问题研究》,吉林大学出版社,1995.

王致胜主编,《中国社会主义建设:中国特色社会主义概论》,山西高校联合出版社,1995.

《中国社会主义建设》编写,《中国社会主义建设》,河海大学出版社,1995.

中共河南省委高校工委、河南省教育委员会思想政治工作处组织编写,《中国社会主义建设》,河南大学出版社,1996.

何志成、林子华主编,《中国社会主义建设》,福建教育出版社,1997.

国家教委社会科学司编,《中国社会主义建设教学要点》,高等教育出版社,1998.

附件四：1998—2005 年出版的部分《邓小平理论概论》教材

张文化，教育部社会科学司编，《邓小平理论概论》，高等教育出版社，1998，全国高等专科学校马克思主义理论课推荐教材.

王德宝、朱奎保，《邓小平理论概论》，南京河海大学出版社，1998，江苏省高等学校政治理论课统编教材.

田全华，《邓小平理论概论》，警官教育出版社，1999，中国人民公安大学成人教育教材.

刘建军，《邓小平理论概论》，北京理工大学出版社，2000，高等教育学历文凭全国统考课程辅导丛书（自学参考资料）.

汤泽林，《邓小平理论概论》，首都师范大学出版社，2000，全国高等教育自学考试丛书.

曹培之、任远，《邓小平理论概论》，中国青年出版社，2001，高等职业技术教育政治理论课教材.

张国辅，《邓小平理论概论》，西南师范大学出版社，2002，21 世纪成人教育系列教材.

吕洪良等，《邓小平理论概论》，华中科技大学出版社，2002，华中科技大学网络教育用书.

郭永礼，《邓小平理论概论》，南海出版公司，2003，省级高等教育系列教材.

全国高等教育自学考试命题，《邓小平理论概论》，学苑出版社，2004，全国高等教育自学考试指定教材辅导用书.

钱淦荣，《邓小平理论概论》，人民日报出版社，2005，全国高等教育自学考试指定教材辅导用书.

附件五：2003—2004 年出版的部分《邓小平理论和“三个代表. 2 重要思想概论》教材

教育部社会科学研究与思想政治工作司组编，吴树青主编，《邓小平理论和“三个代表”重要思想概论》教材，在高等教育出版社，2003（封面和扉页上均标有“全国普通高等学校‘两课’示范教材”字样）.

秦宣主编，《邓小平理论与“三个代表”重要思想概论》（学生用书），高等教育出版社，2004.

秦宣主编，《邓小平理论与“三个代表”重要思想概论》（教师用书），高等教育出版社，2004.

教育部社会科学研究与思想政治工作司组审，徐志宏、秦宣主编，《邓小平理论和“三个代表”重要思想概论》，中国人民大学出版社，2004（全国普通高等学校“两课”推荐教材）.

郭欣根主编，《邓小平理论与“三个代表”重要思想概论》，陕西人民出版社，2003（陕西省高等学校统编教材）.

许恬主主编，《邓小平理论与“三个代表”重要思想概论》，华东理工大学出版社，2003（新世纪高等学校公共政治理论课系列教材）.

陈贤忠、汪青松主编，《邓小平理论与“三个代表”重要思想概论》，高等教育出版社出版，2004（安徽省高校“两课”教学使用的通用教材）.

田克勤主编，《邓小平理论和“三个代表”重要思想概论》，高等教育出版社，2003（供高校本科思想政治教育专业主干课教学使用）.

附件六　高等教育出版社出版“05方案”“概论”教材及修订情况一览表

教材名称	主持编写或修订者	章数	出版时间	版次	页码
毛泽东思想、邓小平理论和“三个代表”重要思想概论	吴树青	15	2007.2	第1版	275
	吴树青	15	2008.2	第2版	330
毛泽东思想和中国特色社会主义理论体系概论（2008年修订时改为此教材名称）	吴树青	15	2008.9	第1版 2008年修订版	339
	吴树青	15	2009.7	第2版 2009年修订版	385
	陈占安	15	2010.6	第3版 2010年修订版	385
	陈占安	12	2014.1	第4版 2013年修订版	255
	陈占安	12	2015.8	第5版 2015年修订版	299
	秦宣	14	2018.4	第6版 2018年版	313

注：因为是统一教材，所以编者均为“本书编写组”，均为16开平装本。

新中国成立70年高校思想政治理论课教材建设经验

新中国成立70年，高校思想政治理论课教材建设与整个新中国的发展相伴同行。改革开放以前，高校思想政治理论课教材，其内容主要以政治领导人著作为主。改革开放以来，经济迅速发展，带动了社会其他各领域的变化。高校思想政治理论课教材建设也伴随和适应这一改革大潮，发生了巨大变化，增加了适应时代要求和社会需要的相关内容。总结新中国成立70年来高校思想政治理论课的教材沿革，其主要的经验如下：

一、教材要始终坚持政治性，编写始终围绕高校思想政治理论课的任务进行

高校思想政治理论课教材编写，要始终坚持正确的政治方向，必须坚持社会主义方向，坚持共产党的领导。毛泽东同志就多次指出："没有共产党的领导，就不可能有彻底拥护人民利益的军事工作和政治工作……"[1] 历史事实也证明，坚持社会主义政治方向，坚持党性原则是加强和改进高校思想政治教育的根本前提和根本保障。这是新中国成立以来我国高校思想政治教育实践的重要经验之一，也当然是高校思想政治理论课教材编写的经

[1] 中共中央党校毛泽东思想研究室编选组．思想政治工作文献选编［M］．北京：中共中央党校出版社，1989：49.

验之一。

高校思想政治理论课教材编写，必须以马克思主义为指导思想。1949年10月1日，中华人民共和国成立，马克思主义被正式确立为党和国家的指导思想。高校思想政治理论课成为学校宣传马克思主义理论的主阵地，是进行大学生思想政治教育的主渠道，随之对应的教材作为马克思主义意识形态传播的重要载体，其编写必然以马克思主义为指导。高校思想政治理论课教材，是"国家主流意识形态的集中反映，是表达国家意志和民族信念的重要载体"❶。它自身的属性要求体现国家意志，突出执政党治国的理念。新中国成立至今，历次高校思想政治理论课程的改革和教材的编写修订，都是在马克思主义指导下完成的。由此，思想政治理论课教材具有明显的维护主流意识形态的特色，充分展现了思想政治理论课旗帜鲜明的政治方向。

高校思想政治理论课教材的编写，要坚持社会主义方向。1978年4月，邓小平同志在《全国教育工作会议上的讲话》中指出："毫无疑问，高校应该永远把坚定正确的政治方向放在第一位。但这并不是说要把大量的课时用于思想政治教育。学生把坚定正确的政治方向放在第一位，这不仅不排斥学习科学文化，相反，政治觉悟越是高，为革命学习科学文化就应该越加自觉，越加刻苦。"❷ 坚持正确的政治方向体现在：坚持思想政治教育的社会主义性质，为社会主义事业服务。在新中国成立初期突出体现在"五爱"教育上；在改革开放初期主要体现在反对资产阶级自由化教育，坚持四项基本原则上；在新时期新时代主要体现在坚持社会主义核心价值体系教育上。因此高校思想政治教育必须坚持"四项基本原则"，其教科书也是如此。❸ 必须在社会主义主流意识形态引领下，安排教材的编排内容与马克思主义理论紧密相连，保持高度的政治性。

❶ 李梁. 新中国成立以来高校思想政治理论课教材建设的探索历程和基本经验［J］. 思想理论教育导刊，2010（01）：75.

❷ 邓小平文选（第2卷）［M］. 北京：人民出版社，1994：104.

❸ 商树松. 建国60年来我国高校思想政治教育的基本经验总结［J］. 湖北师范学院学报（哲学社会版），2010（02）：111.

高校思想政治理论课教材的编写要始终围绕高校思想政治理论课的任务进行。1961年4月，在教育部和中宣部颁布了《改进高等学校共同政治理论课程教学的意见》中首次提出高校共同政治理论课的教学任务是："向学生进行理论和实践统一的马克思列宁主义教育，帮助他们理解马克思列宁主义、毛泽东著作，了解党的路线、方针、政策；引导他们以马克思列宁主义基本原则为指导，去观察问题、研究学问和处理工作，不断地同现代修正主义、资产阶级思想和其他反动思想的影响进行斗争。"❶ 2005年2月，中宣部、教育部联合印发了《中共中央宣传部教育部关于进一步加强和改进高等学校思想政治理论课的意见》，该《意见》明确指出："高等学校思想政治理论课承担着对大学生进行系统的马克思主义理论教育的任务，是对大学生进行思想政治教育的主渠道。充分发挥思想政治理论课的作用，用马克思列宁主义、毛泽东思想、邓小平理论和'三个代表'重要思想武装当代大学生，是党的教育方针的具体体现，是社会主义大学的本质特征，是党和国家事业长远发展的根本保证。"这是"05方案"必须要在课程设置和教材建设中要落实的精神。在2015年7月27日由中央宣传部、教育部关于印发《普通高校思想政治理论课建设体系创新计划》的通知中依然明确指出："思想政治理论课是巩固马克思主义在高校意识形态领域指导地位，坚持社会主义办学方向的重要阵地，是全面贯彻落实党的教育方针，培养中国特色社会主义事业合格建设者和可靠接班人，落实立德树人根本任务的主干渠道，是进行社会主义核心价值观教育、帮助大学生树立正确世界观人生观价值观的核心课程。办好思想政治理论课，事关意识形态工作大局，事关中国特色社会主义事业后继有人，事关实现中华民族伟大复兴的中国梦，必须始终摆在突出位置，持之以恒、常抓不懈。"可见，不管高校思想政治理论课的课程方案发生怎样的变化，高校思想政治理论课的地位和任务是始终如一的。而教材建设也要为这一目标服务，这是不容置疑的。

---

❶ 教育部社会科学司. 普通高校思想政治教育课程文献选编（1949—2006）[M]. 北京：中国人民大学出版社，2007：41.

总之，新中国成立70年，高校思想政治理论课教材的编写原则始终坚持了“政治性第一”的原则。无论是新中国成立之初的重点以领导人的著作和讲话、党的文件等资料为教材或者作为教材的编写依据，还是改革开放至今主要强调中国化马克思主义理论“三进”的要求，都能明确看出，高校思想政治理论课程教材建设，始终以坚持正确的政治原则为编写主旨。这是高校思想政治理论课教材建设十分重要的经验。

二、教材编写由中宣部和教育部审定，中共中央统一领导

在高校开设思想政治理论课，是加强大学生思想政治教育的重要渠道，是党和国家培养社会主义建设人才和接班人的需要。为了保证思想政治教育功能的有效实现，我国为高校思想政治理论教育的管理，设置了最高的管理级别。

新中国成立后，高校思想政治理论课的实际主管机构，一直是中共中央宣传部，而教育部只是具体落实和执行的行政机构。每一次思想政治理论课的改革方案，几乎都是由中宣部或更高层次的中共中央政治局主导拟订，教育部负责细化实施。这种管理体制的优点，是最大限度地保证了“上令下行”、畅通无阻，使高校思想政治理论课课程设置及教材建设在中央的统一领导之下。

1964年10月，中共中央宣传部、高教部党组、教育部临时党组发布了《关于改进高等学校、中等学校政治理论课的意见》，明确当时高等学校、中等学校政治理论课的根本任务是用马克思列宁主义、毛泽东思想武装青年，围绕新的任务，教育部对课程进行了新的调整，并提出了编写新教材的原则和要求。[1] 这是首次将政治理论课纳入中央领导。而高校思想政治理论课教材的统归中央领导，则是在实践的过程中逐步推进的。

改革开放之初，教育部在1979年5月20日规定：各校马克思主义理

[1] 教育部社会科学司．普通高校思想政治教育课程文献选编（1949—2006）［M］．北京：中国人民大学出版社，2007：50.

论课教学可以选用教育部推荐的相关教材，亦可按照教育部指定的教学大纲，由高校组织一定教师自编教材。[1] 因此，“85方案”以前，全国各高校思想政治理论课教材的编写基本上还没有能形成成熟体系，大多采用政治领导人原著、中共中央的相关文件或任课教师自编讲义来讲授，也有一部分代用教材，如斯大林著的《苏共党史简明教程》、胡乔木著的《中国共产党的三十年》、艾思奇著的《历史唯物论、社会发展史》等。

高等学校思想政治理论课的教材建设从“85方案”实施以后正式走向规范化和系统化，得到中共中央的高度重视。“中央成立全国马克思主义思想理论课教材编审委员会，并设置相应的办事机构，统筹规划课程设置、教材编辑及审定、教学参考资料的研究和进行其他组织工作。”[2] 但对于自编教材的管理相对宽松，因此出现了不同类型的教材满足不同类型的院校使用、示范教材与自编教材并存的局面。

“98方案”时更进一步加强了统一管理，“教育部将组织编写各门课程的示范性教材，向全国推荐使用。有条件的省（自治区、直辖市）每门课程可以编写一本推荐教材；教材的编写计划与大纲要报教育部‘两课’教学改革领导小组备案同意。除经教育部批准进行教材编写改革的试点学校外，各高等学校都不再自编‘两课’教材，所需教材从教育部或本省推荐教材中选用。”[3] 出现了全国性的示范教材与各省统编、教师自编教材并存的情况。

总之，“05方案”实施前，高校思想政治理论课教材呈现的是统一不力、质量参差不齐、科学性不够、说服力不强的情况。“05方案”最大的变化之一是把高校思想政治理论课教材纳入中央马克思主义理论研究和建设工程集中编写，而且有严格的审定制度，必须经教育部备案、中宣部或中共中央其他部门审定后，方可出版发行。

---

[1] 教育部社会科学司．普通高校思想政治教育课程文献选编（1949—2006）［M］．北京：中国人民大学出版社，2007：88.

[2] 教育部社会科学司．普通高校思想政治理论课文献选编（1949—2008）［M］．北京：中国人民大学出版社，2008：108.

[3] 教育部社会科学司．普通高校思想政治理论课文献选编（1949—2008）［M］．北京：中国人民大学出版社，2008：108.

2006年1月，中宣部、教育部、新闻出版总署还专门印发了《关于高校思想政治理论课教材出版管理的通知》，指出为确保高校思想政治理论课教材的科学性、权威性和严肃性，未经中宣部、教育部、新闻出版总署批准，任何部门、单位和个人不得再自行组织编写、出版发行各种名义的高校思想政治理论课教材。2006年4月，教育部办公厅又印发通知强调了这一规定，并补充指出，各高校及教师编写的校内讲义，只限本校使用，不得公开出版、上市销售。

从新中国成立70年高校思想政治理论课教材建设的沿革来看，教材建设工作由分散到各省甚至各校自行组织编写，到示范教材再放给各省、各高校，与各省统编、教师自编教材并存的情况。教材编写的质量参差不齐、简单重复，无法保证教材的思想性、政治性、政策性、科学性、权威性、严肃性，效果不彰。再到由中央统管。这一实践过程充分体现了高校思想政治理论课教材的特殊和必要性。因为高校思想政治理论课不同于其他专业课程，教材的质量不高，有可能对高校马克思主义理论学科建设和科学研究造成一定的影响。因此，从“05方案”开始，高校思想政治理论课教材统归中央管理，就成为必然。需要说明的是，高校思想政治理论课教材出版发行之后，其修订工作依然要在中央马克思主义理论研究和建设工程的统一部署下适时进行修订，以保证教学内容的与时俱进和新教材的科学性、逻辑性、严谨性、权威性和针对性。

三、高校思想政治理论课教材的内容，必须充分反映、及时融入马克思主义中国化最新成果

高校思想政治理论课的设置和教材的编写，是适应我国各个时期党和国家的指导思想、方针政策的需要而产生的，其主要内容也是该历史时期的党和国家的重要发展战略和最新理论成果。“一切划时代的体系的真正的内容，是由于产生这些体系的那个时期的需要而形成起来的”。[1] 党中央对高校思想政治理论课教材编写工作高度重视，明确提出，教材编写必须

[1] 马克思恩格斯全集（第3卷）[M]. 北京：人民出版社，2002：54.

充分反映马克思主义中国化的最新成果，充分反映中国特色社会主义的最新经验，充分反映本学科领域研究的最新进展。2019年8月14日，中共中央办公厅、国务院办公厅印发《关于深化新时代学校思想政治理论课改革创新的若干意见》，该《意见》在加强思想政治理论课教材体系建设方面，再次明确指出：在教材中及时融入马克思主义中国化最新成果，坚持和发展中国特色社会主义最新经验、马克思主义理论学科最新研究进展。[1]

马克思主义在社会主义中国的传播及其成为执政党的意识形态，催生出中国化的马克思主义理论教育，形成了中国特色社会主义理论教育体系。我国各个时期高校思想政治理论课程及教材，都反映和体现着中国化马克思主义理论教育发展的轨迹。因此，有学者指出："社会主义国家的马克思主义理论教育是全方位的。"[2]

新中国成立初期，思想政治理论课教材绝大多数以苏联的马克思主义理论教育为模板，主要内容也源于苏联教科书中的马克思主义理论。其中，苏联的正式党史教材——《联共（布）党史简明教程》，对《中共党史》教材的编写起了重要的借鉴作用。当时也把斯大林撰写的《辩证唯物主义和历史唯物主义》定为我国高校思想政治理论课的教材。一位外国共产党领导人的原著能被确定为教材，这不仅反映了新中国成立之初我国高校思想政治理论课建设正处在探索时期呈现出的不成熟情况，也反映出当时中国马克思主义理论教育强烈的"苏化"特点。20世纪50年代中期到60年代，高校思想政治理论课教材依然还在探索时期。但无论如何，高校思想政治理论课教材都在探索中艰难起步。

伴随着20世纪50年代后期高校思想政治理论课教材逐渐走向本土化，特别是高校开设了《中共党史》和《中国革命史》课程，马克思主义理论教育的中国化也由此开始。20世纪50年代末60年代初中苏关系破裂后，

---

[1] 中共中央办公厅 国务院办公厅印发《关于深化新时代学校思想政治理论课改革创新的若干意见》，2019年8月14日，新华网，http://www.xinhuanet.com/politics/2019-08/14/c_1124876294.htm.

[2] 张澍军. 试论高校马克思主义理论教育的若干重要问题［J］. 思想理论教育，2007(03)：17.

原本为中国借鉴经验的苏联马克思主义理论教育，逐渐退出了我国高校思想政治理论课教材领域，中国开始构建自己的马克思主义理论教育体系，编写主要讲述中国革命理论的教科书。中共十一届三中全会以来，在国家改革开放政策的引领下，不断创新、充实内容，中国特色社会主义理论教育逐步形成，高校思想政治理论教材成为主要载体。

新中国成立70年来，在不同的历史时期所编写的高校思想政治理论课教材的内容，都会反映当时政治需要的思想政治理论课课程设置，也产生了与课程对应的教材。高校思想政治理论课的任务就是用发展着的马克思主义，特别是用马克思主义中国化最新成果来教育和武装大学生的头脑，引导和帮助大学生坚定对马克思主义的信仰、对社会主义的信念、对改革开放和社会主义现代化建设的信心、对党和政府的信任。比如，关于马克思主义中国化理论成果最重要的课程及对应教材从新中国成立到今天，高校思想政治理论课课程设置到所使用的教材，主要有："新民主主义论"课程所用的教材为《中国现代革命史》；"中共党史"课程所用的教材《中国共产党历史讲义》；"中国革命史"课程所用的教材《中国革命史》；"中国社会主义建设"课程所用的教材《中国社会主义建设》；"毛泽东思想概论"课程所用的教材《毛泽东思想概论》；"邓小平理论概论"课程所使用的教材《邓小平理论概论》；"邓小平理论和'三个代表'重要思想概论"课程所使用的教材《邓小平理论和"三个代表"重要思想概论》；"毛泽东思想、邓小平理论和'三个代表'重要思想概论"课程所使用的教材《毛泽东思想、邓小平理论和"三个代表"重要思想概论》；"毛泽东思想和中国特色社会主义理论体系概论"课程所使用的教材"毛泽东思想和中国特色社会主义理论体系概论"。教材的内容反映了马克思主义中国化是马克思主义基本原理同中国具体实际不断相结合的历史过程，以及在这个历史过程中先后形成了几大重要理论成果：毛泽东思想、邓小平理论、"三个代表"重要思想、科学发展观、习近平新时代中国特色社会主义思想。这些重大理论成果形成和发展本身也要经历一个历史过程。通过这些理论进课堂、进教材、进头脑，帮助大学生跟上理论发展的进程。

四、高校思想政治理论课教材的内容，必须充分反映、坚持和发展中国特色社会主义的最新经验

高校思想政治理论教材也要紧密结合党和国家各个时期的指导思想、方针政策，充分反映中国特色社会主义的最新经验。中国共产党领导人民革命、建设、改革形成的思想和理论，其理论来源于马克思列宁主义科学理论，其实践基础是近百年来党领导人民进行革命、建设和改革的伟大实践，其理论使命是指导党和人民在十几亿人口的大国建设社会主义现代化国家，使具有五千多年文明史的中华民族实现历史上前所未有的伟大复兴。在中国特色社会主义建设事业这样的历史进程中，亿万人民在党的领导下，不断创造和积累着丰富的实践经验，并同党的理论创新过程相辅相成。因此中国特色社会主义建设事业既是党的最新理论创新成果指导的结果，又为党的理论创新提供了实践动力和验证条件。

所以，高校思想政治理论课教材要充分吸收这些鲜活的来自广大人民群众的实践经验，以便帮助大学生从实践层面去认识和接受马克思主义的最新实践经验和理论成果。

五、高校思想政治理论课教材的内容，必须充分反映、坚持和发展马克思主义理论学科最新研究进展

学科建设是加强和改进思想政治理论课的基础。思想政治理论课教育教学所依托的学科，是我国特有的一门政治性、理论性和实践性均很强的学科，即马克思主义理论学科。

20世纪五六十年代，新中国学科建设刚刚起步，在本科专业中设有“政治教育”专业，与马克思主义理论直接有关。其他如哲学、经济学、历史学等专业，与马克思主义理论联系较少。当时一些机构和高校，曾设有“马列主义研究所”，一些高校还设立专门的“马克思主义专修班”，以培养更高层次的人才，但不授予学位。“文革”期间，各专业大多停办，马克思主义理论学科处于停滞状态。

伴随着改革开放的步伐，我国的学科建设、学位授予等工作，也随之得到国家重视并逐步走向正规。1980年12月25日，邓小平在中央工作会议上的讲话中指出："为了保证全党思想上行动上的一致，必须有效地加强和改善我们党的思想政治教育工作。"❶ 1984年6月，中宣部、教育部联合组织召开了全国高等学校思想政治工作会议，会议指出"……确定学科名称为'思想政治教育学'，专业名称为'思想政治教育专业'，初步拟定了专业的课程设置。"❷ 从1984年开始，我国就在大学本科、研究生专业目录中设立"思想政治教育"专业，它属于法学门类政治学一级学科之下的二级学科。1988年，又在"政治学"一级学科下增设了"马克思主义理论教育"二级学科，下设"马克思主义原理""中国革命史""中国社会主义建设""世界政治经济与国际关系"四个方向，形成"思想政治教育"与"马克思主义理论教育"并存的局面。

1995年，国务院学位办经过调研认为，思想政治教育与马克思主义理论教育两个二级学科属性相似、功能相同，可以合并。1996年，国务院学位办发出调整专业目录通知，上述两个二级学科合并为新的学科"马克思主义理论与思想政治教育"，仍属于法学门类政治学一级学科之下的二级学科。当时有中国人民大学、武汉大学、清华大学等28所高校可以招收博士研究生，另有171所高校可以招收硕士研究生。2005年12月25日，国务院学位委员会、教育部联合下发《关于调整增设马克思主义理论一级学科及所属二级学科的通知》，其具体的调整安排是：一、新增设的马克思主义理论一级学科，暂设置于"法学"门类内，下设五个二级学科，即马克思主义基本原理、马克思主义发展史、马克思主义中国化研究、国外马克思主义研究、思想政治教育。二、政治学一级学科下设的"马克思主义理论与思想政治教育"二级学科调整到马克思主义理论一级学科下，分别归入"马克思主义基本原理"和"思想政治教育"二级学科。❸ 2008年

❶ 邓小平文选（第2卷）[M]. 北京：人民出版社，1994：364.

❷ 罗洪铁. 思想政治教育学理论体系的形成和发展 [J]. 思想政治教育研究，2008（06）：2.

❸ 中共中央文献研究室编辑. 十六大以来重要文献选编（上）[M]. 北京：中央文献出版社，2005：684－693.

4 月，为使马克思主义理论一级学科更加完善，国家又决定在马克思主义理论一级学科下再增设一个二级学科，其名称为“中国近现代史基本问题研究”，与原有 5 个二级学科平行。这样，马克思主义理论一级学科之下，设有 6 个二级学科。这样马克思主义理论学科建设，取得了突破性进展。

总之，中国马克思主义理论学科的发展，与高校思想政治理论课程的设置调整、教材内容、专业教师队伍建设直接相关。在 20 世纪五六十年代，中国马克思主义理论学科建设刚刚起步，由于没有清晰的发展目标、发展规划，没有学位点。而相对应的是高校思想政治理论课教材建设也比较滞后，或选用苏联的教材或中共领导人的著作，或代用教材等。20 世纪 80 年代以来，马克思主义理论学科建设有所突破，设置了“思想政治教育”与“马克思主义理论教育”两个专业，教材编写工作也开始走向正规，出现“百花齐放”、多个教材版本并存的繁荣局面。2005 年以来，马克思主义理论被设为一级学科，极大地提升了它在整个学科体系中的地位，高校思想政治理论教材的编写和审定，“05 方案”中四门本科课程的教材，均由中宣部直接领导，由“马克思主义理论研究和建设工程”直接召集全国此领域的专家编写。不但提高了地位，也极大地保证了教材的质量。

因此，马克思主义理论一级学科建设为高校思想政治理论课教育教学提供有力的学科支撑，极大地调动起广大思想政治理论课教师队伍科学研究的积极性，从而形成了高校思想政治理论课教育教学与马克思主义理论学科建设二者相互促进、共同提高的新局面，也为高校思想政治理论课教材建设注入了学术含量。总之，今后高校思想政治理论课的教材建设，仍将继续依赖于我国马克思主义理论学科建设的发展。

六、高校思想政治理论课教材的内容坚持贴近实际、贴近生活、贴近学生

2004 年 8 月中共中央、国务院在《关于进一步加强和改进大学生思想政治教育的意见》中明确指出：“加强和改进大学生思想政治教育的指导

思想是：坚持以马克思列宁主义、毛泽东思想、邓小平理论和'三个代表'重要思想为指导，深入贯彻党的十六大精神，全面落实党的教育方针，紧密结合全面建设小康社会的实际，以理想信念教育为核心，以爱国主义教育为重点，以思想道德建设为基础，以大学生全面发展为目标，解放思想、实事求是、与时俱进，坚持以人为本，贴近实际、贴近生活、贴近学生，努力提高思想政治教育的针对性、实效性和吸引力、感染力，培养德智体美全面发展的社会主义合格建设者和可靠接班人。"这就是"三贴近"原则。2005年2月在中宣部、教育部印发的《关于进一步加强和改进高等学校思想政治理论课的意见》中，提出"加强和改进高等学校思想政治理论课的总体要求是：坚持用发展着的马克思主义武装大学生，始终保持教育教学的正确方向；坚持理论联系实际，贴近实际、贴近生活、贴近学生；坚持开拓创新，不断改进教育教学的内容、形式和方法；力争在几年内，使高等学校思想政治理论课教学状况有明显改善。要形成比较完善的学科体系和课程体系，编写出充分体现当代中国马克思主义最新成果的教材，实现教学方式方法多样化、实践教学规范化和教学手段现代化"。可见，加强和改进高校思想政治理论课的总要求中，非常重要的一条就是要编写出充分体现当代中国马克思主义最新成果的教材，能够贴近实际、贴近生活、贴近学生。"三贴近"原则是全国各高校加强和改进大学生思想政治教育的指导原则，也是高校思想政治理论课教材编写的指导原则。

高校思想政治理论课教材必须贴近实际。贴近实际，就是要遵循马克思主义的认识论，坚持实事求是，一切从实际出发。毛泽东在《改造我们的学习》中指出学习马克思列宁主义不是为了好看，而是为了解决实际问题。邓小平强调，学马列要"少而精，要管用"，学习马克思主义就是为了运用理论解决实际问题的。教材内容贴近实际，包括两个层面的内容，一是教材内容要反映我国的实际，我国目前最大的实际就是处于社会主义初级阶段。从1956年我国建设社会主义社会开始，我国就在社会主义初级阶段。1956年，党的八大报告指出："我们国内的主要矛盾，已经是人民对于建立先进的工业国的要求同落后的农业国的现实之间的矛盾，已经是人民对于经济文化迅速发展的需要同当前经济文化不能满足人民需要的状况之间的矛盾。”1981年党的十一届六中全会通过的《关于建国以来党的若干历史的决议》中对我国社会主要矛盾作了规范的表述：“在社会主义改造基本完成以后，我国所要解决的主要矛盾，是人民日益增长的物质文化需要同落后的社会生产之间的矛盾。”1987年党的十三大报告指出：“我国正处在社会主义初级阶段。”并指出“我们现阶段所面临的主要矛盾，是人民日益增长的物质文化需要同落后的社会生产之间的矛盾”。2017年党的十九大报告提出，中国特色社会主义进入新时代，我国社会主要矛盾已经转化为人民日益增长的美好生活需要和不平衡不充分的发展之间的矛盾。这是对中国特色社会主义进入新时代作出的实事求是的重大判断，具有极其重要的意义。主要矛盾的变化是在社会主义初级阶段中的变化，它没有改变我们对我国社会主义所处的历史阶段的判断，我国仍处于并将长期处于社会主义初级阶段的基本国情没有变，我国是世界最大的发展中国家的国际地位没有变。对社会主要矛盾作出新判断是中国特色社会主义发展到一定阶段的深刻总结，是党的十九大的重大理论创新和历史贡献。随着世情、国情、党情、社情、民情不断发生新的变化，对我国社会主要矛盾的认识也应与时俱进。从党的八大至今60多年，改革开放40多年，我国社会主要矛盾发生了深刻变化。我国社会主要矛盾发生变化的新论断具有充分的现实依据。为此，高校思想政治理论课教材应该对我国基本国情中的“变”与“不变”作辩证统一的把握。二是教材内容要贴近实际，就是教材内容要贴近改革开放和现代化建设的具体实际。改革开放40多年，我国之所以能够创造人类历史上的发展奇迹，就在于准确抓住了我国社会主要矛盾。中国人民的生活从贫困时代到温饱时代、从基本小康迈向全面小康，追求更高水平的发展、更加美好的生活自然成了人民群众的新期待。因此，在教材中，要把人民群众对物质文化生活提出的更高要求，而且在民主、法治、公平、正义、安全、环境等方面的要求、对优质教育资源、文化、住房、家政、养老、健康等需求、对政治、文化、社会、生态等方面的需求和我国的现实情况阐述清楚。

思想政治理论课教材必须贴近生活。贴近生活，就是贴近大学生的学习和日常生活的实际，贴近社会生活的主流。社会生活在本质上是实践的。人的思想也不是单一的、抽象的、一成不变的，而是复杂的、具体的，是随着社会实践的发展而不断地变化的。高校思想政治理论课教材不能空谈理论和逻辑推导，而必须使理论同现实生活、生活主流有机地结合起来。因此，高校思想政治理论课教材，一是要能反映现实生活的主流，展示人们为实现民族复兴而奋斗的生动景象，要展示人们追求更加美好生活的发展愿景。只有这样，大学生在阅读教材时才能带入，不枯燥，才能达到高校思想政治理论课教育的目标。二是要加强教材论述的针对性。要针对历史虚无主义思潮进一步从正面阐述清楚。要跟踪在理论研究和实践发展中出现的新思想、新情况和新问题，在教材中进行回应、分析和阐述，剖析生活中带倾向性的社会现象。

高校思想政治理论课教材必须贴近学生，因为教材是为学生编写的，学生要进行阅读和学习。在贴近学生方面，需要注意的是，一是要尊重科学，遵循思想政治教育规律和大学生成长成才规律，贴近学生的思想实际，考虑学生的思想认知水平和学习需求，要努力适应学生的年龄特点和认知水平以及他们的阅读习惯，提高高校思想政治课教材的针对性和吸引力。二是贴近学生，特别需要注意的是，大学生的状况是处于不断变化之中的。改革开放40多年，一届又一届、一代又一代大学生走进校园，但他们出生的年代发生了很大的变化。从改革开放初期大学生大部分是“60后”，到现在的“00后”。国家发展了、在国际上的地位提高了、中国国内的社会环境发生了很大变化、学生的家庭状况变化了，大学生的特点和需求也变化了。因为大学生思想政治教育不是一种简单的原则规范所构成的体系，而是这种体系在大学生身上的内化和实践。所以教材必须要贴近学生，将这些变化在教材中反映出来。

总之，高校思想政治理论课教材在编写时要更加努力地在理论联系实际上下功夫，更好地反映世情、国情、党情，以使高校思想政治理论课教材更贴近实际、贴近生活、贴近学生，使教材释放的正能量播扬久远。

七、高校思想政治理论课教材与时俱进、适时修订

教材是国家意志的体现，高校思想政治理论课教材更是体现了党的意

识形态工作、党的宣传思想工作的基本方向和要求。社会在发展，世情、国情、党情也在随之发生变化，因此，新中国成立70年来，高校思想政治理论课教材也在不断与时俱进、适时修订。

在高校思想政治理论课的建设过程中，高校思想政治理论课教材也逐步由新中国成立初期以单一化的媒介形态为主发展到了现在立体化多媒体的形态，形成了以国家统编的教材为基本教材，各类教学参考书和相关电子音像制品等为辅的配套教材，以及开展"精彩一课""精彩课件""精彩教案"等在内的系统化、立体化、数字化的教材体系。因此适时修订教材是一条十分重要的经验。

一是高校思想政治理论课教材的编写、修订，要充分认识使用好新修订教材和教学大纲的重要意义，坚定使用新修订教材和教学大纲的信心和决心。贯彻"05 方案"，高校思想政治理论课统一教材自编写出版以来，根据形势发展的需要，在马克思主义理论研究和建设工程的领导下，进行过多次修订。以本科生使用的教材来看，"毛泽东思想和中国特色社会主义理论体系概论"和《思想道德修养与法律基础》已经出了 8 个版本，《马克思主义基本原理概论》和《中国近现代史纲要》已经出了 7 个版本。作这种修订，除了为保证实现"三个充分反映"和"三个贴近"之外，还为了充分吸收来自思想政治理论课教学一线的广大师生提出的意见和建议。二要力求吃透教材和教学大纲修订的基本精神和主要内容。要全面了解、准确把握教材修改的历史背景、框架结构、概念提法和具体段落，明确每本教材和教学大纲分别从哪个角度和层面，对党的十八大精神、十九大精神等中国特色社会主义理论和实践创新的最新成果进行了哪些新的阐述和新的概括，明确教材和教学大纲在有机充实新理论新成果方面，有哪些新的进展和新的表述。

总之，高校思想政治理论课教材并非一成不变的，要与时俱进、适时修订，层层把关，才能多出精品教材，以满足大学生成长的需要。

第二篇

教学改革研究

第二篇

教学改革研究

构建生态化教学视角的高校思想政治理论课和谐课堂*

党的十八大报告指出："全面实施素质教育，深化教育领域综合改革，着力提高教育质量，培养学生创新精神。"高校思想政治理论课（以下简称"思想政治理论课"）肩负着引导大学生用科学的世界观和方法论观察和思考现实问题，培养大学生树立正确的世界观、人生观和价值观的特殊使命。思想政治理论课教师要贯彻落实十八大精神，重要的是要创新教学方法，构建和谐课堂，着力提高课堂教学质量，增强思想政治理论课的实效性。"在高校构建协调有序的课堂教学环境对提高教学质量、培养和谐师生关系、创建良好和谐校园文化环境乃至构建社会主义和谐社会具有重大的理论及现实意义。"[1]

生态化教学为高校思想政治理论课教学提供了新的思考与研究的视角。生态化教学，就是在教学活动中力求使教学过程诸要素之间以及教学过程与教学环境之间始终处于一种协调、平衡的状态，教师与学生和谐共进，人与环境友好相处，从而提高教学质量，培养学生的创新精神、实践能力和自学能力，使学生的基本素质和个性品质得到全面、和谐、充分的

* 本文为2013年首都大学生思想政治教育课题"积极心理学视域下大学生参与思想政治理论课教学研究"（BJSZ2013YB05）的阶段性成果。

发展，最大限度地实现学生生命个体的进步与发展。笔者在多年的教学实践中，对生态化教学视角下如何构建高校思想政治理论课为和谐课堂进行了有益的尝试和探索。

一、真正贯彻落实“以学生为主体，教师为主导”的教育理念，在两个主体的和谐发展中构建和谐课堂

生态教学理念认为，课堂是师生生命共同成长的过程，是生命体验的过程，是不断发现问题、提出问题、解决问题的过程，是师生间合作、探究、交流的过程。构建和谐的课堂教学环境，应真正贯彻落实“双主体”的教育理念，处理好两个主体和谐发展的关系。

（一）思想政治理论课的特殊使命决定了思想政治理论课教学要强调教师为主导

思想政治理论课教学目标的完成离不开教师的主导作用，思想政治理论课的特殊使命需要教师既能准确、高屋建瓴地理解和领会中央精神和教学内容，确定教学目标，又能匠心独具地给学生以巧妙的启发，及时引导学生。教师的主导作用表现在：在教材体系向教学体系转化过程中发挥主导作用，因为教师是保持课程标准的持续性和连续性的关键；在教学设计上发挥主导作用，经过教师的周密设计和精心安排，能够充分发挥学生主体性和积极性；在教学过程中的发挥主导作用，不能让大学生参与的思想政治理论课课堂教学成为发表自由言论的场所。总之，“思想政治理论课中的教师主导性表现在对教学的宏观把握上，教师要在提出问题、选择案例和组织讨论等教学环节中充分准备和精心设计”[2]。

（二）思想政治理论课的特点决定了思想政治理论课教学要凸显学生的主体地位

思想政治理论课是思想性、教育性很强的课程，目的是培养大学生树立正确的世界观、人生观和价值观，教育教学目标的达成需要师生间真诚

的思想交流和心灵沟通，决定了思想政治理论课教学凸显学生的主体地位的重要性和特殊意义。要建立和谐课堂，就要充分体现学生的主体性地位，激发学习兴趣和积极的情感体验，使学生能够积极主动地参与到思想政治理论课教学过程，调动其学习的积极性、主动性和创造性，变被动的“要我学”为主动的“我要学”。

（三）处理好两个主体的关系，确保思想政治理论课为和谐课堂

课堂是教师和学生共同的舞台，建立和谐融洽的师生关系是构建思想政治理论课为和谐课堂的前提条件，是高校思想政治理论课教学顺利进行的基本条件和实现教育目的的重要保证，是调动学生学习思想政治理论课热情的催化剂，是大学生“亲其师而信其道”，提升其对思想、理论接受与认同度的重要保证。“构建和谐的生态师生关系，就是以生态学的视阈来审视教学方法、以生态学的原则来追求教育者与受教育者的和谐，在教学活动中师生之间互相协作，加强生态互动，可以培养学生的智力及能力，甚至推动生态系统的社会发展。”[3]大班教学是高校思想政治理论课的主要教学形式。然而，在大班环境下开展思想政治理论课教学，容易出现课堂教学秩序松散、师生间心理距离拉大、交流困难等情况。因此，思想政治理论课教师更要努力塑造自身独特的人格魅力，强化自己的专业素质，提高自己的学术水平和创新能力。

“教师和学生之间能否通过能量流动形成动态平衡的课堂生态系统，不仅取决于师生双方能否成为有效的生态因子，更受制于师生双方的关系。”[4]生态观认为，每个物种在生态系统中的位置和作用不一样，但这并不影响它们的平等地位。在思想政治理论课的课堂生态系统中，在主体间际师生关系中，“教育者和受教育者是共在的主体间的存在方式，”[5]在人格、地位上是平等的。教师与学生良好的关系是在共同的教育活动中，通过信息交流与沟通逐步建立起来的。为了建立有效的师生互动，教师要转换其角色。笔者在教学实践中越来越感受到，只要走进大学生宿舍、走进大学生生活、走进大学生心中，和谐的师生关系一定会因为亲其师而建立起来。因为亲其师而建立起来的和谐师生关系，在教学过程中就容易充分

发挥学生在学习过程中的积极性和主动性。

总之，建立了良好的师生关系，思想政治理论课课堂就变成了和谐的课堂。建立了和谐课堂，就可以加强生态互动，培养大学生的智力及能力，增强思想政治理论课的实效性。

二、积极探索多种有效的教学方法，着力营造良好的课堂教学氛围

教学方法是形成最佳课堂气氛的重要保证。教学方法的恰当选择与发挥，是教师创造性与教育艺术性表现的主要形式。一个教师在挑选各种具体情况下的最佳教学方法的能力越强，那么他的教学技巧与技能就表现得越新颖，课堂气氛就越活跃，教学效果也就越显著。

（一）采用以提问为主的启发式教学，实现教师引导与学生主动性思考的和谐统一

从教育发展的基本趋势来看，基本的教学方法是启发式教学。启发式教学的基本要领是启动、激发学生的学习兴趣，从而提高学生学习的效果和效率。没有启发，无以教学。中国古代教育家孔子就说过，“不愤不启，不悱不发。举一隅不以三隅反，则不复也。”[6]提问是启发式教学的主要方法，思想政治理论课教师采用提问为主的启发式教学，主要是调动大学生学习的积极性和主体性，实现教师主导作用与学生积极性相结合；强调学生智力的充分发展，实现系统知识的学习与智力的充分发展相结合；强调激发大学生内在的学习思想政治理论课的动力，实现内在动力与学习的责任感相结合。教师在教学过程中进行提问，所提问题是经过精心设计和深层次思考的。

（二）进行课堂讨论交流，营造和谐、教学相长的思想政治理论课课堂学习共同体

教学相长是现代教师专业发展的理想图景，陶行知指出：“不但为着

学生而且为着你自己，你也得跟你的学生学”。[7]课堂讨论既是师生之间、学生之间交流问题和知识的重要方式，也是师生之间、学生之间情感的交流合作，有利于营造积极民主、宽松和谐的课堂氛围。教师要以教学中的热点和难点问题为中心，以问题为线索来安排教学内容，并组织学生围绕问题展开讨论，当学生进入问题思考情境中教师再进行讲授。课堂讨论，使“师生之间平等交流，民主探讨、相互启发，从而形成和谐融洽、相互激励、教学相长的师生关系”[8]。

课堂讨论可以采取集中讨论、小组讨论的形式，通过学生之间对问题的相互质疑、相互辩论、相互激励，既发挥学生的积极性与主动性，提高自主解决问题的能力以及语言表达能力；又能充分地激发学生的探索意识，通过相互启发、合作，养成其积极主动的思维习惯。

（三）请学生上讲台，激发学生热情，活跃思想政治理论课课堂气氛

课堂教学对于参与者具有个体生命的价值。“课堂教学应被看作师生人生中一段重要的生命经历，是他们生命的有意义的构成部分”，要“把课堂还给学生，让课堂焕发生命的气息”。[9]因此，思想政治理论课教师根据大学生认知的特点和规律，通过积极创造实际的或重复经历的情境和机会，引导学生主动、自主、创造性地对教学情境进行体验，使学生在亲历的过程中理解并建构知识，由学生讲授思想政治理论课相关内容就是十分重要的体验。在教师的认真指导和精心安排下，大学生走上讲台，以“教师”的身份讲授相关专题。当然，大学生登上讲台，一定要选择那些理论性不强但与现实生活有密切联系的教学内容，以专题的形式布置给学生，这样有利于学生准备，也有利于学生的自我教育。学生自己来讲述，发表观点、介绍思路，不但活跃了课堂气氛，提高了同学们的热情，更有利于培养学生的自学、总结、归纳和语言表达等综合能力。

（四）将合作学习引入思想政治理论课教学，在师生和生生关系和谐中提高思想政治理论课的实效性

思想政治理论课的教学实践充分证明，当教师意志和学生意志二者达到和谐统一，当学生之间建立良好的人际氛围时，教学就会达到良好效果。思想政治理论课大班教学容易形成师生互动机会少，学生课堂参与度低，师生间、生生间生疏的局面。而促进师生、生生和谐的有效方法之一是合作学习。合作学习以任务设计为先导，以师生、生生合作为动力，以小组活动为基本方式，以小组成绩为评价标准，以大面积提高学生的学习成绩、改善班级气氛、形成学生良好的心理品质和社会技能为目标，其基础是现代社会心理学、教育社会学、认知心理学等。

1. 合作学习，让师生和谐相处共同成长

在思想政治理论课大班教学中实施合作学习的策略，让学生参与到教学活动中，形成师生两个主体的广泛交流与良性互动，真正促进师生和谐。教师从知识的权威者、传授者转变为学生合作学习的参与者、促进者、指导者及合作者；学生由被动的听讲者变成了积极主动的参与者、合作者、组织者、探索者和评价者。“教师不再仅仅是授业者，在与学生的对话中，教师本身也得到教益，学生在被教的同时反过来也在教育教师，他们合作起来共同成长。”[10]

2. 培养学生间的和谐精神，确保思想政治理论课为和谐课堂

除了师生间需要和谐、融洽的关系外，生生之间的关系也是构建思想政治理论课为“和谐课堂”的重要保证。教师要善于掌握和正确处理课堂上生生之间的关系，提倡和鼓励积极的有利于思想政治理论课学习的人际关系。合作学习能激励学生最大限度地发挥自己水平，能促进学生之间在学习上互相帮助、共同提高，能增进同学间的感情交流，改善他们的人际关系，从而使生生关系和谐。比如将学生分成若干小组，进行小组讨论、表演、竞赛等，增强学生之间的交流互动，正确对待竞争与合作的关系。这种积极的人际互动过程，对学生的学习成绩、社会化和发展等具有重要

影响。

因此，合作学习既有利于师生和谐，能有效减轻师生的负性负担，也能充分开发和利用生生互动的资源，有利于提高思想政治理论课大班教学中学生的参与度和参与热情，从而进一步增强思想政治理论课的教学效果。

（五）优化课堂教学评价，催化思想政治理论课为和谐课堂

激励性评价是构建和谐课堂的催化剂。思想政治理论课教师对大学生的评价，将教学目标自觉或不自觉地传导给学生。教师要在对学生正确的评价方式和评价角度以及适当的积极暗示和激励等具体方面下功夫。比如激励方面，主要是指思想政治理论课教师遵循大学生的心理、思维和行为发生发展的特点和规律，发掘积极的心理驱动力，鼓励他们在学习中表现出高度的积极性、能动性和创造性的活动和方法。激励的方法可细分为目标激励、情感激励、说服激励、管理激励、行为激励、惩罚激励和强化激励等。“教师要善于抓住大学生的闪光点、兴奋点、敏感点和共鸣点等对大学生进行适当的激励，有利于激发大学生获得积极的情绪及心理享受类积极体验，达到教学效果。”[11]

三、课堂生态主体与课堂生态环境相协调，保障思想政治理论课课堂和谐

“生态化教学强调教学环境是为学生自然发展而营造的、整合多种不同要素的复杂系统，有关教学活动所涉及的一切事物——物质的、社会的、有形的和无形的，都是教学环境的基本因素。”[12]

（一）创设适合学生身心愉快和有益心智的课堂自然环境

构建思想政治理论课为和谐课堂，必须营造自然、生态和谐的教学环境。物质环境是生态化教学环境的一个重要组成部分，是教学活动赖以进行的物质基础。思想政治理论课以大班教学为主，在教室等条件确定的情

况下，教师要有意识地调整好70分贝以下的音量，注意通过窗帘、电灯来调整光线，不要太强也不要太弱等。

（二）课件、教学内容与教室环境的和谐统一

由于思想政治理论课有大量的从历史到现实的资料和素材，为教师讲好课提供了前提条件。教师利用现代化的教学手段，采用多媒体课件，将这些素材用于教学，特别能够激发学生学习思想政治理论课的积极性，是和谐课堂良好氛围的重要教学方式。但正因为如此，教师更要把握好尺度，善用教学设施，不能形成对多媒体的过度依赖，注意将课件、教学内容与教室环境进行协调。如果多媒体电子课件的画面过于花哨，会让人眼花缭乱，分散学生的注意力；如果多媒体课件过于形式化，会造成学生思维速度无法与其合拍，当堂理解困难；如果为了突出多媒体画面效果而关闭教室灯光、拉上窗帘，昏暗的教室会让学生昏昏欲睡，不利于课堂教学。

总之，生态化教学视角的高校思想政治理论课和谐课堂的构建，要求教师、学生、环境和谐发展，教师关注每一个学生的发展，每一个学生都可以找回自我，都能在各自的基础上获得发展。

参考文献

[1] 张宏韬．对构建高校和谐课堂的几点思考［J］．边疆经济与文化，2009（03）：144.

[2] 胡晓红，郭凤志．参与式教学在思想政治理论课教学改革中的实践探索［J］．思想教育研究，2011（05）：33.

[3] 杨江民．生态教学：高校思想政治理论课效度强化之取向［J］．教育理论与实践，2011（07）：25.

[4] 卢景昆．高校思想政治理论课生态课堂的形成［J］．教育评论，2013（02）：76

[5] 张耀灿等．思想政治教育学前沿［M］．北京：人民出版社，2006：360.

[6] 李嘉瑶．课堂教学杂议［J］．中国大学教学，2005（07）：9.

[7] 陶行知全集（第三卷）［M］．长沙：湖南教育出版社，1985：30.

[8] 彭付芝．“毛泽东思想和中国特色社会主义理论体系概论”课讨论式教学法的实践与思考［J］．思想教育研究，2013（05）：45.

[9] 叶澜. 让课堂焕发出生命活力 [J]. 教育研究，1997 (9)：5
[10] [巴西] 保罗·弗莱雷. 被压迫者教育学 [M]. 顾建新，等，译. 上海：华东师范大学出版社，2001：31.
[11] 彭付芝. 积极心理学与高校思想政治理论课教学 [J]. 北京教育（德育），2011 (11)：44－45.
[12] 黄兴华. 高校思想政治理论课生态化教学探析学校 [J]. 党建与思想教育，2011 (12)：56.

（本文发表于《南阳师范学院学报（社会科学版)》2014 年第 2 期)

论高校思想政治理论课积极课堂环境的创建策略*

高校思想政治理论课肩负着引导大学生用科学的世界观和方法论观察和思考现实问题，培养大学生树立正确的世界观、人生观和价值观的特殊使命。但目前高校思想政治理论课大班教学，人数众多、互动有限、无法全员参与，被动学习、主体缺失、课堂积极性不高的现状，不利于达到思想政治理论课的教学目标。本文将积极心理学运用于思想政治理论课课堂教学，创建积极课堂环境，希冀对高校思想政治理论课教学现实的变革和教学论的发展产生一定的意义。

一、积极心理学在课堂环境中的应用

人本主义理论认为，学习的过程应该是人的全面发展的过程，不仅是学生形成一定的知识、技能、方法的过程，同时也是其情感、态度、价值观的培养过程。但“90后”大学生大多数是凭兴趣去选择学与不学，而不是你说重要他就会去学。所以高校教育教学要重视开发学生的积极情感因素，培养学生学习的积极心理。

* 本文为2013年首都大学生思想政治教育课题“积极心理学视域下大学生参与思想政治理论课教学研究”（BJSZ2013YB05）的阶段性成果。

20世纪80年代，美国心理学家塞利格曼首次将人的乐观、幸福感、好奇心、智慧和创造的勇气等作为实证研究的课题，从而奠定了积极心理学（Positive Psychology）基础。积极心理学主要研究积极的情绪体验、积极人格和积极的社会组织系统三大领域。

积极心理学坚持积极的人性观，倡导人性的积极面，注重人内在动机的激发与自我建构，因此对课堂环境建设具有重要启示：关注学生的积极力量，提高课堂积极性；在课堂教学中增加学生的积极情绪体验；建立师生合作的积极组织系统。

二、高校思想政治理论课积极课堂环境的特征和建设目标

所谓积极的课堂环境，是指一个民主平等、和谐宽松的课堂氛围，发挥好教师的主导作用和学生的主体作用。教师在积极心理和良好情绪中，运用恰当的教学方法，不断调节学生学习的心理状态，使学生能积极主动地思考与学习。师生共同参与教学活动，彼此合作，双方的需要都能得到满足并得到共同发展。

（一）高校思想政治理论课积极课堂环境的特征

一是师生主体能动性，各种教学活动最终都是为了实现一定的教学目标和满足师生的需求而进行的，教师要规划积极课堂环境的创建方法和维系方式，学生会为达成目标而恰当选择交往对象；二是师生互为主体性，为建立和实现师生和生生之间的社会联系或社会关系，师生从事的交流是课堂中主体自我实现的一种方式；三是多元与多样性，师生在知识、情感、品德等方面多元交流，教学工具多样性等；四是反馈多向性，师生交流的多向性决定了反馈途径的多向性，在教师与学生、学生与教师、学生与学生交流过程中表现出的反应、评价、质疑和建议等。

（二）高校思想政治理论课积极课堂环境的建设目标

一是培养大学生学习思想政治理论课的积极心理状态。“90后”大学

生具有极强的自我保护意识和自尊心，思想政治理论课大班教学的现实，使他们在老师提问、讨论等教学活动中，愿意思考但不愿意回答或参与教学。因此，思想政治理论课教师要从学生固有的积极潜质出发，培养大学生积极的心理品质；通过培养学生积极的心理状态，增强其学习思想政治理论课的积极性。

二是增加大学生的积极情感体验，提高课堂积极性。让学生的积极情绪能够贯穿于课堂环境中；教师要逐步从对学生问题的解决转移到关注学生的积极情绪体验和安全感上来，让学生在相互促进、影响、友好的课堂环境中提升认知效果，并由此让学生产生更加积极的情感状态；引导学生用一种积极进取、乐观向上的态度来看待面对的压力和困难，激发他们身上的正能量，以达到教育本身所要追求的核心价值。

三是塑造大学生的积极人格。积极心理学的基础是塑造积极的人格品质，培养和造就健康人格，个体的健康人格优势会渗透到人的整个生活空间，从而产生长期的影响。思想政治理论课教师通过课堂传达积极思想，满足大学生寻求积极体验的动机和实现个人目标、被尊重、被信任的需求；潜移默化，通过学生思想的改变，提升大学生个体的自信心和自尊心，以此塑造大学生的积极人格。

四是重视积极课堂的参与性与公平性。思想政治理论课教师要通过科学合理的方法建立一种学生与教师共同参与的课堂，发挥学生的学习潜力；运用积极心理学来吸引、鼓励、组织学生参与教学，激发学生的求知本能和探究欲望；师生应多开展互动交流的活动，为构建和谐的师生关系提供了一种积极的可能。

三、高校思想政治理论课积极课堂环境的创建策略

高校思想政治理论课积极课堂环境的创建，主要是基于积极心理学的相关理念，着重于培养大学生的积极思维，给学生创设一个积极的社会支持系统。

（一）培养师生情绪安全，建立融洽师生关系

积极课堂环境建设要使师生具有情绪安全感。思想政治理论课教师，一方面要承认自己不是无所不知、无所不晓的天才，愿意与学生一道寻找解决问题和难题的办法，可以一起探讨、交流、沟通对问题的看法等；另一方面要尊重学生的选择自由与独立意识，对学生的观点和看法给予合理的尊重、正确的引导，使大学生能直面现实并有勇气接受挑战。同时，思想政治理论课教师要有意建立一个彼此接纳和熟悉的课堂，缩短师生之间的距离；尽量以满足学生的需求和能力来调节学习内容和进度，使学生产生积极情绪。总之，真正的和谐沟通和积极课堂气氛，使师生情绪安全，这样才能使师生的积极性和主动性真正得到发挥，有利于课堂教学。

思想政治理论课教学目标的达成，需要充分发挥教师的主导作用和学生的主体作用。首先，思想政治理论课的特殊使命需要教师既能准确、高屋建瓴地理解和领会中央精神，在教学内容、教学设计、教学过程、教学活动等方面发挥主导作用；同时又能巧妙地启发、引导和帮助大学生解疑释惑。其次，思想政治理论课教育教学目标的达成需要师生间真诚的思想交流和心灵沟通，这就决定了教学中凸显学生主体地位的重要性和特殊意义。但课堂是教师和学生共同的舞台，这就需要教师要真诚地关心和尊重学生，真诚、善意地表达自己的意见和看法，相信学生能够成为积极向上的人等。总之，建立了良好、融洽的师生关系，才能构建积极课堂，真正增强思想政治理论课的实效性。

（二）探索教学内容方法，营造积极课堂氛围

思想政治理论课教学内容是积极课堂的根本，教学方法是形成积极课堂气氛的重要保证。教学内容的安排，是教师学术水平和研究水平的体现；教学方法的恰当选择与发挥，是教师创造性与教育艺术性表现的主要形式。总之，教师所探索的教学内容与方法，都要学会建构一种积极的态度、体验和行为特点，努力营造积极的课堂氛围。

以重大理论问题为导向、以大学生关注的热点和难点问题为主线，精

心设计教学专题。四门思想政治理论课各有其特点和侧重点，教学内容上有很多的不同，这就要求思想政治理论课教师，一方面，要以教学为着力点，融合教学与学科方向，根据自身研究特长，针对学生们关注的热点和难点问题，对重大理论问题进行研究，提升综合素质，保证授课质量；另一方面，在教学设计和教学过程中，从“人人都有发展的潜能”的积极心理学观点出发，按照课程内容和规律，在深度、广度、难度等方面，对教学内容重新编排和归纳，将重大理论问题融入课堂教学，着重讲授重大专题。同时，要遵循马克思主义理论的逻辑性、整体性和系统性，以问题意识去设计教学环节，选准问题的切入点，解决热点和难点问题。

采用以提问为主的启发式教学，引导学生主动性。提问是启发式教学的主要方法，思想政治理论课教师采用提问为主的启发式教学，主要是调动大学生学习的积极性和主体性，实现教师主导作用与学生积极性相结合；激发大学生学习思想政治理论课的内在动力，实现内在动力与学习的责任感相结合。

进行课堂讨论交流，营造和谐思想政治理论课课堂。课堂讨论是师生之间、学生之间交流问题、知识、情感的重要方式，有利于营造积极民主的课堂氛围。教师以热点和难点问题为中心，以问题为线索，组织学生展开讨论。既能发挥大学生的积极性与主动性，提高自主解决问题的能力以及语言表达能力；又能充分地激发学生的探索意识，通过相互启发、合作，养成其积极主动的思维习惯。

运用课堂展示法，使大学获得积极的情感体验。思想政治理论课教师通过积极创造实际的或重复经历的情境和机会，引导学生主动、自主、创造性地对教学情境进行体验，使学生在亲历的过程中理解并建构知识。我们鼓励学生采用多种多样的形式进行课堂展示和体验，由学生讲授思想政治理论课相关内容就是十分重要的体验。在教师的认真指导和精心安排下，大学生走上讲台，以“教师”的身份讲授相关专题，有利于培养大学生自学、总结、归纳和语言表达等综合能力，建构新知识。除此以外，我们还鼓励大学生将研究性学习成果在课堂上以一定的形式展示出来。如课堂激辩，即根据思想政治理论课学习中存在着的针锋相对的观点，将学生置于争论双方的角色进行辩论；论文宣讲，即大学生将自己论文中的主要想法和创新点宣示给师生；课件展示，即研究学习小组将研究成果在课堂上以课件形式展示出来；案例讨论，即大学生运用所学的理论，分析、讨论自身感兴趣的典型案例中的矛盾或困惑。总之，课堂展示，使学生体验了不同的角色和风采，获得了积极的情感体验和充分的心理享受类积极体验，激发了学生的学习兴趣，从而形成了积极的思想政治理论课课堂气氛。

（三）建立积极组织系统，催化积极课堂效果

积极心理学指出，人的经验、潜力是在社会、组织、家庭、学校等系统中体现的，同时也受其影响。课堂，是一种特殊的社会组织，建立积极的课堂组织系统，有利于积极课堂的建立。思想政治理论课积极的课堂组织系统包括民主与协作的师生关系、竞争与合作的生生关系、全员参与的互动关系等。其中，合作学习方式，是积极的课堂组织系统中最主要的方式。

将合作学习引入思想政治理论课教学有利于促进学生社会化。合作学习，可以使学生产生积极的情感，能激发大学生最佳水平的发挥，能促进学生之间互相帮助、共同提高，能增进学生之间的感情交流、改善人际关系等。在合作学习过程中，师生配合、生生互助，教师意志和学生意志二者达到和谐统一，激发学生把更大的热情投入新的学习任务中。同时，思想政治理论课教师要学会对大学生进行积极、正面、正确的评价，注重评价方式、评价角度及适当的积极暗示和激励等。要善于抓住大学生的闪光点、兴奋点、敏感点和共鸣点等进行适当的激励，发掘其积极的心理驱动力；要表扬大学生在学习中表现出来的积极性、能动性和创造性，激发其获得积极的情绪体验等。

总之，构建高校思想政治理论课积极课堂，关注学生的积极力量、增加学生的积极情绪体验、建立师生合作的积极组织系统，有利于提高思想政治理论课的教学实效。

（本文发表于《北京教育（德育版）》2013 年第 9 期）

积极心理学与高校思想政治理论课教学*

积极心理学把研究重点放在人自身的积极因素方面，研究的主要内容包括积极的情绪及体验、积极的人格以及积极的组织系统，它提倡用欣赏、积极、开放的心态去看待人类的潜能，从而激发他们积极的力量和品质，并获得积极的意义。高校思想政治理论课（以下简称“思想政治理论课”）是对大学生进行思想教育的主渠道，课堂教学的内容可以是有限的，但它所具有潜在的延展性却是无限的。因此，思想政治理论课需要结合“90 后”大学生思想积极要求进步但政治理论素质不高，价值取向积极务实但现实性、功利性突出，道德素质趋向提高但抗干扰能力较弱，求知欲较强但意志力较弱的特点，将积极心理学与高校的思想政治理论课教学有效地结合起来，努力挖掘大学生身上积极的个人特质，充分发挥他们的潜能，激发他们积极的力量和品质，并利用这些积极力量和优秀品质来帮助他们树立正确的、积极向上的世界观、人生观和价值观，从而不断提高高校思想政治理论课教学的科学性、针对性和实效性。

一、以积极情感激发大学生学习思想政治理论课的积极力量

教学活动中存在两个动态的生命要素：教师和学生。二者积极因素能

---

* 本文是北京高校思想政治理论课“学生创新型思维培养”工作室研究项目“推动学生创新型思维的方式方法研究——以课堂展示为主要载体”的阶段性成果之一。

否展现，将是整个课堂教学活动是否具有生命力的关键，也是学生个体是否获得积极发展的必要条件。思想政治理论课教师是教学过程的领导者和组织者，不仅传授知识，同时也要以积极情感面对学生，创设课堂心理环境，激发学生学习思想政治理论课的积极力量，促进大学生世界观、人生观、价值观的形成与发展，增强思想政治理论课的实效性。

思想政治理论课教师以积极情感面对学生的方法，一是用自己合理的需要、正确的动机、积极稳定的情绪、高尚的情感、顽强的意志、良好的性格去感染学生、影响学生、塑造学生，使学生在潜移默化中完善自己的人格；二是用欣赏、积极、开放的心态去理解、看待大学生对思想政治理论课的误解和逆反心理，用鼓励、引导，甚至用大学生学习思想政治理论课取得成功的案例来激发其学习思想政治理论课的积极力量；三是展现自己的爱心、责任心、耐心和宽容心，给学生创设一个欢乐、愉快的课堂氛围，增强思想政治理论课的感染力和吸引力；四是充分运用课堂教学的情感力量，直抵学生心灵深处，引发学生的情感认同，达到思想政治理论课引导学生思想与生命成长的教学目的。

二、以积极态度正面教育与引导大学生关注社会问题

高校思想政治理论课是对大学生进行思想政治理论教育的主课堂、主渠道，是以宣传社会主义核心价值体系为重任，引导主流价值取向，以培养中国特色社会主义事业合格建设者和可靠接班人为目标的课程。思想政治理论课教师对大学生进行积极正面的教育与引导，这既是由高校思想政治理论课的性质和对大学生进行系统的马克思主义理论教育的任务决定的，也是高校思想政治理论课教师的角色定位所要求的。因为思想政治理论课教师工作在高校思想政治教育第一线，是学生思想的引导人、先进理论的宣讲人、优秀文化的传播人、心理问题的解答人，在“教书”的同时，比其他专业课教师承担着更为重要的“育人”任务。同时，由于当代大学生面临的信息纷繁复杂，对社会问题的认知容易产生困惑；学生们心理上不很成熟，不少学生对人生的看法、对社会的理解还处在肤浅层面；

学生本身的世界观和人生观尚未成熟，在追求自我的发展中，容易出现偏重功利的行为，更多关注自己的现实利益而忽视自己对国家和社会应尽的义务。因此，针对社会上出现的问题和学生个体的具体问题，教师进行积极的回应和引导也是积极心理学的理念在教学过程中的实际运用。积极心理学提倡对个体或社会具有的问题要作出积极的解释，并使个体或社会能从中获得积极的意义。

思想政治理论课教师以积极态度正面教育与引导大学生关注社会问题需要做到：一是要敢于面对现实，积极鼓励学生提出问题，并对那些经过思考提出深刻问题的学生予以表扬、奖励；二是实事求是地进行分析和评价，冷静分析学生关心的一些社会热点问题，引导学生理性地看待；三是旗帜鲜明地对正确的意见和思想观点表示肯定和支持，使学生树立远大的理想，确立正确的世界观、人生观和价值观；四是对错误的意见和思想观点，要用联系的、发展的眼光，引导大学生进行讨论，从正反、利弊、成败、优劣等多侧面、多角度地分析问题，拓宽学生眼界，丰富学生思想，使大学生看到事物的发展趋势和前景，提高其分析问题和解决问题的能力。

三、尊重学生的主体地位以激发其对思想政治理论课的认同感并提高其学习积极性

积极心理学强调人的价值，体现了以人为本的人文精神。将这一理念应用在高校思想政治理论课教学中，要求教师要尊重学生的主体地位，以学生为本，贴近学生，满足学生的需要。情绪心理学专家孟昭兰教授认为，积极情绪是与某种需要的满足相联系，通常伴随愉悦的主观体验，并能提高人的积极性和活动能力。只要思想政治理论课教师在教学中能够以学生的需要为切入点，就有利于激发大学生高尚的人生情感、对思想政治理论课的认同感；就有利于提高大学生的学习积极性，提高思想政治理论课的实效性。

大学生主要有探究现实问题的需要、提高理论思维的需要、获得新体

验的需要、获得认可与欣赏的需要、责任承担的需要、对思想政治理论课与本专业关系认识的需要、对大学生活和就业指导的需要等。思想政治理论课教学就要以学生的这些需要为切入点，贴近学生，抓住学生的心。一是思想政治理论课要满足学生探究现实问题和提高理论思维的需要。思想政治理论课教师要看到有相当部分的大学生希望通过思想政治理论课求知解惑，提高理论思维，更好地认识社会与人生；希望通过思想政治理论课开阔视野，增长见识，净化心灵，完善自我。为此，思想政治理论课教师要在课堂上有意识地提出问题，从理论的高度敢于和善于回答解决学生心中疑虑重、难度大的现实问题，满足学生的需要，抓住学生的心，使学生疑虑释然，想听、爱听，想学、爱学。二是思想政治理论课要满足学生获得新体验、获得认可与欣赏及责任承担的需要。思想政治理论课教师要了解自己的学生，提供一切可能的机会让大学生体验社会、人生、不同角色，承担相应的责任，并给予最大限度的认可与欣赏。三是思想政治理论课要满足学生对思想政治理论课与本专业关系认识的需要。面对有学生抱怨思想政治理论课的学习对自己今后没有多大用处的情况时，思想政治理论课教师在四门不同的课程中可以通过举例的方式来说明二者之间不可分割的关系。如在讲授“马克思主义基本原理概论”时，可以举例分析哲学与科学发明创造之间的关系，说明科学工作者也需要借助马克思主义认识论和方法论，提高学生对哲学理论学习的兴趣和热情。四是思想政治理论课要满足学生对大学生活和就业指导的需要。思想政治理论课必须贴近学生的交友问题、学习方法问题、爱情与学业的关系问题、特困生的求学与勤工俭学问题、择业与就业等多方面的问题，在教学中与学生产生共鸣，从而使学生树立正确的人生观、世界观、爱情观、择业观、职业道德等。

四、挖掘大学生潜能以培养大学生积极的心理品质

积极的心理品质，是指一个人所具有的出色的心理素质，表现在人的认知、情感、意志、价值观、人生观等方面。积极心理学在人格研究中特别强调研究人格中所包含的积极方面和积极特质。积极心理学重视人性的

积极方面，研究人的潜能发挥和注重积极心理品质的挖掘与培养，对高校思想政治理论课教学有积极的指导意义，为切实提高思想政治理论课教学的实效性提供了新的思路。

由于“90后”大学生，大多在顺境中成长，但心理相对脆弱。因此，挖掘与培养大学生的积极心理品质，是思想政治教育工作的重要内容，思想政治理论课教学能起到特殊的作用。为此，思想政治理论课教师在挖掘与培养学生积极的心理品质上可以做到：一是除了自身拥有良好的理论功底外，还需要有关爱之心，关爱每一个大学生；有信任之心，信任每个大学生的心灵；有平等之心，善待每一个学生。二是在教学时要善于引导大学生完善自我意识，以自我设计为前提，以自我奋斗为途径，以自我控制为条件，以自我实现为目的，着力于挖掘和培植大学生固有的积极品质，如仁爱、责任和诚信等。三是要尽可能发现每个学生的优势和潜能，并对学生所表现出来的自主性、自为性、能动性和创造性及时鼓励；引导学生善于发现自己的优势和美德；而且要及时以赞美的方式引导学生带着美德和优势学习。四是用对话式教学，激发学生思考问题的积极性；用研究式教学，激发学生创新知识的积极性；用角色互换式教学，激发学生学习的主动性。

五、搭建课堂平台激发大学生获得积极的情绪及体验

思想政治理论课的教学活动既是知识传递与能力培养的过程，也是一个人际交往的过程，是生命与生命的碰撞，是心灵与心灵的交流。课堂教学过程，不仅是受教育者一种特殊的认识过程，而且是一种复杂的心理体验过程，是师生之间多形式的交互过程。积极的情绪情感体验对个体的知、情、意、行等各方面的发展，都有着较好的“催化剂”作用。积极体验包括感官愉悦和心理享受，积极心理学以培养个体享受类积极体验为核心，因为与感官愉悦相比较，心理享受类积极体验常常与个体的创造和创新相关联，更具有社会意义和个人意义，也更有利于个体的成长和幸福感的产生。由于当代大学生是伴随全球化与网络化而长大的，也是在“玩游

戏”中成长的，思想政治理论课教师通过搭建课堂平台，充分发挥大学生的主体性和参与性，促使学生获得积极的情绪及心理享受类积极体验，从而提高思想政治理论课的思想性、实效性和趣味性。

激发大学生获得积极的情绪及心理享受类积极体验的途径有：一是营造课堂教学氛围，增强授课的知识性和趣味性，在生动、活泼、欢乐的氛围中，提高教学效果。二是教师可以根据自己的特点特长，针对不同类型、不同阶段大学生的特点以及不同的课程，采取课堂讲授、课堂讨论、专题讲座、专题演讲、辩论、教学实践等教学方法，增强师生之间、学生之间的互动性，让积极的因素自然渗透其中，使大学生获得积极的情绪，产生积极心理体验。三是教师要在对学生正确的评价方式和评价角度，以及适当的积极暗示和激励等具体方面下功夫。比如激励方面，作为积极心理学视野下高校思想政治理论课所讲的激励，主要是指思想政治理论课教师遵循大学生的心理、思维和行为发生发展的特点和规律，发掘积极的心理驱动力，鼓励他们在学习中表现出高度的积极性、能动性和创造性的活动和方法。激励的方法可细分为目标激励、情感激励、说服激励、管理激励、行为激励、惩罚激励和强化激励等。教师要善于抓住大学生的闪光点、兴奋点、敏感点和共鸣点等对大学生进行适当的激励，有利于激发大学生获得积极的情绪及心理享受类积极体验，达到教学效果。四是体验式教育，即思想政治理论课教师在教育教学过程中，以一定的理论为指导，有目的地创设某种情境，然后通过各种有效方式引导学生积极参与进来，亲自感知、体验所要学习的知识，体验成功、快乐和自信，最后达到领悟并运用知识的目的，并在以人为本的基础上，培养学生的理论水平和政治素养以及实践能力。下面以“案例教学”和“课下研究课堂展示”为例来说明。“案例教学”就是通过一组案例提供高度拟真的情境，让学生尝试在分析具体问题中独立地作出判断和决策，以培养学生运用所学理论解决实际问题能力的一种教学方法。课堂讨论是整个案例教学的关键，学生可自由组合，以小组形式进行交流讨论，并选出各小组的发言代表，在课堂代表本组成员发言。小组的集中交流讨论是前提，在讨论的过程中，学生们彼此互相学习，共同提高。这就为学生提供了重新认识自我、增强自信心的场所，增强了学生们的协作精神、团队精神，培养了他们的集体荣誉感。“课下研究课堂展示”，就是把授课内容的其中一个方面要求学生在课下进行研究，然后在课堂通过讲授、演讲、表演、小品等形式展示出来。大学生思想活跃、渴望平等，有很强的表现欲和探索欲。通过课下研究，使他们在班级或者小组发挥了潜能，获得了积极情绪；通过讲授、演讲、表演、小品等形式在课堂上展示研究成果，体验了不同的角色和风采。整个过程，学生都会得到老师、同学的认可、欣赏和肯定，从而获得了充分的心理享受类积极体验，全面提高了学生的表达能力和创造能力等，最终使思想政治理论课教学的实效性得以提高。

（本文发表于《北京教育（德育版）》2011年第11期）

新媒体下思想政治理论课教师对大学生社会主义核心价值观的培育研究

互联网已成为当代大学生获取信息的主要途径，各种社会现象在网络上相互交汇，很容易给成长中的大学生带来思想上的迷惘和认识上的偏差，网络环境下大学生价值观念异化的影响在高校中已经成为常态。因此，面对错综复杂的社会现象、社会问题，当代大学生比以往任何时候都更需要一个科学认识世界的理论和方法。思想政治理论课教师因其课程性质和工作性质，决定了其对大学生进行思想政治教育、对大学生进行社会主义核心价值观培育的第一线地位。思想政治理论课教师要顺应新媒体的大潮流，并且对各种新媒体形式加以正确利用，使其在高校社会主义核心价值观的培育中发挥引领的作用。

一、新媒体时代对高校思想政治理论课教师带来的挑战

新的时代和不断发展的社会形势，给新时期大学生的思想政治教育带来了新的挑战。高校思想政治理论课教师作为高校教师队伍中的特殊群体，主要承担着对大学生进行思想政治教育的职责，不是承担一般的传道、解惑和授业职责。他们传播的是执政党的指导思想，高扬的是马克思主义的伟大旗帜。然而新媒体的到来给高校思想政治理论课教师的教育教

学工作带来了新的挑战。

（一）高校思想政治理论课教师对社会主义核心价值观的教育教学与新媒体中频发的非主流价值观的碰撞

高校思想政治理论课教师要在四门政治理论课的教育教学中对大学生进行社会主义核心价值观培育，这是高校培育人才的题中应有之义。主要通过课上理论传授、课下思想交流等方式对大学生的思想状况和价值观走向进行跟踪和引导，这是存在于当前高校中思想政治理论课教师对大学生进行社会主义核心价值观培育的传统方式，这种传统方式具有高度的集中性、整体性和权威性。

但在新媒体集中盛行的高校，大学生利用自媒体渠道，接受的是不同于高校思想政治理论课教师的社会主义核心价值观教育，“信息内容的复杂性与海量性，极易引发大学生的认知偏差，信息传播的限制空间逐渐被打开，各种合法或不合法、健康或不健康的信息得以快速地进入大学生的视野，一些落后、腐朽的思想和文化，甚至包含了暴力、色情等内容的文字、图片、视频，乃至于各种反社会主义、反马克思主义、反人类的消极价值观念也夹杂其中，给涉世不深的大学生带来现实的冲击，腐蚀其心灵，动摇其信仰，混淆其价值观念，削弱其道德意识和责任意识，为大学生的思想政治教育带来诸多问题”。

不可否认的是，当代大学生成长于改革开放和社会主义市场经济快速发展时期，他们接受着各种思潮的熏陶，思维活跃，善于独立思考，对事物有自己的见解和看法。他们崇尚理性、关心社会、热爱国家，有很强的民族自尊心和责任感。但同时，世界多极化和经济全球化的趋势愈演愈烈，各种思想文化相互激荡，大学生面临着西方文化思潮和价值观念的强烈冲击。在国内，随着对外开放不断扩大、社会主义市场经济的深入发展，人们思想活动的独立性、选择性、多变性和差异性日益增强，在给当代大学生带来新的竞争意识与机遇的同时，也带来了一些不可避免的负面影响。大学生由于涉世未深，对一些政治信仰还存在着迷茫；由于缺乏对信息的甄别能力而易被负面信息误导，甚至成为此类信息的传播者、恶性群体事件的隐性参与者。

这对高校思想政治理论课教师在理论引导、课堂教学、课下沟通等方面提出了新的挑战。

（二）高校思想政治理论课教师信息获取的相对落后与自媒体渠道传递信息的裂变式快速流转的碰撞

由于年龄的原因，即使是年轻的思想政治理论课教师，也是通过传统的获取信息的渠道，简单而直接，或者来自主流媒体的引导和宣传，或者来自多年教学经验，或者习惯的学习途径和渠道，或者学校官方新闻宣传、校级文件的直接传达、对学生日常观察以及面谈等直观形式的了解。在此过程中的信息获取存在一定的滞后性，有时官方信息的内容与学生日常生活联系并不密切，由于这种渠道不可避免的弊端，加之学生与高校教师面对面交流不可克服的困难和一些无法解决的困境，学生会减少对这种官方信息的关注，降低与高校思想政治理论课教师近距离接触的热情。

相反，大学生却热衷于利用新媒体来获取信息，特别是在自媒体发达以后，由于其具有自身及时传递信息、信息传递快速及时性等特点，大学生很快成为这一媒体的拥趸者。由于在自媒体条件下，每个人都可以是“麦克风”，可以随时随地分享自己的新鲜事和对事物、现象的看法；每个人既是海量信息的制造者，又是海量信息的潜在影响者。再加上大学生好奇心强、接受能力强，对于各种自媒体工具中带来的多元的信息进行即时吸收，他们可以通过自身掌握的自媒体平台实时表达对社会热点的观点看法，快速增加自身对社会信息的获取量，因此这种使信息得到裂变式迅速传播的自媒体渠道深受高校学生喜爱。新媒体的开放性打破了时间、空间的屏障，改变了学生在规定时间到规定场所接受教育的传统的封闭式传播方式，使正面的主流信息跨时空迅速广泛传播，从而延伸了原有的教育空间。

自媒体这种能使人随时随地访问网络并且发表自身观点、看法的信息传播途径和方式是当代环境下人际交流、获取信息的主要渠道之一，是网络传播最活跃的主体和各种新兴舆论的诞生地。它自身独有的灵活性和信息传播裂变式发展的特点也使得高校学生通过自媒体各种渠道获取到不同于主流文化的信息，由于其好奇心对这些亚文化产生深入思考，并且深陷其中不能自拔，产生“自媒体异化”的这种恶果，即学生在纷繁复杂的自媒体世界中迷失自我，失去了学生本应对自媒体的主导权反而被其牵绊，因此通过自媒体裂变的各种亚文化逐渐在学生心中产生深刻影响，淡化了主流文化、主流价值观的核心引导作用。

由此可见，高校思想政治理论课教师信息获取的相对落后与高校学生通过自媒体平台信息获取的直接便捷就形成巨大差异，对高校思想政治理论课教师在对大学生进行社会主义核心价值观的培育上面临着极其严重的挑战。

二、思想政治理论课教师利用新媒体对大学生社会主义核心价值观培育的现实意义

（一）思想政治理论课教师利用新媒体，对大学生社会主义核心价值观的培育有重要的现实价值

从传播学的角度看，大学生社会主义核心价值观的培育是一种特定的信息传播工作。目前，微博、微信已经成为最受大学生欢迎的新媒体代表。它们的开放性、互动性、参与性正在冲击大学生传统的认知方式、思维方式，对大学生社会主义核心价值观的培育有重要的现实价值。

（二）思想政治理论课教师利用新媒体技术，保证了社会主义核心价值观传播的畅通性

在新媒体技术的支撑下，社会主义核心价值观通过多样化的传播渠道，超越时间和空间的限制，直面大学生。这些信息的传播不是以天来计算，而是以分、秒计算，极大提高了信息传播效率。伴随着传播时间的飞速提升，还可以实现实时互动。通过微博、微信等新媒体，针对这些感人事迹的评论和点赞也可以实时传播出去，形成第二波传播热潮，并在数小

时内形成社会热点话题，这种新媒体传播特点是平面媒体所不具备的。信息传播主体的“多元化”，可以最大限度地调动广大学生获取信息的主动性、自主性和参与性，有效遏制大学生价值主体自我化的倾向。

（三）思想政治理论课教师利用新媒体，提升了社会主义核心价值观传播的效果

新媒体技术集图、文、声、像于一体，熔声、光、电、化于一炉，形式活泼多样，特别是虚拟仿真技术，让人常有身临其境之感，改变了传统媒体形式单一或者无法形成合力的弊端。利用新媒体对社会主义核心价值观进行全方位的、个性化的、多维度的传播，可以极大地激发大学生的求知欲和想象力，让他们自主地选择学习组织者提供的素材，在形象、生动、直观的情境中升华思想，在图文并茂、声情融汇的语境中感知教育信息，在寻求视觉、听觉愉悦感的过程中不知不觉地把握社会主义核心价值观的科学内涵和精神实质。

三、高校思想政治理论课教师利用新媒体培育大学生社会主义核心价值观的途径

高校思想政治理论课教师如何应对这个挑战，增强对大学生进行社会主义核心价值观教育教学的实效性，是其必须面对的新问题。社会主义核心价值观自从党的十六届六中全会提出“社会主义核心价值体系”以来一直从不同程度、不同领域进行深度探讨，自从党的十八大报告提出对社会主义核心价值观核心内容的最新概括即国家、社会、个人三层面的“三个倡导”以来，更是深入人心，日益影响着人们的日常行为和思想。在高校这个“人才锻造炉”中，对高校学生的社会主义核心价值观进行培育显得尤为重要。因此，怎样发挥新媒体环境下高校思想政治理论课教师对大学生的社会主义核心价值观的培育作用，具有十分重要的现实性、紧迫性和针对性。

（一）高校思想政治理论课教师应加强理论和实践修养，提高利用新媒体对大学生进行社会主义核心价值观培育的能力

首先，思想政治理论课教师要充分认识到，对大学生进行社会主义核心价值观教育是贯穿四门课始终的重要任务。当然，学科的深刻，要有深厚的学理作为支撑，要有其自身的独特性、系统性和科学性。在今天高校政治理论课教学新方案实施中的四门必修课，各自都有自己的学理基础。其中，“基础”课澄清大学生成长过程中遇到的实际问题。“纲要”课是从中国近现代历史的角度，说明中国人民为什么选择了马克思主义，选择了中国共产党，选择了社会主义道路。“概论”课是从马克思主义基本原理与中国革命、建设和改革的实际相结合的理论成果角度，说明为什么马克思主义要中国化，什么是中国化的马克思主义，实现中华民族伟大复兴的重要性，从而坚定在党的领导下走中国特色社会主义道路的理想信念。“原理”课是从基本理论角度阐明什么是马克思主义？为什么要始终坚持马克思主义？如何坚持和发展马克思主义？因此，在对大学生进行社会主义核心价值观教育方面侧重点不同。“基础”课主要是进行社会主义道德教育和法制教育，帮助大学生树立社会主义荣辱观，提高大学生思想道德素质，注重应用性和实践性。“纲要”课以历史的深度和厚重见长，主要讲授社会主义核心价值观的历史感。“概论”课主要从实践特色、民族特色、时代特色讲授社会主义核心价值观的内容。“原理”课由于其学理性最强，需要从哲学层面阐释加强社会主义核心价值观教育的缘由和哲学基础。

其次，加强其对社会主义核心价值观的践行，为学生树立鲜活榜样。党的十八大报告中提出了对社会主义核心价值观的最新概括，即为“三个倡导”：在国家层面倡导富强、民主、文明、和谐，社会层面倡导自由、平等、公正、法治，个人层面倡导爱国、敬业、诚信、友善。作为高校思想政治理论课教师，要积极践行“三个倡导”的要求，不仅要做到爱国、敬业，更要做到通过其自身对学生开展的相应工作使学生树立诚信、友善的健康人格，使学生增加相应的平等、公正、法治观念，使学生自觉为营

造和谐的高校环境贡献力量，以和谐的高校环境共建社会的和谐。鲜活榜样的力量是学生主动随之效仿的有力证据，因此，只有高校思想政治理论课教师把社会主义核心价值观融入自身思想观念并日益指导着自己的言行，才能对学生发挥巨大的榜样扩散作用，尤其是激励学生对社会主义荣辱观的切身践行，实现和谐校园、和谐社会的理想。

最后，加强思想政治理论课教师对新媒体的高度敏感性，提升利用新媒体培育大学生社会主义核心价值观的能力。作为高校思想政治理论课教师，应该充分认识到多元的自媒体渠道带来的亚文化对学生产生的巨大影响，更应该充分重视多元的自媒体对高校舆论、高校学生的影响，应该主动利用自媒体而不是被自媒体“牵着鼻子走”，应该主动通过微博等自媒体渠道对学生进行主流价值的引导，能够从意识层面重视并利用新媒体的力量，使其沿着社会主义核心价值观的方向释放正能量。例如已有的“百万师生微党课”新浪微博，通过微博这种灵活的自媒体形式在高校中的潜移默化作用使得学生思想得到正确引领，沿着社会主义核心价值观的方向前进。

（二）高校思想政治理论课教师应充分利用新媒体资源，加强师生间、学生间互动交流

首先，加强其充分利用自媒体平台与学生进行沟通交流，努力实现师生“非面对面形式”的深度交流。充分通过网络校内主页、学生微博主页、微信平台、腾讯空间、学校课程学习中心聊天室等多元化的媒体渠道，时刻关注学生思想状况。该方式避免了学生因为面对教师而有的“不自然”的感觉，实现了师生的 P2P（Person to Person，个人对个人）深层次交流。

其次，高校思想政治理论课教师要善于同学生党员、干部进行沟通，利用自媒体平台实现学生党员、干部的“小团体”正确价值观的引领作用，实现学生与学生之间的相互学习。学生党员、干部在高校学生群体中虽人数上不占优势，但有着不可小觑的作用，在实际协调、师生沟通中发挥着重要作用，是思想政治理论课教师对大学生进行社会主义核心

价值观培育的有效沟通纽带。因此思想政治理论课教师应该充分利用此部分学生的自媒体渠道形成社会主义核心价值观在学生整体中的“漫反射”，依靠每一位学生党员干部的自媒体平台，增强主流价值观的“多重反射”的传播作用，在高校中营造一种“社会主义核心价值观弥漫”的氛围，实现“通过自媒体充分利用部分学生最终作用于全体学生”、学生之间相互交流相互学习的目的。

（三）高校思想政治理论课教师主动掌握话语权，加强对新媒体平台中主流价值观的引导作用

面对高校中各种自媒体渠道的盛行，高校学生由于其自身对于多元信息以及多种亚文化的好奇感、自媒体的准入门槛低、自由灵活交互性强而“深陷”在这些自媒体渠道流传的各种信息中，高校思想政治理论课教师有责任和义务对流行于高校内部的不符合主流价值观的信息流、舆论导向进行正确引导，努力通过辅导员对高校舆论的合理“干预”实现其对高校主流价值观的正确引导。多元化的自媒体渠道存在于高校舆论界中并且引领着高校舆论的走向，因此，思想政治理论课教师不仅要对学生的价值观进行理论层面的指导，更要通过自媒体的渠道对其进行有效引导，实时对其进行疏导和正确引领。

这种疏导和引领不同于和学生进行面对面的交谈并且与之有着不同效果。思想政治理论课教师要主动占领高校舆论场，建立积极的高校信息应急反应机制，即在社会中富有争议的事件发生后，作为高校教师应该努力做到第一时间向学生发布真实可靠的消息，遏制负面价值观的进一步滋生和传播。

（四）高校思想政治理论课教师应利用新媒体加强教育教学活动的多元化

高校思想政治理论课教师应该加强自媒体渠道下的教学活动形式和内容多样化，使得大学生在接受社会主义核心价值观教育中有耳目一新的感觉，为更好地接受教育奠定基础。

思想政治理论课教师可充分运用观看影视资料、指导课外阅读、开通网络平台等教学手段，全方位调动学生学习积极性。学生可以用课程中心，阅读文献进行自学，老师可采取查阅资料网上答题方式完成课程考核等。

（五）高校相关部门要为思想政治理论课教师利用新媒体提供便利，同时激励教师用好新媒体

为了使高校思想政治理论课教师更好地利用自媒体渠道与学生进行互动和沟通，高校相关部门，不仅要为思想政治理论课教师提供利用新媒体的便利条件，让教师在相应的新媒体平台上有机会、有条件表达自己的观点和看法。

同时，高校也应该设立对思想政治理论课教师利用自媒体的刺激机制，例如把思想政治理论课教师利用自媒体的情况纳入其考核的要求，在新的时代潮流下，高校思想政治理论课教师应该努力做好高校学生的思想把关员，充分利用自媒体这一在学生群体中盛行的渠道，引领其高校中社会主义核心价值观的培育。

参考文献

[1] 徐群．异化视域下网络思想政治教育主体建设研究［J］．学理论，2013（11）。

[2] 岳宗德．论自媒体环境下主体间性大学生思想政治教育的转向［J］．学校党建与思想教育，2014（3）．

[3] 尹晓敏．微博兴起背景下大学生思想政治教育的挑战与应对［J］．思想教育研究，2011（2）．

[4] 刘邵宏．新媒体与大学生社会主义核心价值观培育［N］．光明日报，2014－7－2.

[5] 中共中央办公厅．关于培育和践行社会主义核心价值观的意见［EB/OL］．（2013－12－23），http：//news. xinhuanet. com/politics/2013－12/23/c_1186746 89． htm.

（本文载于《北京高校思想政治理论课培育和践行社会主义核心价值观专题教学论坛论文集》一书中）

论网络多媒体与“邓小平理论概论”课教学

随着网络及多媒体的兴起、普及和发展，网络所具有的知识传播和信息传播功能，使以“教师为中心、课堂为中心、教材为中心”的“两课”传统教学模式受到冲击。作为政治理论课教师，我们应当改变传统的教育理念和教学模式，转向“以学生为中心，以现实生活为中心”的教育观念，充分认识和发挥网络、多媒体在教学中所能发挥的独特作用。本文结合“邓小平理论概论”课的特点及自己的教学体会，就网络及多媒体对“邓小平理论概论”课教学的作用，以及在运用多媒体、网络时应注意的问题，谈谈自己的看法。

一、网络、多媒体在邓小平理论教育中的重要作用

（一）多媒体在课堂教学中的独特作用

1. 可以增大教学中的信息量，特别是人文素质教育的含量

运用多媒体教学的显著特点就是要求老师搜集和制作大量的感性材料来服务于其所讲授的理论。这些感性材料的形式包括相关录像带、光盘、真实图片、史料，原著的摘录和自制的图例、事实案例等，这实际上是一个让生动的画面和真实的材料说话、明理的过程，这无疑极大地丰富了教学过程中的信息量，特别是增大了人文素质教育的含量。“邓小平理论概

论”是一门涉及多个学科领域的综合学科，又具有很强的人文性，它所包含的极其丰富的有关人类社会、人与人的哲理内容，能够极大地启迪人生、开拓思维、拓展视野。通过运用多媒体教学手段，可以使大学生很快地就能涉猎到邓小平的一些至理名言，这对于陶冶学生的性情，培养积极向上的人生观、价值观等，都有十分重要的作用。

2. 可以有效地提高教师的业务素质和教学质量

设计和制作多媒体教学课件本身就是对教师自身业务水平和能力的一个检验。只有真正深刻地理解了邓小平理论，掌握了大量丰富真实、准确的材料，才能在设计和制作教学课件时游刃有余、潇洒自如，收到良好的教学效果。这就需要教师平时不断学习、思考和长期积累，不断充实更新自己的知识和较全面地提高自身的素质。

3. 可以更好地实施启发式教学法，激发学生的学习兴趣

当代大学生知识丰富、思维活跃，有很强的表现欲和探求欲。“邓小平理论概论”课在提升学生的理论水平，引导他们深入思考现实问题的同时，还要多给他们提供自我展示的机会。多媒体手段在这方面发挥着独特的作用。

首先，应用多媒体教学可以强化问题式教学的效果。在设计教学课件时可以采取丰富多彩和感性化的设问方式，使学生清楚地把握问题之间的逻辑联系，这样有利于培养和锻炼大学生的纵深思维能力，同时运用多媒体手段可以调动学生的学习兴趣，改变学生被动学习的局面，鼓励学生主动思考问题，收集和掌握相关资料。

其次，应用多媒体教学还可以更形象地运用现实生活中的一些具体案例手段。邓小平理论是与现实社会紧密联系的理论，这一理论在指导社会实践中有许多丰富的事实案例，通过运用多媒体教学手段，对具体事实案例进行分析，既可以提高大学生科学的辩证分析和解决问题的能力，又可及时调整他们对一些现实问题认识上的偏差，树立正确的人生观、世界观和价值观；并能更敏锐地洞察社会，把握时代脉搏，以具备能适应现代社会发展的开拓精神、创新意识和前瞻眼光。

（二）网络在课堂教学之外对巩固教学效果的独特作用

1. 有利于利用网络资源进行思想交流和交锋

大学生有着自觉学习理论知识的积极性，对许多现实问题和热点问题都表现出十分强烈的关注和探求欲。通过网络，可以更加有效地推进大学生学习理论的要求和积极性，将大学生对网络的兴趣和理论学习进行良好的结合，使大学生主动参与网站的建设，直接参与教育过程。

大学生在学习邓小平理论的过程中，应该有自由地表达自己的真实思想和发表自己见解的地方。网络所具有的特有功能，正好可以满足学生的这种需求。在网上，学生之间可以辩论、讨论；学生和教师之间也可以通过网络进行辩论、讨论；甚至就某一特别重大的问题，学生同学校的领导之间也可以交换看法，同时还可以利用电子邮件、BBS等来相互传递交换信息。学生在这种平等轻松的氛围里学习，就会在不知不觉中提高辨别是非的能力。

2. 有利于教师利用网络资源进行答疑和辅导

在网络世界里，传统媒体的由一点到多点的单向传播方式已经过时，传统媒介信息传播者的权威已经不复存在。网络信息和信息接收所具有的自由快捷、便利及双向交互性的特点，已经使交流的双方或多方是平等的。这样的特点决定了教师必须把学生摆在与自己交流互动的同一个平台上，将过去灌输式、命令式、说教式、号召式的理论教育，转变为启发式、参与式、互动式、讨论式、对话式的教育，这样教师就可以在网上进行辅导答疑，而不像过去那样面对面地答疑。随着高校招生规模的不断扩大，面对面地答疑已经变得越来越困难了。所以利用网络资源，是大学生在课堂之外，更好地巩固和学习邓小平理论一条不可或缺的途径。

3. 有利于占领网上马克思主义理论教育阵地

网络技术的发展与应用，对我国的经济、文化、科技和社会发展产生了巨大的推动作用，同时也对马克思主义和思想文化阵地提出了严峻的挑战。随着网络的发展，各种社会思潮都力图在网上占有一席之地。西方国家也利用它们在网上的优势进行着前所未有的思想文化渗透。如果我们放弃这个具有重要影响的传播阵地，就无异于部分地放弃了马克思主义传播的领域。因此在网络上建立马克思主义的教育阵地，尤其是建立邓小平理论的教育阵地，这不仅是适应科技、经济、社会发展潮流的必然要求，也是防止敌对势力对我国进行和平演变的重要举措。同时也是在意识形态领域同邪教等各种邪恶势力进行斗争的迫切需要。

建立网上邓小平理论教育阵地，最可行的措施是建立邓小平理论信息数据库，开辟几个专栏，吸引大学生的注意力，比如在网上上传邓小平的著作和有关资料，使师生可以随时阅读和下载；收录党的基本知识以及党建的理论文献等内容；收集大学生关心的社会热点和难点问题。

二、运用网络、多媒体时，应注意的问题

（一）在教学过程中要始终把握理论的制高点

网络时代，作为一位政治理论课教师，即使已经较好地掌握了多媒体教学手段来进行邓小平理论的教学，仍然需要坚实而广播的理论功底。邓小平理论是时代的精华，具有博大精深的理论境界。“邓小平理论概论”课的教学目标是培养大学生科学的世界观和方法论，这就要求教师必须把握邓小平理论的制高点，抓住事物的本质，并通过多媒体手段将邓小平理论讲深、讲透，以理论和力量折服人。因此教师必须要具有较宽的知识面、较雄厚的理论知识和素养，要有较高的驾驭课堂教学的技巧和能力，同时也要求教师与学生建立良好的师生关系。良好的师生关系的建立是双方努力的结果。从教师的角度来讲，必须要树立良好的师德风范，以真挚的情感去理解学生、关心学生，用人格的力量去吸引学生、影响学生，以理服人，以情感人，这样课上课下就会产生良性互动，从而达到激发学生学习邓小平理论积极性的目的。教师只有在具有了坚实的理论基础时才能通过生动的语言表达出来，才能在讲授形象性、趣味性的东西时，不至于脱离实际，喧宾夺主。

（二）正确理解和使用多媒体教学手段

毋庸讳言，现在越来越多的教师已经认识到了多媒体教学的优势和独特的魅力，并已经将多媒体手段引入了课堂教学，这使思想政治理论课的教学方式发生了一定的变化，促进了教学效果的提高。但多媒体教学不是简单的黑板搬家，或是简单的图片放映。如果教师只是单纯地坐在计算机前一边击键盘、一边讲解，教师不看学生、学生不看教师，师生之间没有交流，气氛沉闷，反而会影响教学效果。

教师必须清楚，教学手段的改革、多媒体课件的制作，一定要从提高教学的实际效果出发，而不能片面地追求形式。在应用多媒体教学时，教师要注意从视觉、听觉上用生动的形式，激发学生的学习。

（三）要始终掌握教学的主动权

在思维方式呈多元化的今天，要提高“邓小平理论概论”课的教学效果，除了必要的多媒体教学外，教师还要始终掌握教学的主动权。增强教学的吸引力，不能是脱离教学效果的聪明技巧的卖弄，而是怎样把深刻的邓小平理论与灵活的教学方式结合起来。无论采用什么样的方式，都要始终围绕教学目标和组织教学。教师在讲课前一定要进行精心准备和策划，每节课都要设定有意义的主题，在每一个环节上都要把握教学的主动权。如果抓不住教学的主动权，无疑会影响到“邓小平理论概论”课的教学效果。

（四）要始终注意对网络信息的监控

从近年来互联网的发展状况来看，它既为我们的思想政治工作提供了现代化手段，开拓了新的空间和渠道，提高了思想政治工作的实效性，增强了影响力。同时也是重要的思想舆论阵地。网络上有大量有益健康的信息，也有不少迷信、反动、黄色的东西，比如西方的资产阶级的人生观，价值观和道德观；有害大学生身心健康的黄色流毒；制造社会政治经济混乱的黑色通道等。这就要求我们必须对网络进行监控，掌握网络这一宣传阵地的主动权。

正确引导网络信息的方向，可以从以下两方面入手，一是严格监控校园网络，切断与不良信息接触的通道，并及时清理有害的信息垃圾。二是坚持正面的宣传教育，在校园网上以正确的理论引导大学生，以高尚的人格精神影响大学生，以健康优秀的作品鼓舞大学生。

（本文发表于《航空教育》2001 年第 4 期）

对“概论”课程的专题化教学探索

思想政治理论课是高校人才培养方案中公共基础课程的重要组成部分，“是对大学生进行思想政治教育的主渠道”。[1]如何更好地发挥主渠道的作用，一直是高校思想政治理论课教师孜孜以求的目标。近年来，我们学院承担了学校的重大教改项目，在探索研究过程中，越来越意识到深入挖掘问题，将研究问题的深度、广度传授给学生是教改的重点。不求面面俱到，只求将某一个问题讲透。“毛泽东思想和中国特色社会主义理论体系概论”（以下简称“概论”）课程与现实问题结合得最为紧密。如何更好地发挥课堂教学的主渠道作用，提高“概论”课程的吸引力、感染力，我们教研部结合学校的教改课题和学生的实际，对专题化教学进行了探索。

一、“概论”课程实施专题化教学的背景和意义

通过调查以及与其他高校的“概论”课程的教师交流，我们发现：有的教师几乎是照本宣科，完全按照教材的章节进行讲授；有的教师则完全依据自己的学科专长和学生的喜好选择性地进行授课。怎样避免上述两种情况，让“概论”课程真正成为大学生喜欢的课程，既符合教学大纲的要求，又能真正解决大学生头脑中的困惑问题，提高“概论”课程的教学效果。为此，我们教研部的教师在多年探索教学方法如多媒体教学、课堂讨

论、学生成果展示、参与式教学等的基础上，探索了专题化的教学方法。

近年来，专题教学法在高校思想政治理论课教学中被教师们所普遍采用。所谓专题教学法，就是课堂教学时在尊重教材基本精神的前提下，以专题为单位创新教材内容，并综合运用多种教学手段和方式的教学法。以专题为单位组织教育教学内容，可以不囿于教材内容的整体性、系统性限制，重点关注学生现实生活中存在的热点、疑点与难点问题，有利于激发学生学习的积极性与主动性，提高思想政治理论课教育教学的针对性，真正促进教材体系向教学体系、教学体系向信仰体系的转化。

专题教学是对传统教学模式的根本性变革，开展专题教学是由“概论”课程的内容和特点决定的。“概论”课程是在“98 方案”的“毛泽东思想概论”与“邓小平理论和‘三个代表’重要思想概论”两门课的基础上整合而成，内容涵盖政治经济文化社会、革命改革发展稳定、内政外交国防党建，涉及哲学、历史学、经济学、政治学、文学、社会学等多门学科。在该门课程内容如此庞杂的基础上，实施专题教学可以博采众长，增进学术交流，体现教学的针对性，提高教学水平。同时，“概论”课程实施专题教学也是课程的目的要求。“概论”课程的内容包含党的“基本理论、基本路线、基本纲领、基本经验、基本要求”，此五项内容要求大学生通过“概论”课程学习进一步理解和认识，增强对党的路线方针政策的理解和认同，课程内容必须充分体现中国特色社会主义理论与实践的最新成果，充分体现贯穿于两大理论成果的马克思主义立场、观点和方法。采用专题教学法可以有针对性地讲清教学内容的重点和难点，有利于在全面理解党的路线、方针、政策，同党中央保持一致的基础上对热点、难点、重点问题作出科学分析。

二、“概论”课程探索专题化教学的设计及实施

（一）专题化教学设计的思路

设计专题教学可以实现思想政治理论课的有效性和时效性，重点突

出，针对性强。因此我们遵照以下的思路进行设计：

一是专题设计既是“概论”课程的教学难点和重点，也是学生最为关心的问题，同时也是当前的社会热点问题。

二是专题教学的设计要以大学生最为关心的问题为抓手，展开对该问题的理论回答。党的理论之所以始终充满活力，富于生机，关键是由于党的理论不断丰富发展和创新。党的理论是根植于社会主义实践和面临的各种问题，把党的最新理论成果以专题教学的形式予以表达，可以及时满足学生的学习需求。

（二）专题化教学设计的内容

根据北京航空航天大学“概论”课程48学时的情况，我们设计了以下教学专题：

第一专题：绪论和总结。主要介绍这门课程的学习目的、学习内容、学习方法、学习要求以及教学方法等。总结部分是放在学期的最后一次课上，对本学期的所有专题进行梳理和总结。(3学时)

第二专题：马克思主义中国化的发展历程及理论成果的内容与意义。此专题涵盖第一章的内容。使学生对马克思主义中国化的科学内涵和历史进程有一个总体的了解；对马克思主义中国化的两大理论成果的时代背景、实践基础、科学体系、主要内容、历史地位和指导意义有一个基本的把握；对中国特色社会主义理论体系中各个成果之间的内在关系有一个准确的理解。(6学时)

第三专题：以毛泽东为核心的第一代领导集体对中国社会主义建设道路进行初步探索的重大成果。此专题涵盖第四章的内容。使学生了解党的第一代领导集体在探索社会主义建设道路中所取得的一系列重要理论成果和社会主义建设的基础性成就，认识到这一探索及其在理论和实践上取得的一系列重要成果对于巩固我国社会主义制度、开创和发展中国特色社会主义，对于促进世界社会主义发展的重要意义。(3学时)

第四专题：对中国特色社会主义基本问题的认识。此专题包括第五章、第六章和第七章。使学生了解社会主义初级阶段的长期性及当前我国发展体现出的新的阶段性特征；理解社会主义本质的科学内涵及重大意义；使学生从实践、理论的不同层面理解改革开放是中国特色社会主义的必由之路，明确改革开放的历史必然性、理论依据和根本性质；理解为什么要全面深化改革、怎样全面深化改革，为什么要强调必须坚持改革开放的社会主义方向、怎样坚持改革开放的社会主义方向，以及怎样处理改革发展稳定的关系、怎样处理好“摸着石头过河”与“顶层设计”之间的关系等问题，以树立坚定不移推进改革开放的信念。(6 学时)

第五专题：建设中国特色社会主义总布局。此专题包括第八章。帮助学生理解中国特色社会主义经济、政治、文化、社会、生态建设的“五位一体”总布局，是深刻总结党领导社会主义建设的历史经验、顺应国内外大势和人民群众的根本利益而提出来的。“五位一体”总布局把握了中国特色社会主义建设的基本领域，抓住了全面建成小康社会的决定性方面，是一个全面协调的有机整体。要落实“五位一体”总布局，必须始终坚持以经济建设为中心，协调推进政治建设、文化建设、社会建设、生态文明建设以及其他各方面的建设，把中国特色社会主义事业全面推向前进。(18 学时)

第六专题：国际形势与祖国的完全统一。本专题包括第九章和第十章。使学生在了解实现祖国完全统一是中华民族的根本利益所在；了解“和平统一、一国两制”构想的形成和发展过程、基本内容和重大意义、在港澳地区的成功实践以及新形势下对台湾的工作方针，树立解决台湾问题的坚定信念和决心。帮助学生了解第二次世界大战后国际形势的发展变化及其基本特点，认清在经济全球化和世界多极化条件下和平发展仍是当今时代的主题；通过对中国在国际舞台上地位和作用提高的分析，明确中国坚持走和平发展的道路，坚持反对霸权主义、维护世界和平的决心和信心。(6 学时)

第七专题：建设中国特色社会主义事业的依靠力量。本专题包括第十一章。帮助学生理解建设中国特色社会主义必须依靠工人、农民、知识分子；在社会变革中出现的社会阶层都是中国特色社会主义事业的建设者；人民军队是社会主义祖国的保卫者和社会主义建设的重要力量；使学生理

解高举爱国主义、社会主义的旗帜，加强全国各族人民大团结，巩固和发展最广泛的爱国统一战线。(3学时)

第八专题：中国特色社会主义领导核心理论。此专题包括第十二章。使学生了解中国共产党是建设中国特色社会主义事业的领导核心。(3学时)

(三)专题化教学的实施

教研部在上课前三个月召开集体备课会，讨论专题教学的相关问题。共同研讨专题内容与教学大纲的符合度、专题内容与学生知识水平和接受能力的符合度，提出进一步修改完善的意见。任课教师不但要特别注意在教材体系想教学体系的内容转化上下功夫，要善于把教材内容转化为教学内容，善于讲授马克思主义中国化的最新成果，善于与学生的思想、学习、生活实际相结合。而且也要特别在意在组织教学上下功夫，或者提前给学生预告专题内容，让学生自己或分组准备材料；或者将专题中的某一小问题提前分配给学生准备，让学生在上课的过程中能够有针对性地参与教学活动。

三、“概论”课程专题化教学改革的效果评价及启发

(一)对专题化教学改革的效果评价

专题化教学是思想政治理论课教学改革中的一项探索，其效果如何，需要进行科学的评价。具有可操作性的评价方法大体有问卷调查评教、学生评教和督导组专家随机听课评教。我们教研部关于“概论”课程专题化教学的探索还处在初始阶段，其成效需要未来进一步得到检验。评价的方法将会跟学院的教改总体的要求一致。所以几年以后会有这方面的评价结果出来，将会对我们的专题化教学的成效进行相应的检验。

(二)“概论”课程专题化教学探索的启发

一是专题化教学改革重在由教材体系向教学体系转化。将教材内容转

化为教学内容是有一定难度的，专题化教学设计就是把按照本学科内在关系组织的教材章、节、目及内容整合、概括、融合为以专题为单元的，符合大学生学习习惯和接受规律的教学组织体系。因此，专题化教学设计就是要把“概论”课程的教材体系进一步细化和深化，一方面，要把深奥的理论转化为学生易于接受的教学内容，但要防止庸俗化和戏说化；另一方面，要把学生关注的难点和热点问题结合到专题教学中，真正解决学生的问题。可见，专题化教学对教师而言是一种更高层次的教学要求和教学方法。

二是专题化教学改革要充分发挥集体智慧，加强集体备课。实施专题化教学从实践的角度可选择两种方案：

第一种方案：任课教师每人讲一到两个专题。此种方案有利于教师更容易把自己承担的专题讲好讲透。但会存在问题，学生考核评价教师有难度；学生从中投机有可能；教师管理教学有难度；教师数量较少不可能；学校要求教师主讲一门课无法说清楚；教学内容可能会重复；对青年教师成长不全面等。

第二种方案：每位教师把所有专题讲完。限于任课教师研究方向、研究内容的差异，把每个专题讲深讲透还是有一定难度的；但该方案较可行，我们在实践中采用此种方案。为了弥补此种方案的不足，最为有效和可行的方法就是发挥教研部全体教师的集体智慧，加强专题化教学的集体备课活动。

三是专题化教学要把教与学两个方面的积极性都调动起来。“概论”课程的教学效果是我们教研部教师探索专题化教学的出发点和落脚点。因此，探索合适的教学方法十分重要。首先，要精选专题内容。既然是专题教学，就不可能做得面面俱到，适当取舍教学内容，在精讲中下功夫十分必要。对专题内容要严格把关，确保其正确性、正面性，做到用科学的理论引导人，用鲜活的事例教育人，用高尚的情操鼓舞人。其次，要发挥教师的主导作用，正确认识专题化教学的目的，把握马克思主义的精髓、马克思主义中国化与时俱进的品格，积极有效地把马克思主义中国化的最新成果融入教学内容中去。最后，在专题化教学中，如何体现学生的主体地位，如何与学生进行良好的互动是每一位教师都要认真思考和实践的。注重对教学手段和教学方法的运用，充分调动学生自主学习的积极性。

综上所述，专题化教学是深化思想政治理论课教学改革的一项探索。但是，专题教学的重点毕竟在重大理论专题方面，对于学生系统、全面、完整地了解本学科的理论框架与理论体系全貌还需要进一步思考和完善。“概论”课程涉及面广、变化较快，理论性、政策性难度较大，采用专题教学后，由于针对性、时代感要求较高，这就向教师提出了更高的要求。为此，就需要教师有刻苦钻研问题、孜孜追求真理、不断更新知识的敬业精神。今后我们会在新的高度对教学内容进行取舍更新，不断丰富教学内容。

参考文献

教育部社会科学司．普通高校思想政治理论课文献选编（1949－2008）［M］．北京：中国人民大学出版社，2008.

（本文载于知识产权出版社2016年出版的《关于当代中国马克思主义的认知诠释方法论》一书中）

第三篇

教学模式探索

论思想政治理论课教材体系向教学体系转化的条件

提高思想政治理论课实效性的关键是完成教材体系向教学体系的科学转化。教材体系是教学的基础，教学体系是教学的关键。教材体系转化为教学体系，主要解决的是教师怎么教、学生怎么学和将课程目标和内容转化为学生的知识、信念和素质的问题。科学的教材体系向科学有效的教学体系的转化，不仅仅是备课和讲授的教学活动，而是一项要根据环境和学生实际以及对教材深入解读的基础上进行的复杂和艰难的再创造性劳动。这项创造性劳动的完成，需要一定的条件作保证。本文试图从宏观上阐述思想政治理论课教材体系向教学体系转化的一些条件。

一、提高思想政治理论课教师队伍的素质和水平，是实现教材体系向教学体系转化的关键条件

思想政治理论课教师是教学任务的承担者，是实现教材体系向教学体系转化的主力军。思想政治理论课教师的素质和水平决定了教材体系转化为教学体系的水平和程度；决定了教师在教材体系向教学体系转化中，能否具备“把握统一性与主体性辩证关系之能力；在教学体系的形成过程中，建构富有思想与逻辑的教学理路之能力；在教学体系到学生认知体系转换中，适应认知水平与成长需要之能力”。[1]可见，提高思想政治理论课

教师的素质和水平，是能否科学地将教材体系转化为教学体系的关键条件。

首先，思想政治理论课的特殊性，决定了思想政治理论课教师应努力成为马克思主义理论研究者和思想政治理论课教育教学专家。当然，这是一种很高的素质和水平，是一种很高的要求，不是所有的思想政治理论课教师都能够达到，但也应该成为思想政治理论教师的追求和目标。有的人研究马克思主义理论是专家，能写出高水平的专业研究论文，但是不一定能够系统讲好思想政治理论课，在实际授课过程中，很可能是将教材体系与教学体系死板机械地结合，即照本宣科式地授课，课堂气氛死气沉沉；同样，如果仅仅是教育教学专家，而没有马克思主义理论的素养和水平，很难系统地讲好思想政治理论课，在实际授课过程中，很可能出现将教材体系与教学体系分离的状况。在这种情况下，虽然教师教学的个性得以充分发挥，但却对大学生思想政治素质的提高帮助不大。因此，应努力提高思想政治理论课教师的基本素质。一方面，思想政治理论课教师要掌握扎实丰厚的马克思主义基本理论，并至少在某一理论方面进行深入研究。另一方面，思想政治理论课教师要热爱并精于本课程教学，在教材体系向教学体系的转化中，既能真正把握教材体系的统一性，正确领会教材体系的精神，把握教材体系的要义；同时又能在教学中恰当地发挥教师和学生的智慧，发挥教师自己的专长，在授课中体现自己的特色，形成自己的教学风格。

其次，要培养和拓宽思想政治理论课教师的学识、社会阅历，提高思想政治理论课教师的创新能力和专业水平。在教学体系的形成过程中，思想政治理论课教师要具有建构富有理论与逻辑的教学思路的能力，即既能在把握马克思主义理论精髓的基础上，契合实践性与创新性的原则，系统向学生讲授马克思主义的基本理论与思想内核，诠释不断丰富与发展的马克思主义理论，用思想和理论的魅力感染、影响学生；又能把握教学体系的整体框架、发展脉络与思想精髓。而这一能力的取得，与思想政治理论课教师的学识、社会阅历、创新能力、专业水平密不可分。而“思想政治理论课涉及面非常广，包括马克思主义哲学、政治经济学、科学社会主义和近现代史等多个学科，内容涵盖政治经济文化社会、革命改革发展稳定、内政外交国防党建，以及道德修养和心理发展。这不仅要求思想政治理论课教师有广博的知识，更要有较深的社会阅历。这是思想政治理论课教师区别于一般专业课教师的独特性”。[2] 所以，必须为广大思想政治理论课教师提供进一步提高自己的条件和机会。

二、建立“课程建设、学科建设”一体化体制，为实现教材体系向教学体系转化提供组织和制度保证

“课程建设”是指四门思想政治理论课必修课、形势与政策课及其相关选修课等的建设；“学科建设”指马克思主义理论一级学科及其所属的六个二级学科建设。所谓建立“课程建设、学科建设”一体化体制，就是建构将二者任务和功能整合起来，形成相互渗透、相互支撑的体制，以此为实现教材体系向教学体系转化提供组织和制度保证。

高校思想政治理论课程建设与学科建设的相关性很强，二者相互支撑，互为作用：课程建设主要是“教”，即建构适合受教育者能够接受的教学体系，而科学的教学体系的构建，需要学科建设为课程建设提供理论支持；学科建设无疑是课程建设的基础，其学术研究成果将作用于思想政治理论课的教育教学，对思想政治理论课的教育教学提供理论指导。学科建设主要是“研”，即对研究对象的深入探究和把握，思想政治理论课教育教学的实践经验和遇到的问题也为学科建设提供研究课题和研究动力，其研究视野中要始终把课程建设问题作为重要的研究方面，以学科建设带动课程建设，提升课程建设的水平，促进学科建设。[3]

从“05 方案”规定的四门本科必修课程内容来看，其课程建设与学科建设都能够较为自然地形成合力方向，马克思主义理论一级学科及其所属的六个二级学科，为这四门课程建设提供了学科建设的宏观指导，为课程教学体系的建构和完善创造了有利条件。紧密依托并深入开展学科的研究和建设，促进学科研究成果运用和转化到教学中，增强教学内容的深度、力度和创新度，为教材体系向教学体系转化提供有力的学科支撑，使教材

体系向教学体系的转化建立在深厚的科学理论基础之上；另外，学科建设也可以促使思想政治理论课教师积极投身科学研究之中，从而优化教师队伍的知识结构，提高教师队伍的专业素质和学科整体性研究水平，使课堂教学真正做到理论和实际、科研成果与教学内容相结合，政治性与科学性、学术性与艺术性相统一，有效地解决教学与科研之间存在的重教学、轻科研以至影响教学质量提高的突出问题。现在问题的关键在于，怎样使高校思想政治理论的课程和学科在良性互动中都建设好，因此除了在理论上进一步探讨和厘清高校思想政治理论课程建设与学科建设关系的逻辑之理外，还需要在实践中进一步探索。从目前的情况看，建立"课程建设、学科建设"一体化体制，能够为厘清和探索二者的关系提供实践经验，也能为实现教材体系向教学体系转化提供组织和制度保证。

三、转变思想政治理论课教师的教育教学理念，探索和掌握科学并行之有效的教学方法，是教材体系向教学体系转化的重要条件

首先，转变教师的教育教学理念，树立"以学生为主体"的教育理念，形成"以教师为主导"的教学格局。教材体系向教学体系转化是教学主体对课程的再创造，是由任课教师和学生进行的，因此，在教材体系向教学体系转化的过程中，思想政治理论课教师的教育教学理念十分重要。树立"以学生为主体"的教育理念，就是要求教师充分认识学生的主观能动性，学生在教学活动中应该是积极的参与者，而不是被动接受教师灌输知识的客体。形成"以教师为主导"的教学格局，就是教师在教学中充当引导者而非单纯的灌输者，教师是整个教学过程的组织者，是学生学习过程的指导者，是解决问题的引领者。

其次，探索和掌握科学并行之有效的教学方法。在教材体系向教学体系转化的过程中，教学方法起着主导作用，直接影响转化的结果。同一个教材体系，由于教学方法不同，能够转化出不同的教学体系，导致不同的教学效果。因此不断探索创新教学方法，掌握科学及行之有效的教学方

法，是教材体系向教学体系转化的重要条件。思想政治理论课教师除了掌握基本的教学方法，即讲清基本观点、阐发理论内容、综合拓展理论视野、升华精神境界外，还要创新课堂教学方法，在教学效果的时效性和感染力方面下功夫。正如刘延东所指出的："要鼓励教师积极探索行之有效的课堂教学方法和模式，广泛实践案例式、讨论式、参与式、互动式、研究式、情景式、体验式等方法。"[4]

当然，思想政治理论课教材体系向教学体系转化还需要其他的条件，比如，思想政治理论课教师所在学校的重视程度、投入和支持力度；学校的教学运行机制；等等。总之，这是一个仍然需要继续研究和探索的问题。

参考文献

[1] 林滨. 论思想政治理论课教师的教学转换能力 [J]. 思想理论教育，2008 (21).

[2] 陈秉公. 试论思想政治理论课教材体系向教学体系转化的规律性 [J]. 思想理论教育导刊，2008 (9).

[3] 罗建平. 高校思想政治理论课学科建设与课程建设关系考论 [J]. 思想理论教育导刊，2008 (8).

[4] 刘延东. 用中国特色社会主义理论体系武装大学生 [N]. 中国教育报（第一版），2008-07-11.

（本文发表于《北京教育（德育版）》2009 年第 5 期）

积极心理学理念下思想政治理论课研究体验式教学模式探索*

高校思想政治理论课（以下简称思想政治理论课）研究体验式教学模式，是以教师为主导、以学生为主体，通过创设学习情境、开发学生研究环节，使大学生体验研究活动，引导大学将思想政治理论课的基本原理内化为理念、外化为行为，形成新的融“认知、情感、意志、行为”为一体的教学观和教学形式。作为多年从事思想政治理论课教育教学的教师，笔者对积极心理学理念下的研究体验式教学模式进行了具体的探索。

一、对高校思想政治理论课体验式教学存在问题的分析

高校思想政治理论课运用体验式教学，是对传统思想政治理论课教学理念和教育方式方法的改革，有利于教学效果的提升。但目前仍存在着一些需要进一步克服的问题。

（一）主体问题

目前在学术界关于思想政治理论课体验式教学中的主体占主流观点的

* 本文系 2013 年度首都大学生思想政治教育一般课题“积极心理学视域下大学生参与思想政治理论课教学研究”（BJSZ2013YB05）的阶段性成果；北京航空航天大学 2014 年教改课题“大学生参与思想政治理论课教学实效性的实证研究”的阶段性成果。

是“双主体说”，即教师是“教”的主体，学生是“学”的主体。然而，也有相当部分学者包括专家和思想政治理论教师对此观点提出质疑。有学者认为，思想政治理论课不同于其他课程，课程本身的意识形态性质决定了教师是主体，教学活动主要体现的是思想政治理论课教师的活动，不能简单地看成是师生的共同活动。也有学者认为，思想政治理论课体验式教学的目的是更好地让大学生通过亲历性活动将思想政治理论内化为理念、外化为行为；而所有的体验活动都是大学生自身的活动，都是为了培养大学生的积极情感，因此大学生是主体。

思想政治理论课体验式教学中的主体问题的不同解释，某种程度上使思想政治理论课教师对体验式教学的认识陷入混乱，不利于体验式教学的研究实践。

（二）体验问题

如何体验是思想政治理论课教学采用此教学模式必须要面对的问题。实际情况是：有的思想政治理论课教师“充当了旁观者的角色，在体验教学中对学生完全放任，放弃了自己在教学中的重要作用”；[1]有的思想政治理论课教师“把体验教学理解为单一的实践活动，而忽视学生的情感体验”。[1]总之，无论哪种方式，这样的体验式教学，都不能达到令人满意的效果。

（三）效率问题

思想政治理论课不同于其他学科，可获得的直接经验相对较少，体验活动的设计和操作，难度相对较大。如果一味地追求直接经验，对于具有一定社会和生活经验的大学生来说，会存在着学习效率的问题。因此，如何在价值和效率之间找到契合点，做到二者兼顾，是思想政治理论课体验式教学所要解决的重要问题。

（四）评价问题

思想政治理论课体验式教学和其他的教学改革一样同样面临着怎样对

学生进行科学考核与评价的问题。科学的考核方式和方法，有利于大学生主动、积极地学习思想政治理论课；有利于大学生通过思想政治理论课的学习内化正确的三观，从而构建起立体的马克思主义信仰体系。反之，如果只是关注了体验式教学的方式方法，而没有对考核方式和方法进行相应的改革，体验式教学的效果将会大打折扣，甚至会导致大学生的功利化思想。

上述思想政治理论课体验式教学存在的问题，不是短时间内或者一两个探索方式就能解决的。笔者基于积极心理学理念的研究体验式教学模式，算是解决一些问题的尝试。

二、积极心理学理念对思想政治理论课研究体验式教学模式的启示

积极心理学把研究的重点放在人自身的积极因素方面，坚持积极的人性观，注重人内在动机的激发与自我建构，包括积极的情绪及体验、积极的人格以及积极的组织系统。用积极心理学的理念启发思想政治理论课研究体验式教育教学，可以从关注大学生的积极力量入手，提升大学生参与思想政治理论课教学的积极性；创设一定的教育教学情景，增强大学生积极的情绪体验；建立积极的组织系统，确保研究体验式教学的实效性。

（一）大学生的积极力量是研究体验式教学模式的动力

高校思想政治理论课的着力点并非知识的传授，而是强调学生的参与、体验和内省。大学生学习思想政治理论课的积极心理状态有助于研究体验式教学模式的构建。“90后”大学生自我保护意识和自主性较强，在思想政治理论课大班教学中，对老师的提问和讨论等愿意思考但不愿意当众发表意见。积极心理学的基础是塑造积极的人格品质，因此，思想政治理论课教师要从学生固有的积极潜质出发，满足大学生寻求积极体验的动机和实现个人目标、被尊重、被信任的需求；同时培养学生的积极心理状态，塑造其积极人格，增强其学习思想政治理论课的积极性。

（二）大学生的积极情绪体验是研究体验式教学模式的核心

思想政治理论课研究体验式教学模式是边研究边体验，边体验边研究，可见，积极情绪体验是研究体验式教学模式的核心。积极的情感体验有助于大学生对课题的研究充满信心和希望，能对研究的课题寻求更为贴切的答案。学生提出问题和解决问题的过程，正是他们的理性思考力、创造力和批判力得以展示的过程。大学生通过对热点难点问题进行研究，或者结合自己学习理论的经历回答问题，或者通过日常生活体验以及成长过程出现的疑惑提出问题，都会激发学生学习的兴趣，让学生的积极情绪体现出来。

（三）积极组织系统为研究体验式教学模式奠定基础

思想政治理论课研究体验式教学模式需要积极的组织系统。这一积极的组织系统，一方面，要有利于大学生的进一步社会化；另一方面，要有利于大学生积极性、能动性和创造性的发挥，激发其获得积极的情绪体验等。

三、积极心理学理念下研究体验式教学模式的设计与实施

思想政治理论课研究体验式教学模式是将大学生的研究和体验放在同一个学习过程中，研究过程就是体验过程，体验过程也就是研究过程。这一模式需要遵循的原则为：理论与实践相结合；提高课堂教学有效性；以培养学生创新素质和人格为目的；以学生发展为中心。在积极心理学理念下，这一模式的教学设计至少满足三个条件：能激发大学生学习思想政治理论课的积极力量，能激发大学生获得积极的情绪及体验，能有积极的组织系统作为基础（参见图1）：

从“设置教学专题”到“布置选题方向”，到最后的“研究成果评价与总结”，都属于教师主导的环节。从学生拿到“选题方向”到“研究成果展示”，是属于学生为主体进行研究体验的环节。由于篇幅所限，以下

只围绕着以学生为主体的环节进行讨论。

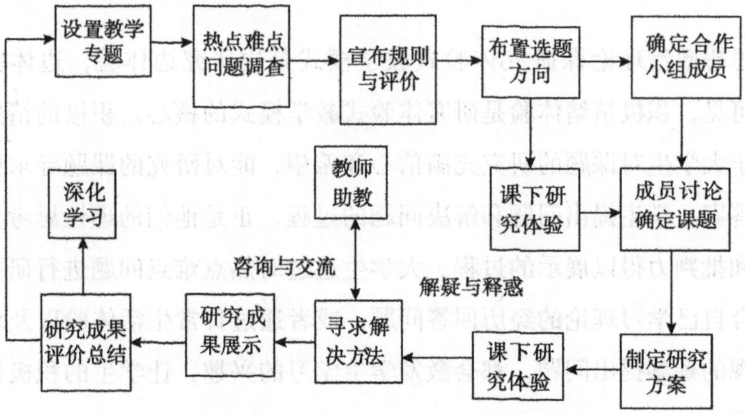

图1　思想政治理论课研究体验式教学模式

（一）研究体验式教学模式的设计能够激发大学生的积极力量

从图中可以看出，从学生拿到“选题方向”到“研究成果展示”，学生都在进行研究体验。

首先，学生要在选题方向下确定自己小组的研究课题，这是激发其兴趣和积极力量非常重要的环节。学生以选题方向为思维，通过查阅资料，联想多个问题，进行小组讨论，或者在教师启发下从新的多个角度进行深层研究，挑选出可能进行研究的课题。再进行研究体验，分析资料，反复比较，从中凝练出最终要研究的课题。其次，学生自己制订研究方案，确保研究成果的科学性和规范性。再次，学生通过课下研究体验，查阅资料，遇到难以解决的问题咨询教师和助教，确定课堂成果展示的形式和辅助性工具（如课件、视频和音频等）、撰写研究报告（包括150~200字的摘要、3~5个关键词、研究目的、研究计划与分工、研究方法、研究过程、研究内容、分析讨论、结论与建议、参考文献、附录等）、课题研究的感想与体会等，都由学生自己完成。最后，教师对学生的研究成果进行科学评价，既对学生的研究体验参与度进行评价，也要评价学生的研究体验展示成果的效果，评价中要能充分体现出对学生的鼓励与肯定，这一过程就是思想政治理论课教师从学生固有的积极潜质出发，建立在尊重学生学习兴趣和需要的基础上，满足了大学生寻求积极体验的动机和实现个人目标、被尊重、被信任的需求，因此为研究体验式教学模式提供了动力。

（二）研究体验式教学模式激发大学生获得积极的情绪及体验

思想政治理论课研究体验式教学模式具有边研究边体验、边体验边研究的特点，有利于大学生获得积极愉悦的情绪体验和情感体验。

一是提升大学生的积极情感体验。大学生的积极情绪体验体现在课下研究和研究成果的课堂展示中。在这一过程中教师既要关注学生对问题研究的情况，引导学生用乐观向上的心态看待研究和体验过程中遇到的压力和困难，激发其积极进取的正能量；又要关注学生的安全感受和情绪体验，让学生在相互合作、友好帮助的氛围中产生更加积极的情感状态。学生通过课下研究，在小组中展示才能，获得了积极情绪体验；通过在课堂上用讲授、演讲、表演、小品等形式展示研究成果，体验了不同的角色。学生在研究体验的所有环节中，都会得到师生的认可、鼓励和肯定。这一心理享受类积极体验，最终使思想政治理论课教学的实效性得以提高。

二是满足学生获得承担责任的心理需要及新体验。大学生有承担责任的心理需要，希望通过一定的机会和平台获得更新的体验。而研究体验式教学模式，一方面，需要思想政治理论课教师有能力并尽可能发现学生的优势、潜能，满足其心理需求，并及时对学生所表现出来的自主性、创造性及研究能力予以鼓励；另一方面，要提供一切可能的机会让大学生体验社会、体验人生，并树立承担相应责任的自觉性。

（三）研究体验式教学模式搭建了积极的组织系统

思想政治理论课研究体验式教学模式需要积极的组织系统。在教学实践中我们构建了积极组织系统：由任课教师和专家学者组成的教学科研团队，负责从“设置教学专题”到“布置选题方向”四个环节，最后的“研究成果评价与总结”环节，主导研究体验式教学模式；由 8～10 名学生组成的合作研究小组，是研究体验式教学模式的主体；由研究生助教组成的助教团队，重点负责研究体验式教学的准备与协调工作。其中，小组进行合作学习、研究体验，是最主要的积极组织。

研究体验式教学模式，不但将研究与体验结合在了一起，而且将竞争与协同也结合在了一起。在合作研究小组（组与组之间存在竞争）研究课题的过程中，学生要通过相互讨论，形成研究方案并最终达成研究成果（组员之间的交流即是相互竞争，而通过交流达成的方案和成果则是协同）。每次课进行一个小组的成果展示（小组间竞争），老师给予指导性和方向性的点评与总结，给予其他未展示的小组以经验教训，各个小组都会在参考其他小组经验教训的基础上修改各自的研究成果。每一个学生在这一过程中也会不断调整与内化自己对热点与难点问题的认识和理解。可见，合作学习、合作研究，一方面，有利于大学生的进一步社会化；另一方面，能增进学生之间的感情交流，激发大学生最佳水平的发挥。

同时，研究体验式教学是一种人际交流活动，是师生尤其是生生之间在课堂和课下中的生存方式。“人们在借助于人际交往进行课堂教学时，也培养了学生人际交往的态度和能力。”[2] 良好的人际关系是研究体验式教学模式的基础，在良好的人际关系基础上进行认知、情感体验和实践活动，能促进学生之间的感情交流，改善人际关系，互相帮助、共同提高。

总之，研究体验式教学，合理地协调了教师的主导作用和学生的主体作用；一定程度上能够解决思想政治理论课体验式教学中的情感体验问题；同时对考核方式和方法的改革也进行了一定的尝试。但在价值和效率之间如何找到契合点的问题仍需进一步研究。

参考文献

[1] 张青云，方相林．论体验教学的认识及其实践［J］．教育理论与实践，2007，(10)：55.

[2] 肖锋．学会教学——课堂教学技能的理论与实践［M］．杭州：浙江大学出版社，2002：355.

（本文发表于《北京教育（德育版）》2014年第4期）

高校思想政治理论课参与式教学模式的创新探索*

——以“毛泽东思想和中国特色社会主义理论体系概论”课为例

参与式教学，是中共中央宣传部和教育部提倡的增强高校思想政治理论课（以下简称思想政治理论课）效果的重要教学方法。目前，高校思想政治理论课参与式教学已比较普遍，一定程度上提高了教学的针对性和实效性。但也出现了新的问题，如，普遍存在着大学生参与的兴趣问题。笔者长期从事高校思想政治理论课教学，结合“毛泽东思想和中国特色社会主义理论体系概论”课程（以下简称“概论”课）的特点，对参与式教学模式进行了创新探索，希冀为高校思想政治理论课教学改革与创新提供启示和借鉴。

一、高校思想政治理论课参与式教学模式的“三大”独特优势

“参与式教学是在‘以学生为中心，以活动为主，共同参与’的理念指导下，强调在教学中体现学生主体地位的教学组织形式和教学方式。”[1]参与式教学模式与思想政治理论课的教育理念、教学目标、价值诉求是吻合的，可以发挥其独特的优势。

---

* 基金项目：2013 年首都大学生思想政治教育课题“积极心理学视域下大学生参与思想政治理论课教学研究”（BJSZ2013YB05）。

（一）全员参与，师生互动，破解大班教学难题

高校思想政治理论课的课堂教学组织往往采用大班教学形式，这可以很好地缓解由于思想政治理论课教师数量不足而产生的供求矛盾，充分发挥教师的主导作用。但是大班教学对教师的教学能力和驾驭课堂的教学水平提出了更高要求，如果教师不能有效发掘并利用大班教学的潜在优势，那么思想政治理论课的教学效果和学生满意度将大打折扣。参与式教学模式是与大班教学相适应的理想教学模式，能够最大限度地利用大班教学中人数多、规模大、学生知识背景多样的优势，发挥思想政治理论课的集群效应。

（二）内容丰富，取材广泛，利于参与课堂教学

思想政治理论课的思想性、政治性、理论性、历史性和现实性极强，教师需要转换思路，用现代教学观指导思想政治理论课的教学实践。参与式教学模式是现代教学观与思想政治理论课教学要求与教学实践相结合的重要教育教学模式，其内容丰富、取材广泛，为开展参与式教学提供了重要的条件。

高校思想政治理论课是培养当代大学生健全人格、健康品格的重要途径，更是为中国特色社会主义事业培育合格建设者和可靠接班人的题中之义。经过新一轮调整后高校思想政治理论课教育教学纲要（亦称“05方案”）具有教学内容理论性强、教学体系庞大等特点。四门思想政治理论课，既有对历史事件和社会现实的深度解读，又有从学生身边的日常生活和社会现实中获取的广泛题材。开展参与式教学，可以通过对某个历史事件进行深入浅出的条理性、系统性的挖掘，使大学生理解历史发展的螺旋性和反复性；也可以教会大学生如何去解读历史和剖析社会现实，提高其对思想政治理论课的兴趣，从而切实提高思想政治理论课的实效性。

（三）形式多样，灵活机动，有效激发学生热情

高校思想政治理论课教学组织的难点在于如何激发学生的课堂参与

兴趣。随着“后工业化社会”向“信息社会”的转型，知识与信息逐渐打破时空界限，成为唾手可得的“快餐产品”。知识与信息的获取从来没有像当今时代变得如此的轻而易举，这也对思想政治理论课的教育教学造成了冲击和挑战。一方面，学生更偏爱通过网络、电视、新媒体等媒介去探求所需要的知识与信息，而思想政治理论课教材的稳定性与社会现实的动态性的矛盾导致学生对课堂教学的兴趣减弱，即是参与教学，也有相当比例的学生抱着“修满学分”“应付了事”“评奖评优”等目的。另一方面，高校思想政治理论课的教学内容与中学政治理论课教学内容的重复性，也影响到大学生的参与兴趣。

参与式教学模式的最显著特征是学生在教师引导下的广泛参与，“在参与式教学中，教师不再只是传统意义上的信息提供者和标准答案的发布者，而且还是作为学生的协助者、组织者和促进者，与学生一起进行讨论和交流；学生也不再是被动的知识接受者和信息消化者，而是成了教学的协作者和知识的创造者，他们在教学中的积极参与和热情投入，以及所展现的独特风采为教学提供了丰富的资源。”[2] 师生在课前准备、课上参与和课后反馈中可以及时交流沟通，建立彼此信任的心理基础和良好的师生情谊。教师在遵从教学大纲和教学目标的同时，对学生课堂展示内容的科学性和规范性进行必要的指导，既要让学生深刻理解重要的理论点和关节点的科学内涵，又要培养其独立思考和研究的学术创新能力。同时，学生课堂参与的形式多样，不拘泥于传统的教学实践方式。“在教学过程中，教师如果启发、引导得当，就会全盘激活学生的参与热情。”[3]

二、高校思想政治理论课参与式教学模式的“三个”关键环节

（一）尊重教材，面向现实，科学设置教学专题

科学设置思想政治理论课教学专题是参与式教学模式的重要基础，直接关系到教学目标和教学效果的实现。“这就需要思想政治理论课教师根据教学大纲要求和教材章目内容，在庞大的教材体系中寻找与社会现实热

点相衔接、与理论难点相衔接、与学生专业相衔接、与中央精神相衔接的教学专题”。[4]因此，教学专题设置：一是要符合教学大纲的要求，能够引出教材的有关理论和重点概念。“不是为提问而提问，提问的目的是围绕教学的难点和重点，不能不顾教材和大纲的要求去设计问题”[5]；二是理论界限尽可能大一些，为学生的思考和研究留下足够的空间，能激发其探究欲望；三是要具体而生动，能够启发学生关注现实与社会，使教学内容更贴近现实、更贴近生活；四是难度应与学生的知识面、理解能力和思维能力等相适应，对学生既具有适度的挑战性又能通过自身的努力使问题得到解决，增强其自信心；五是学生感兴趣的论题，“使他们感到迷惑、困扰、刺激、好奇、心烦、诧异甚至愤慨不平，”[6]以此来激发讨论的兴趣。

“概论”课共有15章，依据上述原则，我们根据教学目标的要求和教材章目安排，共设置10个专题，每个专题下分设教师理论讲授内容和学生研究课题，从而形成了从整体到局部的认知阶梯，能有效激发学生的学习兴趣（参见表1）。

表1　专题设计与教材章目对照表

教材章目	专题设计	理论讲授内容	学生研究课题
马克思主义中国化的历史进程和理论成果 马克思主义中国化理论成果的精髓	马克思主义中国化理论成果	马克思主义中国化的历史进程与理论成果，解放思想是发展中国特色社会主义的一大法宝	毛泽东思想与当今中国社会发展，中国特色社会主义的价值目标，科学发展观对国际既有发展观的借鉴与超越，实事求是
新民主主义革命理论 社会主义改造理论	新民主主义和社会主义革命理论	新民主主义革命的总路线和基本纲领，从新民主主义到社会主义的转变	新民主主义革命的道路和基本经验，社会主义改造道路和历史经验
社会主义的本质和根本任务 社会主义初级阶段理论	中国特色社会主义总任务和总依据	对社会主义本质的新认识，社会主义初级阶段是我国最大的实际	发展才是硬道理，社会主义初级阶段的基本路线、发展战略

续表

教材章目	专题设计	理论讲授内容	学生研究课题
社会主义改革和对外开放	改革开放	坚定不移地推进全面改革	对外开放
建设中国特色社会主义经济	经济建设	建立社会主义市场经济，社会主义初级阶段的基本经济制度和分配制度	社会主义与市场经济，共同富裕，转变经济发展方式，生态文明建设
建设中国特色社会主义政治	政治建设	中国特色社会主义民主政治，建设社会主义法治国家	协商民主，中国特色政党制度，政治体制改革
建设中国特色社会主义文化	文化建设	发展社会主义先进文化，建设社会主义核心价值体系	文化软实力，思想道德建设，文化事业、文化产业
构建社会主义和谐社会	社会民生	构建社会主义和谐社会的意义与原则	以改善民生为重点的社会建设
祖国完全统一的构想 国际战略和外交政策	祖国统一与国际战略	“和平统一、一国两制”的科学构想与两岸关系和平发展，中国坚持走和平发展的道路	祖国统一的实践，国际局势与中国外交
中国特色社会主义事业的依靠力量 中国特色社会主义事业的领导核心	依靠力量与执政党建设	建设中国特色社会主义是全国各族人民的共同事业，新时期反腐倡廉建设的问题研究	巩固和发展爱国统一战线，加强国防和军队现代化建设，中国问题的关键在党

（二）及时沟通，课后指导，精心组织成果展示

面对高校思想政治理论课大班教学的客观现实，学生人数多、班级规模大不但没有成为参与式教学模式的阻碍，反而可以成为有效开展课堂教学的独特优势。在教学实践中我们构建了三个活动群：由任课教师和专家学者组成的教师团队，负责专题设置、课堂组织和评价，成为参与式教学模式的主导；由班级学生组成的学生团队，成为参与式教学模式的主体；

在教师团队和学生团队中间设置了由研究生助教组成的助教团队，具体负责教学展示的前期准备与沟通协调。教师团队既可以和学生团队直接沟通，也可以通过助教团队进行信息往来和交流互动，即时通信工具、电子邮件、课程网站成为开展信息传递和沟通交流的主要媒介（参见图1）。

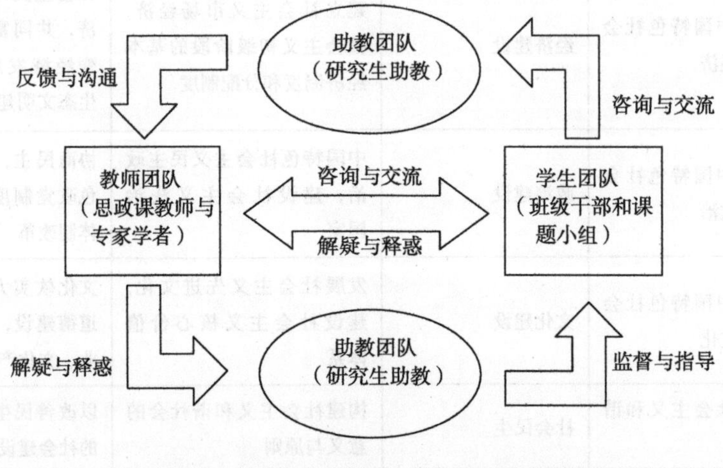

图1　高校思想政治理论课参与式教学模式示意图

有必要对参与式教学模式中的助教团队的主要职能与作用进行简要论述。首先，助教团队是师生沟通的桥梁。助教具有一定的专业知识和公共交往能力，他们成为师生之间课堂之余情感交流和理论研究的重要渠道。其次，助教团队对参与式教学模式有促进作用。助教负责指导所在班级学生所开展的专题研究，确保研究成果的科学性和规范性；同时也对其课堂展示的形式和课堂展示辅助性工具（如PPT、视频、音频等）提出建设性意见；大学生在开展专题研究时遇到的种种疑问也可以向助教请求帮助，以便及时解决。最后，助教团队是师生共进的平台。助教的作用除了指导与监督外，更重要的作用在于促进发展，思想政治理论教师可以通过助教的沟通纽带作用更好地了解大学生想什么、做什么，使其课堂教学更好地符合大学生的心理偏好；同时，大学生通过助教可以及时有效地破解在专题研究中所遇到的种种理论难题，有利于培养大学生独立思考的能力和创新发散思维。

（三）科学评价，多元考核，真实反映教学质量

参与式教学模式的最后一个环节是评价考核环节，在方法上坚持期末考试评价与日常性评价相结合，更加侧重日常性评价。“思想政治理论课考试不仅要测试学生掌握、运用知识的能力和水平，更要督促、引导和提升师生双方的教和学。”[7]在日常性评价中，教师主要从三个方面对学生的日常性参与进行评价。第一，教师对学生的研究成果课堂展示进行评价。“既要注重对学生学习结果的评价，更要注重学生合作学习过程中的评价，要充分体现对学生参与的鼓励与肯定。”[8]要充分肯定学生为课堂展示所付出辛勤劳动和努力，并带领学生用掌声向学生团队的辛勤工作表示感谢，尤其要对在课堂展示中表现出色的团队和个人点名表扬，并进行加分鼓励；同时，要进一步梳理该展示团队在研究成果展示过程中的逻辑线索与基本思路，有哪些重要的理论点是需要特别注意和辨别的；最后，要对学生团队展示的主题、内容、学术规范性等提出改进性建议，对存在较大争议的疑难问题给予启发式点拨，提供具有说服力的解释和回答。第二，教师对学生的课堂参与度进行评价。鼓励学生参与课堂教学全过程，用分数奖励机制鼓励学生学习大胆质问，如在小组成果展示过程中，其他小组同学对其的看法、认识和评价，并由组长将评价内容写下来交给教师，由教师挑选1~2个组的组长发言；或者动员学生担任课堂展示评委会成员。第三，教师对学生的课堂参与效果进行评价。参与式教学模式就是要让大学生成为课堂的主人，使学生由被动学习向主动思考转变，因此需要对大学生的参与效果进行评价。如设计学生自评量表，让学生对学习效果进行自我检验；或者针对本节课内容设置开放性极强的问题，让学生在课堂上现场作答，以检验学生的课堂参与效果。

为了使学生学习质量的评价结果更加具体化、科学化和可视化，我们注重日常性考核，在期末总成绩中占40%的比例，为此构建了一套大学生思想政治理论课日常学习质量评价体系（参见表2）。在评价考核中，我们严格遵循评级体系考核标准，做到每一位学生的思想政治理论课日常学习质量考核结果有理有据。

表2　大学生思想政治理论课日常学习质量评价体系

考核项目	比例	二级指标	分值	考核内容
日常性考核（100分）	40%	研究成果展示	28分	展示形式及其内容
		展示课件	6分	展示课件制作质量
		展示报告	6分	展示报告规范程度
		课堂参与	35分	课堂参与投入程度
		专题论文	25分	论文思想性规范性
总成绩	日常性考核×40%＋期末考核×60%			

三、高校思想政治理论课参与式教学模式的“三大”原则

（一）科学态度，严格把关

学生团队受制于学生资料、学术经验和活动时空的限制，难免会遇到一些学理上的困难和疑问，在此期间，教师团队和助教团队要及时跟进学生团队的前期准备工作，尽到协助、跟进、监控和指导的职责，尽可能保持与学生的全过程联系和沟通，及时了解学生在准备过程中遇到的各种难题和疑问，并对学生独立解决这些难题和疑问提出具有针对性的方法论指导。另外，教师团队和助教团队要认真研读学生已经完成的课堂展示成果，特别要注意对其选题和思想内容的甄别，以学术规范化的标准要求学生的课堂展示作品，力求将学生作品打造成思想上深刻、形式上创新、内容上丰富的教学精品。

（二）集思广益，鼓励创新

参与式教学模式鼓励学生独立思考与创新，教师在为学生设计好研究课题、激发起学生探究欲望后，要给大学生留出足够的独立思考、探究学习实践和活动的空间，以使学生团队在参与过程中构建新的知识，形成创新性的思维能力。形式是内容的反映，内容寓于形式之中。在思想政治理论课教学中，课堂表现形式与教学内容同等重要。因此，参与式教学模式的实际效果在很大程度上是由课堂表现形式所决定的。在实际教学过程

中，我们鼓励学生采用多种多样的形式进行课堂展示，例如焦点访谈、辩论赛、话剧表演、模拟法庭、情景体验、诗歌朗诵、歌曲演唱等；鼓励学生动用多种多媒体技术进行课堂展示，例如PPT展示、电影、新闻、纪录片、音乐等；鼓励学生推陈出新，用意想不到的方式呈现教学内容，例如，在“中国外交政策”专题中，模拟联合国大会就是一种很好的表现形式。

（三）分工合作，公平考核

参与式教学模式的初衷是让每一位同学都成为思想政治理论课的组织者和参与者，最大限度地调动广大学生的课堂参与热情。当然，基于这样的初衷并非能使学生百分百地投入教学全过程，也有一些学生会以“搭便车”的态度参与教学。为此，我们在考核评价过程中坚持公平、公正和公开原则，既关注学生团队课堂展示的效果，同样也关注每一个学生在团队中的奉献精神与工作强度。教师设计的评价体系，既有对小组整体的评价指标，又有对组员个人的评价指标。组员在这一体系中能够明确个体责任，避免依赖和偷懒，也有利于组长进行监督实施；组员以个人的积极贡献，促进小组合作的学习和成绩提升。在每一组学生团队课堂展示结束后，学生团队负责人均会对团队内每一位学生的表现和付出进行评价，作出量化评定，作为该学生在课堂展示环节成绩评定的重要标准。

总之，思想政治理论课参与式教学模式需要师生共同了解、掌握和接受一些新的教学方式和理念，激发起改革的热情，从而主动、创造性地参与到教学改革中来，从而把参与式教学模式的研究和实践推向深入。

参考文献

[1] 徐红梅，李仙娥．参与式教学在高校思想政治理论课教学中的创新应用［J］．学校党建与思想教育，2010（09）：51．

[2] 胡晓红，郭凤志．参与式教学在思想政治理论课教学改革中的实践探索［J］．思想教育研究，2011（05）：32．

[3] 王士恒．构建有思想政治理论课特色的参与式教学模式［J］．宁波大学学报（教

育科学版)，2010（05）：25.

[4] 彭付芝.“毛泽东思想和中国特色社会主义理论体系概论”课讨论式教学法的实践与思考［J］. 思想教育研究，2013（05）：46.

[5] 胡剑慧. 思想政治理论课启发式教学运用［J］. 学校党建与思想教育，2011（1）：71.

[6] ［美］肯·贝恩著. 如何成为卓越的大学老师［M］. 明廷雄，彭汉良，译. 北京：北京大学出版社，2007：122.

[7] 王锁明. 思想政治理论课考试改革研究的回顾与展望［J］. 思想政治教育研究，2013（1）：61.

[8] 彭付芝. 合作学习在高校思想政治理论课大班教学中的实践探索［J］. 北京教育（德育版)，2012（11）：46.

（本文发表于《思想政治教育研究》2013年第6期）

构建高校思想政治理论课大班教学“三三三”参与式教学模式*

参与式教学是建构主义教学理论指导教学实践的体现，是中共中央宣传部和教育部倡导的增强高校思想政治理论课（以下简称思想政治理论课）效果的重要教学方法。在教学实践中，许多思想政治理论课教师展开了参与式教学，取得了良好的教学效果。但也出现了新的问题，如大班教学环境下学生参与的兴趣减弱、无法全员参与、参与的效应不佳等。面对高校思想政治理论课大班教学的客观现实，如何把学生人数多、班级规模大转化成有效开展课堂教学、提升大学生参与教学的独特优势，成为新时期教改的重点，本文对此进行了探索，构建了“三三三”参与式教学模式。

一、目前高校思想政治理论课大班参与式教学存在的问题

（一）媒介多样，目的不一，参与兴趣减弱

知识与信息获取的轻而易举，对高校思想政治理论课的教育教学造成了冲击和挑战。一方面，学生更偏爱通过网络、电视、新媒体等媒介去探

* 基金项目：本文系2013年首都大学生思想政治教育课题“积极心理学视域下大学生参与思想政治理论课教学研究”（BJSZ2013YB05）的阶段性成果。

求所需要的知识与信息，而思想政治理论课教学与教材的稳定性与社会现实的动态性的矛盾导致学生对课堂教学兴趣减弱；即使参与教学，也有相当比例的学生抱着“修满学分”“应付了事”等目的；另一方面，高校思想政治理论课教师的水平参差不齐，教学内容与中学政治理论课教学内容的重复等，也影响大学生的参与兴趣。

（二）人数众多，互动有限，无法全员参与

“‘大班授课’由于受课堂时间和学生数量等条件限制，不利于师生互动、讨论交流，不利于及时解决学生思想中的疑惑，思想政治理论课教学的针对性和实效性受到一定程度的影响。”[1]同时学生参与还存在互动有限的问题，师生间有一定的互动，但学生间的交流较少。即使最基本的课堂问答，由于人数众多也不容易进行。学生也很少向教师提出问题。可见，大班授课，课堂互动展开困难，参与学生有限，无法做到全员参与。

（三）主体缺失，被动参与，参与效应不佳

尽管学生响应教师号召参与教学，但参与的过程仍有许多问题。如在答问参与方式中，总有一些学生会被老师点名答问，站起来的学生要么不知道问题是什么，要么简单的一句“不知道”，要么答非所问，使互动、参与进行困难。再比如在研究成果展示这样的参与方式中，有学生没有认真和充分准备，或者照着念网上下载的课件，或者对着教材照本宣科，缺乏自己的理解和思考。总之，当部分学生为参与而参与，答问时不积极思考，讲解和辩论时态度消极、被动服从时，参与的效应就大打折扣。

（四）能力不一，形式趋同，影响参与效果

参与思想政治理论课教学能力较弱的突出表现为：“一是信息能力不强。信息能力是信息时代对大学生提出的基本能力要求之一，包括信息认知能力、信息获取能力、信息处理能力和信息利用能力等。”[2]即能否熟练地、批判性地评价信息，精确地、创造性地使用信息，充分运用网络信息工具进行学科知识的学习和研究等。如今，“在高层次的思维中，如何过

滤信息已经比如何获取与记忆信息更重要了。”[3]二是口头表达能力较弱。思想政治理论课的语言表达有自己的范式，无论老师如何启发与鼓励，总有部分学生不能用准确的语言表达自己的观点或见解；也有学生讲稿准备很充分，但一上讲台只会低头一字不漏地念稿子。总之，部分学生有参与的积极性，但参与能力不强，程度参差不齐，形式趋同，影响参与效果。

二、思想政治理论课大班教学“三三三”参与式教学模式

构建“三三三”参与式教学模式，可有效缓解上述问题。

（一）抓住三个重要环节：研究特征、探究途径、设置专题

对大学生参与思想政治理论课教学的特征研究是构建参与式教学模式的前提，目的是最大限度地调动学生的参与意识和全员参与。一是主动性特征，最大限度地调动学生的主动性；二是创造性特征，体现在学生参与思想政治理论课教学过程的始终；三是差异性特征，体现在教学过程中学生不同的参与类型和不同的参与度；四是交互性特征，体现在良好和谐的师生关系、生生关系上。

探究有效的学生参与思想政治理论课教学的途径是构建参与式教学模式的落脚点，目的是使学生主动参与、提高参与效果。一是问题参与，通过问题的设计、解决、陈述和反思，提高学生分析问题和解决问题的能力，通常是课堂讨论问题；二是研究参与，以学生的自主性、探索性学习为基础，通过从学生的实际情况出发设计专题、研究、成果呈现和评价，培养学生的发展探究思维和创新能力，通常是以项目研究的方式进行；三是体验参与，通过积极创造实际的或重复经历的情境和机会，引导学生主动、自主、创造性地对教学情境进行体验，通常是以表演方式进行；四是合作参与，指两个或两个以上的个体组合在一起，通过合作与交流，相互促进、互相学习；五是案例参与，通过引导和学生的阅读分析、评判和讨论等形式，提高学生学习抽象理论的兴趣，实现教与学的双向互动。

科学设置思想政治理论课教学专题是构建参与式教学模式的重要基

础。教师要根据教学大纲要求，在教材体系中确定与社会热点、理论难点、学生专业、中央精神相衔接的教学专题。设置教学专题应遵循：一是开放性原则，专题的理论界限要尽可能大，为学生思考和研究留下足够的空间，激发其求知欲望。二是科学性原则，专题设置要符合教学大纲的要求，“不能不顾教材和大纲的要求去设计问题。”[4]三是现实性原则，专题要能够启发学生关注现实与社会。四是兴趣性原则，即学生感兴趣的论题，“使他们感到迷惑、困扰、刺激、好奇、心烦、诧异甚至愤慨不平”[5]，以此来激发讨论的兴趣。如在教学实践中遵循上述原则，将“概论”课设置10个专题，在每个专题下分设教师理论讲授和学生实践研究两部分，形成从整体到局部的认知阶梯。

（二）搭建三个参与团队：教师主导，学生主体，助教桥梁

由任课教师组成的教师团队，负责专题设置、课堂组织和评价，成为参与式教学模式的主导；由班级学生组成的学生团队，成为参与式教学模式的主体；在教师团队和学生团队中间设置由研究生助教组成的助教团队，具体负责教学展示的前期准备与沟通协调。教师团队既可以和学生团队直接沟通（即时通信工具、电子邮件、课程网站成为开展信息传递和沟通交流的主要媒介），有效破解在专题研究中所遇到的疑问和理论难题；也可以通过助教团队进行信息往来和交流互动。助教团队具有一定的专业知识和公共交往能力，成为师生之间课堂之余情感交流和理论研究的重要渠道和沟通的桥梁，对参与式教学模式有促进作用：他们负责指导班级学生的专题研究，确保研究成果的科学性和规范性；对课堂展示的形式和辅助性工具（如PPT、视频、音频等）提出建设性意见；给思想政治理论课教师反馈大学生的所思所想、疑点难点和兴趣爱好，使其课堂教学能更好地符合大学生的实际。

（三）注重日常三种考核：课堂参与，成果展示，专题论文

为了使学生的思想政治理论课日常学习质量考核结果有理有据，我们构建了大学生思想政治理论课日常学习质量评价体系（注：日常考核在总

评成绩中占40%），从三方面进行考核。

对学生的课堂参与度和参与效果进行评价。用分数奖励机制鼓励学生参与课堂教学全过程。如针对本节课内容设置开放性极强的问题，让学生在课堂上现场作答；或者设计学生自评量表，让学生对学习效果进行自我检验与评价；或者“在小组成果展示过程中，其他小组同学对其的看法、认识和评价，并由组长将评价内容写下来交给教师，由教师挑选1～2组的组长发言”；[6]或者动员学生担任课堂展示评委，对同学的课堂表现进行评价等。

对学生的研究成果课堂展示进行评价。教师充分肯定学生为课堂展示所付出的辛勤劳动和努力，对在课堂展示中表现出色的团队和个人进行加分鼓励；同时，进一步梳理该展示团队的逻辑线索与基本思路，对展示的主题、内容、学术规范性等提出改进性建议，对存在较大争议的疑难问题给予启发式点拨，提供具有说服力的解释和回答。总之，教师“既要注重对学生学习结果的评价，更要注重学生合作学习过程中的评价，要充分体现对学生参与的鼓励与肯定”。[7]

对学生参与的专题论文进行评价。思想政治理论课培养学生分析问题、解决问题的重要环节，就是让学生写论文。为此，我们给学生的论文方向为：“我所研究的……我所关注的……我所思考的……”具体题目由学生自己拟定，但要与所学的课程内容相关，所写内容要有自己的独立见解；要求学生按照论文的写作规范写作，要有摘要、关键词、参考文献等。老师对学生的论文进行评阅，把那些学生自己动手收集资料，经过比较、分析、综合、演绎、推理等多种形式，得出了准确、科学结论的优秀论文，在课堂上提出表扬，给予高分，并让作者进行宣讲，为学生提供相互交流、学习的平台。

三、思想政治理论课大班教学“三三三”参与式教学模式的注意事项

“三三三”参与式教学模式是与大班教学相适应的理想教学模式，内

容丰富，形式多样，能有效激发学生的参与热情；全员行动，师生互动，能够破解大班教学难题；能够最大限度地利用大班人数多、规模大、知识背景多样的优势，发挥思想政治理论课的集群效应。但在操作过程中，应注意三点：

（一）教师引导，学生主体，避免参与效果不彰

“参与式教学是在‘以学生为中心，以活动为主，共同参与’的理念指导下，强调在教学中体现学生主体地位的教学组织形式和教学方式。”[8]参与式教学模式的最显著特征是学生在教师引导下的广泛参与，教师在其中扮演的角色是指导者；学生是受教者，更是施教者。由于学生受制于资料、学术经验和活动时空，难免会遇到一些困难和疑问，教师和助教要及时跟进和了解，并提出具有针对性的方法论指导；同时，“思想政治理论课中的教师主导性表现在对教学的宏观把握上，教师要在提出问题、选择案例和组织讨论等教学环节中充分准备和精心设计”。[9]总之，教师与学生在课前准备、课上参与和课后反馈中及时交流沟通，建立彼此信任的心理基础和良好的师生情谊，有利于提高教学实效。

（二）评价公平，权责明确，避免参与取巧行为

“三三三”参与式教学模式是为了最大限度地调动学生的参与热情，让每一位同学都成为思想政治理论课的主人。但基于这样的初衷并非能完全避免一些学生的投机取巧行为和“搭便车”的态度。为此，在考核评价过程中要坚持公平、公正和公开原则，既要对学生团队课堂展示的效果给予公平的评价，又要对每一个学生在团队中的奉献精神与工作强度给予关注。在评价体系中，明确小组整体的评价指标和组员个体的评价指标；组长对每位学生的表现和付出进行评价并作出量化评定；组员个体责任明确，其成绩以个人对小组贡献的大小而定，避免依赖和偷懒，也有利于组长进行监督实施。

（三）鼓励创新，多样互补，避免参与形式单一

“三三三”参与式教学模式鼓励学生独立思考与创新，“在主体教育活

动中，教育交往实践得以产生的前提，便是尊重他人的独特性，容纳多样性，宽容‘另类’，既要‘求同’，更要‘存异’”。[10]教师在为学生设计好研究课题、激发起学生探究欲望后，要给学生留出足够的独立思考、探究学习实践和活动的空间，以使学生团队在参与过程中构建新的知识，形成创新性的思维能力。

“三三三”参与式教学模式有5种参与途径，但都需要有相应的表现形式。“参与式课堂教学不但能使学生所学的知识内化为学生的能力和素质，而且还可以通过学生的参与行为和实践，把学生的知识、能力和素质外化为行动，对象化为可以展示、可以交流、可以辐射的物质载体，并通过它实现师生之间与学生之间的多主体互动、互促、互学、互补。”[11]学生参与和表现的形式一定要丰富多样，如，鼓励学生采用多种多样的形式进行课堂展示：焦点访谈、辩论赛、话剧表演、模拟法庭、情景体验、诗歌朗诵、歌曲演唱等；鼓励学生动用多种多媒体技术进行课堂展示：PPT展示、电影、新闻、纪录片、音乐等。

总之，要在思想政治理论课教学中深入推进参与式教学模式的研究和实践，还需要师生共同学习和接受相应的教学理念。

参考文献

[1] 邵龙潭. 高校思想政治理论课“大班授课、小班讨论”教学模式的探索与思考[J]. 思想理论教育导刊，2011（11）：64.

[2] 张立彬. 培育大学生的信息素养［N]. 光明日报，2005-12-31.

[3] ［美］德怀特·艾伦. 高等教育的新基石［J]. 新华文摘，2005（22）.

[4] 胡剑慧. 思想政治理论课启发式教学运用［J]，学校党建与思想教育，2011（1）.

[5] ［美］肯·贝恩. 如何成为卓越的大学老师［M]. 明廷雄，彭汉良，译. 北京：北京大学出版社，2007.

[6]［7］彭付芝. 合作学习在高校思想政治理论课大班教学中的实践探索［J]. 北京教育（德育版），2012（11）：46.

[8] 徐红梅，李仙娥. 参与式教学在高校思想政治理论课教学中的创新应用［J]. 学校党建与思想教育，2010（09）：51.

[9] 胡晓红，郭凤志. 参与式教学在思想政治理论课教学改革中的实践探索［J］. 思想教育研究，2011（5）：33.
[10] 曾继耘. 主体教育视野下的差异发展教学［J］. 教育研究与实验，2006（5）：18.
[11] 王士恒. 构建有思想政治理论课特色的参与式教学模式［J］. 宁波大学学报（教育科学版），2010（05）：25.

（本文发表于《学校党建与思想教育》2013年第11期）

关于“毛泽东思想概论”课教学模式的探索

大学生是学习毛泽东思想的主体和教学实施的对象，“毛泽东思想概论”课教学效果着重体现在大学生素质的提高上。因此怎样更好地讲授“毛泽东思想概论课”，探索出一条适合大学生特点的教学模式就显得十分重要。在教学实践中，自己逐渐探索和总结出了一套“毛泽东思想概论”课的教学模式，实践证明教学效果良好。

一、调整教学内容，力争做到“精、新、管用”

知识传授是能力培养和“三观”教育的依托，既是毛泽东思想教学所要传递的基本教育信息，也是提高教学效果的核心。因此对讲授内容的安排和取舍就显得十分重要。这一点，一定要同大学一年级的学生特点结合起来。为此，在教学中我们针对毛泽东思想的内容十分丰富而实际的课内学时有限，北京航空航天大学学生又以工科为主的情况，在内容的取舍上力争做到“精、新、管用”。

首先，在教学内容的选择上坚持少而精的原则，不单纯追求理论体系的完整性，只是在把握毛泽东思想的“精髓”和“精神实质”上下功夫。1999年，我们在全校开设“毛泽东思想概论”课时就是根据这样的思路确立了课程体系，设置成五个大模块：毛泽东思想的形成和发展、新民主主义总路线、统一战线理论与实践、社会主义改造理论、社会主义建设理论。因此教师在课堂教学中主要讲述的是能体现毛泽东思想“精髓”和“精神实质”的部分。鉴于此，我们在讲授过程中，主要采用专题形式讲授。这样不仅可以兼顾课程体系，使学生能较为系统地掌握毛泽东思想的基本内容，同时也提高了大学生学习的积极性，提高了他们辨别是非以及更好地理解国家政策的能力。

其次，在实际教学中坚持“新、管用”的原则。这里所说的“新”包括两个方面，一是从马克思主义在当代新发展和新成果的角度把握毛泽东思想的历史地位和现实指导意义，善于运用最新的信息为学生解答他们最关心的热点和难点问题。同时对于那些披着“新”的旗号而实质上是封建主义和资本主义的思想，要进行旗帜鲜明的批判。由于我们在教学中对学生的思想脉搏已心中有数，在教学内容上及时进行了调整，所以大多数大学生感到有收获。二是鼓励学生进行创新，在教师介绍一些新观点的基础上引导学生形成新的思路。

要是教学内容真正做到“精、新、管用”，这就要求教师：一要参与社会实践，善于将理论和实际相结合，使理论焕发出生命力。例如2000年暑期，在学校党委的安排下，我们的主讲教师去广西百色老区进行社会考察；2001年暑期，对河南郑州南街村进行实地参观考察。这些社会实践对于充实和提高我们的教学内容和教学质量，具有重要的影响。二要具备收集、鉴别和精选各类教学信息的能力，把真知灼见引入课堂。三要进行深入研究，将科研及时体现在教学中，使教学带动科研，科研促进教学，使学生对教师产生敬佩感，从而使学生在心理上产生认同，在思想上产生共鸣。

二、把握大学生的思想脉搏，提高“毛泽东思想概论”课的教学效果

刚进大学的新生，对于大学里的政治理论课会产生误解，认为会讲些他们中学所学的内容，讲述的都是很相似的套话，应付的都是只考记忆力的考试。因此，大学生所形成的抵触情绪，甚至一定程度上的逆反心理，

及其表现出来的漠视、冷漠都是正常的。面对这种情况，这就需要教师从大学生的心理入手，把握大学生的思想脉搏，为新生学好第一门政治理论课创造良好的心理素质。

首先，教师要转变观念，对每一届新生的心理特点，有正确的认识。教师应当认识到，今天的社会环境和大学生的心理特点有很大变化。大学生对社会的了解和认识有许多新的渠道，其世界观和价值观的形成也受到更多因素的影响。大学生的自主意识增强，更愿意自己去思考，更渴望被尊重。传统的说教式教学不仅显得苍白无力，而且很容易引起学生的反感。过去我们往往把这看成学生的思想问题，认为应当通过更为有力的思想教育和严格的课堂纪律来解决。但事实证明，这样的方法对调动学生的学习积极性无济于事。对说教的抵触情绪是学生正常的心理反应，因此在教学中，要从学生的实际情况出发，首先将学生的抵触情绪疏导开，使其以平和的心态面对“毛泽东思想概论”课的学习。

其次，通过多种途径把握大学生的思想脉搏。最直接的途径是倾听学生的意见。心理学研究表明，倾诉给人以发泄的渠道，可以部分地消除内心的紧张，减轻敌对的情绪。给学生表达不同意见的机会，最直接的好处就是让学生感到自己不再处于完全被动的接受者地位，自己的观点得到了尊重，从而改变了课堂教学在学生心目中的说教的形象，消除了学生对课堂教学的反感，为他们积极地投入课堂教学学习打下了心理基础。同时教师也可以了解学生的问题所在，为今后对症下药解决问题，找到有效的切入点。在教学中笔者主要通过三条途径来了解大学生的思想状况，一是根据北京航空航天大学在“毛泽东思想概论”课的教学中所采取的主讲教师队伍与学生工作队伍相结合的特点，通过学生指导员了解新生的思想状况。通过学生处心理咨询中心对新生的心理普查了解新生的心理特点。二是做到三问，即开展课前问卷、课中提问、课后问答。在上第一堂课的时候采用问卷调查，初步了解大学生对毛泽东思想的了解情况、关注的问题以及对教学方法的要求建议；三是通过和学生交谈了解学生的看法和关心的问题。

三、运用灵活多样的教学方式，调动学生的学习兴趣

情绪心理学的研究表明，人具有一种先天性的行为趋向，即趋向积极的情绪体验而回避消极的情绪体验；人会努力试图以各种可能的方式去行动，以便得到尽可能多的积极情绪体验和尽可能少的消极情绪体验。根据大学生心理健康教育的统计显示，新生刚进校时有半数以上的学生有焦虑、烦躁、空虚和无聊的负性情绪体验，还有一部分大学生的学习兴趣不如中学生浓厚。具体到这门课上，我们所进行的有关调查资料表明，影响学生学习兴趣的因素主要集中在以下几个方面：

（一）教材枯燥

学生们普遍缺少对毛泽东思想经典原著（包括毛泽东本人的科学著作、党的第三代领导集体的著作和党的主要文献）的了解，很容易将对枯燥教材的反感，扩大到毛泽东思想本身。教材的内容都有定论，没有可发挥的空间，用毛泽东思想解释现实问题确实会遇到很多困难。对于一些敏感问题，我们现在的教材采取的是回避的办法，只讲历史问题，课堂教学讲授多交流少。大学生有一定的自主意识，有一定的思辨能力，他们渴望在轻松愉快、相互交流的气氛中完成学习任务，但由于课堂上人数较多，教师只能利用课堂的时间进行讲授，这当然影响了学生的学习兴趣。

为了有针对性的教学，在实际的教学工作中我们采取了一系列措施，从教学方式方法改革入手，挖掘教学过程和毛泽东思想本身的魅力，调动了学生学习毛泽东思想的兴趣和积极性。

（二）运用多媒体教学手段

多媒体教学和网络教学形式的出现，向传统的教学手段教学方法提出了尖锐的挑战。长期以来，“两课”教学大都采取单一、静态的教学方式，教学形式呆板，课堂气氛不活泼，而多媒体教学的最大特点是信息表达方式的丰富性、生动性和功能的多样性，在“毛泽东思想概论”课的教学过

程中，运用多媒体教学手段和设施，使大学生对毛泽东思想的学习兴趣产生了立体感和直观性，提高了大学生学习毛泽东思想的兴趣和积极性。

（三）互动式教学

所谓互动式教学，是师生课上课下相互呼应，改变过去满堂灌的教学方式，笔者采用的互动式教学主要有问题式和讨论式两种。

问题式教学法是教师在讲授过程中，采用提问或设问的方式，启发引导学生进行思考，使学生通过积极的思考回答老师提出的问题；或者鼓励学生自己提出问题，教师可以像答记者问一样回答学生的问题；或者学生之间提问题。课堂上老师通过提出一些相关的关键问题，引导和控制学生的讨论，允许学生随时提出异议或要求解答。如果对老师所讲的内容有不同意见也可以随时提出，这就大大激发了大多数学生参与的兴趣，使学生紧跟课堂进度和老师的思路，同时使学生逐渐产生了学习研究原著的兴趣和愿望。通过这种设问和解答的方式，促使学生不断地思考问题和尽可能找到问题的答案，提高了大学生学习毛泽东思想的积极性。

讨论式教学法在这里主要是指课堂讨论。课堂讨论是教师在讲授一些基本的、重要的教学内容的基础上，对一些容易引起争议的敏感的问题，通过学生间或师生间的讨论得到解决。由于这种讨论是安排在课堂上进行的，所以题目不宜过大，时间不宜过长。为了达到预期的教学效果，在实际教学中，我曾经采用过讨论题目班级责任制的方法。即将一个大的题目分成若干个小问题分配给每一个小班进行准备。在讨论的过程中教师要宽容学生情绪化的片面地批判，然后结合毛泽东思想的理论光辉进行深入讨论，以真理自身的魅力说服教育学生，使学生对理论普遍有了更深入的认识和理解。这样的课堂讨论，实践表明实际效果很好。

互动式教学法对教师提出了更高的要求，教师必须要具有较宽的知识面、较雄厚的理论知识和素养、较高的驾驭课堂教学的技巧和能力，同时也要求教师与学生建立良好的师生关系。良好的师生关系的建立是双方努力的结果。从教师的角度讲，必须要树立良好的师德风范，以真挚的情感去理解学生、关心学生，用人格的力量去吸引学生、影响学生，以理服人，以情感人，这样课上课下就会产生良性互动，从而达到激发学生学习理论的目的。

(四) 演讲、辩论与课下讨论

这些都是大学生非常喜欢的活动。在实际的教学中可以用这样的活动激发大学生学习毛泽东思想的积极性，提高教学效果。为了达到预期的效果，除了对参加者，特别是对那些充分准备充分思考问题有深度的学生在平时成绩上给予适当的奖励外，还需要从以下几个方面入手：

(1) 选择重点主题，确保活动的质量。教师根据授课的重点难点、改革开放的实践及学生关心的热点问题确立主题，同时根据不同活动的特点进行恰当的分配。具体来说。对那些直接涉及爱国主义题材的内容可以通过演讲，激发他们的爱国热情；对那些能引起大学生思考而正反两方面的观点十分鲜明的，可引导他们进行辩论；对社会上的热点、焦点问题，特别是那些对大学生影响较大的问题，可以引导学生进行讨论。

(2) 发挥学生课代表和积极分子的作用。教师要向学生提供可能涉及的有关背景问题及参考资料，对学生准备的内容进行把关，从宏观上进行指导，其余的程序安排，可由学生课代表及学习积极分子进行具体商讨和操作，充分发挥他们的积极性。

(3) 教师要及时进行引导和总结，树立正确的导向。教师在大学生进行课下讨论时可参加其中几个小班的讨论，教师要根据学生的发言内容及时进行引导和启发。

无论是演讲、辩论还是课下讨论，活动结束时教师都一定要进行恰如其分的讲评和总结，只有这样，才能将这些活动的真正目的体现出来。

四、考核方式综合化，进一步巩固教学效果

考试内容与考试方式的改革，是提高教学效果的一个重要环节。传统的单一考试一般是闭卷考试，这对于学习政治理论课的意义不大，因此在教学实践中，我们已将考核方式综合化。

读原著写读书报告。直接学习经典原著，可以在很大程度上弥补教材的不足。经典原著语言生动活泼，幽默风趣，论证精辟，赋予哲理；论述集中，针对性强，学生学起来有兴趣，接受效果好。为此我们专门编写了一本《毛泽东思想概论原著导读》，在每一篇选录文章的后面都有需要思考的疑难问题。通过对这些问题的解惑，加深学生对毛泽东思想的认识和理解。教师要根据讲授的内容，指定若干重点阅读的文章，对学生阅读毛泽东思想的有关理论文章予以讲解指导。同时要定期检查学生阅读原著的进展情况，为使大学生真正学好、用好毛泽东思想，教师还要要求学生写出读书报告及联系实际的论文作为平时成绩，教师可调选一部分优秀的论文在课堂上进行交流。

将学习成果展示与期末总成绩相结合。为了检验学生学习的成果，也为了使考核形式多样化，在“毛泽东思想概论”课的最后一次课上举行毛泽东思想学习成果展，由学生组成评委，为每一个展示的学生成果打分，根据分数的高低记入学生的期末总成绩。在老师的指导和学生的精心准备下，学生通过话剧、小品、演讲、歌剧、朗诵等形式，展示他们学习的成果。这种活动极大地调动了学生参与的热情，参与的学生达到90%以上。

将闭卷考试改为开卷考试。开卷考试既符合政治理论课的实际，也反映了学生的要求。考核的重点是学生对毛泽东思想的理解和应用，因此在考题的选择上也主要是材料分析题和论述题。实践证明考试方式的改革对提高大学生学习的积极性十分重要。

总之，“毛泽东思想概论”课教学模式的探索，既不是一蹴而就，也不是一劳永逸的。在今后的教学实践过程中仍需要努力，进行不断的借鉴和创新。

参考文献

[1] 庄福龄. 搞好“毛泽东思想概论”课教学三议 [J]. 思想理论教育导刊，2001 (2).

[2] 彭付芝. 提高“邓小平理论概论”课教学效果的思考与实践 [M]. 北京：北京航空航天大学出版社，2001.

（本文发表于《航空教育》2003 年第 3 期）

第四篇

教学方法研究

思想政治理论课课件展示法与大学生创新思维培养

——以“毛泽东思想和中国特色社会主义理论体系概论”课为例*

培养大学生创新思维能力，是思想政治理论课的教学目标之一。这是由于思想政治理论课既是大学生理论创新能力培养的“天然承担者”，同时在创新人才培养战略中起着基础性作用。高校思想政治理论课在创新思维培养中发挥多大的作用，一定程度上取决于教育内容是否被学生所接受和认同，并转化为学生的自觉行为；取决于教学方法是否有利于创新思维的培养。因此，探寻进一步改进思想政治理论课教学内容和教学方法是实现这一目标的重要途径。对于思想政治理论课而言，培养大学生创新能力就是培养他们思想创新、理论创新的能力，培养他们思考问题和解决问题的能力。通过笔者多年摸索和实践，“毛泽东思想和中国特色社会主义理论体系概论”课（以下简称“概论”课）运用课件展示法，成为加强学生问题意识、转变学生学习态度以及提高学生综合素质的一个重要途径和手段，是培养学生创新思维的重要载体。

* 本文是北京高校思想政治理论课“学生创新型思维培养”工作室研究项目“推动学生创新型思维的方式方法研究——以课堂展示为主要载体”的阶段性成果之一。

一、课件展示法在思想政治理论课中对大学生创新思维培养的探索

（一）课件展示的方案设计融入创新理念，是创新思维培养的平台

“课件展示型是指学生将研究型学习的成果在课堂上以课件形式展示出来。”[1]这是一种教师指导与学生自主学习相结合的方式，即教师将课题方向布置给学生，由学生自主选取适合的、感兴趣的研究课题展开研究，最后将研究成果在课堂上以课件形式展示出来。

课件展示方案设计的定位，主要是以课题研究为切入点，以研究型学习来推动学生的创新思维。实际操作中，以班级或以小组为单位进行。其流程为：布置选题方向—确定小组成员—确定研究课题—研究方案的制订—研究过程及总结—以课件表现研究成果—课件课堂展示（辅助多种形式）—研究成果评价。

从课件展示方案设计看，学生既是学习实践者，又是学习目标、学习内容、活动安排的制定者、学习结果的创造者和呈现者。在这一过程中，学生在教师指导下，“从一定的情境出发，以主动探究式的学习方法来学习新知识，并相应地使研究意识、研究能力和研究精神得到提高，”[1]达到培养大学生创新思维的目的。因此，课件展示成为学生创新型思维培养的有效手段和平台。

（二）课件展示培养学生的发散思维与收敛思维

“创新思维，是创新主体开展创新活动的思维方式和思维方法，是在创新精神激励下，在已有知识经验的基础上，在某些事实中寻求新关系、找出新答案的思维过程，由相反相成的发散思维与收敛思维所组成。”[2]发散思维与收敛思维是创新思维的基础。发散思维又称求异思维、扩散思维、辐射思维，是始于同一个思维出发点沿着不同方向去进行思考以探求多种不同答案的思维过程和方法。在实际思维中，仅有发散思维是不够

的，还需要收敛性思维。“收敛性思维，指在解决问题的过程中，尽可能利用已有的知识和经验，把众多的信息和解题的可能性逐步引导到条理化的逻辑序列中去，最终得出一个合乎逻辑规范的结论。收敛思维也叫作聚合思维、求同思维、辐集思维或集中思维”。[3]

“事实上，发散性思维和收敛性思维的‘张力’与‘合力’是辩证统一的，是相辅相成的。”[3]课件展示能把握好发散思维与收敛思维的张力与合力，将二者结合运用并相互补充，有助于更好地培养大学生的创新型思维。事实上，课件展示的多个环节都体现了发散与收敛相结合的反复思考过程。下面以学生在教师布置的选题方向和指导下确定研究课题这一环节为例来说明。需要指出的是，发散与收敛的结合是一个多次、反复思考的动态过程。如图 1 所示：

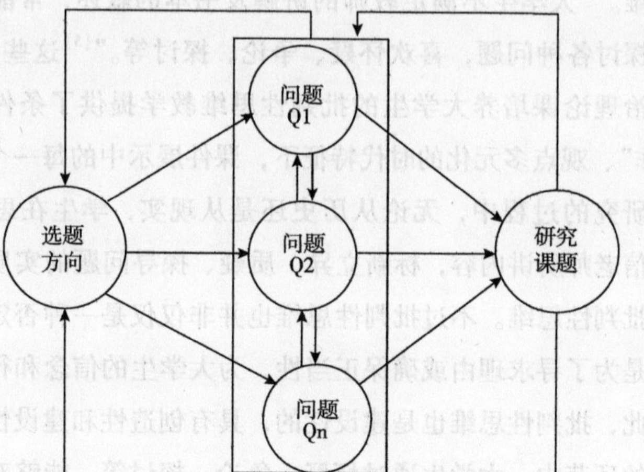

图 1　发散—收敛思维图

首先，学生在教师布置的选题方向下确定研究的课题，这是“学生在教师的科学指导下，通过能动的创造性的活动，实现自主性发展”。[4]学生以选题方向为思维基点进行发散，要求学生的思维无拘无束，联想多个问题，充分体现思维的敏捷性和联想的丰富性。在多个问题提出讨论后再进行聚合，在这一过程中，学生不是单纯理解教师传授的知识去无条件接受结论，而是在教师的指导下通过表层研究发现问题，或者在教师启发下从新的、多个角度进行深层研究提出问题。这是第一轮发散与收敛的结合过程。

其次，对被挑选出来的选题再进行发散联想，挑选出最能反映选题方向的课题。这是第二轮发散与收敛的结合过程。以上两轮思考侧重于收集、优选资料。

最后，确定研究的课题。第三轮发散与收敛的结合则侧重于提炼中心思想，对分析资料、发散思考，反复比较，从中凝炼出最终确定要研究的课题。

（三）课件展示强化学生的批判性思维

批判性思维，是一种善于质疑辨析、抓住要领、基于事实、合乎逻辑的创新思维。“大学生不满足教师的讲解及书本的叙述，常能主动地批判地提出和探讨各种问题，喜欢怀疑、争论、探讨等。”[5]这些批判性特征，为思想政治理论课培养大学生的批判性思维教学提供了条件和基础。在“信息爆炸”、观点多元化的时代特征下，课件展示中的每一个环节，特别是在课题研究的过程中，无论从历史还是从现实，学生在思维上打破常规，不迷信老师所讲内容，标新立异，质疑、探寻问题的实质，可以不断地强化其批判性思维。不过批判性思维也并非仅仅是一种否定性思维，质疑、批判是为了寻求理由或确保正当性，为大学生的信念和行为进行理性奠基。因此，批判性思维也是建设性的，具有创造性和建设性的能力。在课件展示的环节中，大学生通过怀疑、争论、探讨等，能够对一件事情给出更多可选择的解释，思考研究结果的意义，并能运用所获得的新知识来解决社会和个人问题。总之，强化大学生的批判性思维，使大学生意识到，我们所处的世界中的价值、行为和社会结构的多样性。

二、“概论”课在培养大学生创新思维方面的特点

在高校思想政治理论课新课程体系中，四门课在内容和逻辑安排上对学生创新思维培养的侧重点有所不同。其中，“概论”课占有特殊重要的

地位，突出的是今日中国“现在何处，并将要走向何方”❶，在创新思维培养方面有其自身特点。

（一）“概论”课的性质蕴含着创新思维本质

毛泽东思想和中国特色社会主义理论体系作为马克思主义中国化的理论成果本身就是在怀疑、批判的过程中逐渐形成的，是创造性地运用马克思主义解决中国实际问题所取得的最重要的理论成果，是发展真理、勇于创造的光辉典范。创立者“不迷信书本，不盲从权威，不崇拜偶像，对现成理论不随波逐流，不人云亦云，坚持进行独立思考和判断”，[6]这对培养大学生的创新思维具有直接意义。“概论”课系统讲授的马克思主义中国化理论成果体系中的每一理论，都贯穿着创新精神，将这种创新性的精神实质贯彻到“概论”课的教学过程中，能够培养学生的好奇心、求知欲和创新思维，提高学生的创新思维能力。

（二）“概论”课的特点决定了创新思维取向

“概论”课是一门政治性、思想性、理论性都较强的课程，不同于一般的知识性学科，它是一种高层次的信仰教育和德育教育，具有强烈的思想、政治和道德的价值定向作用。这种特殊性决定了“概论”课要引导和保证学生创新思维及其成果的正确价值取向。

（三）“概论”课的现实性决定了创新思维和实践相结合的特性

“概论”课作为思想政治理论课程中课时最多、与现实结合最为紧密的课程，决定了该课程在怎样更好地培养大学生的创新思维上也要不断与时俱进，以适应不断提高教学效果的现实需要。

“把创新思维和社会实践紧密结合起来。科学理论、创新思维来自于实践，又服务于实践。”[7]把创新思维和社会实践紧密结合起来，这是胡锦

❶ 其他三门课程的基本特点是：“思想道德修养与法律基础”课突出的是人生立世的价值体系与社会规范；“中国近现代史纲要”课突出的是今日中国“从何而来”；“马克思主义基本原理”课突出的是引导学生从世界观和方法论的层面去反思历史、关注现实。

涛同志对青年健康成长的又一明确要求。“概论”课是一门实践性很强的课程，决定了培养大学生创新思维能力要与实践进行紧密地结合。以实践为依托，将课堂教学有效地延伸到课外，组织学生参加各种形式的社会实践活动，引导学生在社会实践中进行自我教育。学生在实际参与中学会学习和创造，在社会实践中普遍增强了创新意识、竞相迸发了创新智慧、显著提高了创新能力、激发了学习理论的热情，从而坚定了对马克思主义的信仰。

三、以课题研究为切入点的课件展示提高了学生实际创新能力

创新能力就是创新思维在实践中的外化，它既是人的认识能力和实践能力的有机统一，也是人的创造智力和创造品格完美结合的体现。思想政治理论课以课题研究为切入点进行课件展示，在培养大学生发散思维与收敛思维、强化大学生批判性思维的基础上，提高了学生实际创新能力。

（一）课题导向的问题意识能力

创新源于思维，问题是思维的起点和发展动力。“所谓问题意识，是指人们在认识活动中，经常意识到一些难以解决或疑惑的实际问题及理论问题，并产生一种怀疑、困惑、焦虑、探索的心理状态，这种心理又驱使个体积极思维，不断提出问题和解决问题。思维的这种问题性心理品质，称为问题意识。”[8] 问题意识在思维过程和科学创新活动中占有非常重要的地位，是培养创新精神的切入点。在以课题研究为切入点的课件展示中，大学生的问题意识能力得到进一步锻炼和提高。课件展示的流程，也是大学生发现问题—分析问题—产生新问题—解决问题等一系列思维活动的过程。由于“概论”课与现实结合最为紧密，热点问题多，问题开放又没有现成的答案，这就要求学生在教师鼓励下通过表层研究、发现问题，深层研究、提出问题，拓宽研究、讨论问题，质疑研究、解决问题。这样大学生的发现问题能力、提出问题能力、分析问题能力到最后解决问题能力都得到了提高。

（二）课题研究的选择学习能力

大学生的选择能力是培养创新型人才体系中十分关键的因素，是创新能力培养的重要方面。课件展示以问题为基础，使大学生借助网络、图书馆、多媒体等开展课题研究，以小组（团队）为基本组织形式，在大量信息面前，迅速捕捉、敏锐感受、正确理解和分析判断，通过选择学习情感、选择学习思路、选择学习方法、选择合作伙伴、选择课题题目、选择课题研究方案等“自主、合作、探究”的过程，发挥自身的选择能力，培养和发展自身的选择能力。

（三）问题审视的批判分析能力

批判分析能力是批判性思维的一种重要能力。以课题研究为切入点的课件展示，培养了学生的发散思维与收敛思维，强化了学生的批判性思维。在这一过程中，通过练就大学生质疑的眼光，能够提高大学生的批判分析能力。

创新始于质疑。质疑思维首先来自问题意识和好奇心，而问题意识和好奇心来自细致的观察和深入的思考。以课题研究为切入点的课件展示，在研究过程中通过收集、优选资料，培养了学生的观察力、思考力，增强了问题意识。质疑思维其次来自求异的眼光和对自身的不断超越。以课题研究为切入点的课件展示，鼓励学生在选题过程和课题研究过程中多多提出不同的观点，进行多向思维，从多种角度去认识同一个社会现象，培养“反潮流”的胆量，在批判的过程中探索新问题，并且不断地超越自我。

（四）问题深化的探索能力和研究能力

创新离不开探索和研究，“概论”课以课题研究为切入点的课件展示，在推动学生的创新型思维方面，实际上就是一种探索式的学习、研究式的学习。它不仅要求学生学习知识，而且要求学生在学习知识的过程中获取研究的能力；它不仅要求学生熟悉和掌握尽可能多的知识，而且要求学生能巧妙地运用这些知识，对社会现象进行深入分析，并在此基础上创造出新的知识，制作课件进行展示。

重视大学生研究能力的获取就是创新能力的获取。“概论”课本身要求大学生在学习理论时要进行思考和分析，接下来就是把已经理解的理论真正转化成自己的研究能力，这个转化的中间环节就是自己动手去尝试，用学来的方法去作课题、作研究，在这个过程中不断地用心领悟，并不断总结，最终使别人的方法转化为自己的研究能力。以课题研究为切入点的课件展示，使大学生运用课题学会研究，就是学会运用已有的知识；课题研究取得了成果，就是创造出了新的知识。因此学生的创新能力就得以进一步提高。

参考文献

[1] 姚小玲，黄建华. 思想政治理论课培养学生创新型思维的方法研究［J］. 北京教育（德育版），2010（10）：61.

[2] 肖国飞. 论高校思想政治理论课在学生创新素质教育中的功能［J］. 兰州学刊，2008（11）：220.

[3] 鲍健强，黄舒涵，蒋惠琴. 论发散性思维和收敛性思维的辩证统一［J］. 浙江工业大学学报（社会科学版），2010（2）：122-123.

[4] 韩清林. 自主学习教改实验的若干基本问题［J］. 教育研究，2000（5）：55.

[5] 刘锐. 理工科大学生批判性思维能力培养途径探析［J］. 黑龙江教育（高教研究与评估），2010（12）：86.

[6] 翁志军.《毛泽东思想概论》教学与大学生创新思维的培养［J］. 北京大学学报，2003年专刊，13.

[7] 胡锦涛. 在庆祝清华大学建校100周年大会上的讲话［EB/OL］.（2011-04-24）. http://www.gov.cn/ldhd/2011-04/24/content_1851436.htm.

[8] 姚本先. 问题意识与创新精神［EB/OL］.（2001-08-27）. http://www.edu.cn/20010827/208383.shtml.

（本文发表于《思想教育研究》2011年第10期）

合作学习在高校思想政治理论课大班教学中的实践探索*

大班教学是普通高校思想政治理论课（以下简称思想政治理论课）的主要教学形式。然而，在大班环境下开展思想政治理论课教学，往往存在着这样的现象：课堂教学秩序松散、组织教学活动难度大；课堂气氛容易沉闷、学生参与度低；学生注意力容易分散、影响听课效果；师生间心理距离拉大、交流困难；较多采用讲授式教学、发挥学生的主体性和培养学生的创新能力难度大等。这不仅影响了课堂教学效果，而且也会影响思想政治理论课教师的积极性。因此大班教学需要思想政治理论课教师不断创新教学方式、方法和手段。笔者针对思想政治理论课大班教学的现状和实际，引入合作学习理论，创造合作学习的教学氛围，促进学生有效地合作学习，良性、平等地竞争，提高思想政治理论课的教学效果。

一、合作学习在高校思想政治理论课大班教学中的积极意义

合作学习理论的基础是现代社会心理学、教育社会学、认知心理学等。合作学习理论以任务设计为先导，以师生、生生合作为动力，以小组活动为基本方式，以小组成绩为评价标准，以大面积提高学生的学习成

---

* 本文为北京航空航天大学2011年校级教学改革项目“融入博雅教育理念的思想政治理论课教学体系改革与实践”的部分成果。

绩、改善班级气氛、形成学生良好的心理品质和社会技能为目标。这是一种极富创意与实效的教学理论与策略，20 世纪 70 年代初，被欧美国家的教育者应用于课堂，并发现了合作学习在教育教学中的重要意义。结合思想政治理论课大班教学的现实环境，将合作学习理论引入思想政治理论课大班教学，进行尝试和探索，具有十分重要的积极意义。

（一）合作学习能充分发挥以教师为主导、学生为主体的作用，有利于增强思想政治理论课大班教学的实效性

思想政治理论课大班授课由于学生人数较多，无法完全发挥教师、学生“双主体”的作用，从而直接影响教学效果。引入合作学习理论，一定程度上可以充分发挥以教师为主导、学生为主体的作用。

思想政治理论课教师是课题任务的设计者，合作学习技巧的辅导者，教学内容的主导者，学习小组分组、教学活动的引导者，学生合作学习的点评者。这不但打破了教师的一言堂授课模式，而且充分发挥了教师的主导作用，有利于提高教学效果。

相对于“个体学习”和“竞争学习”而言，合作学习主要通过个体间分工合作共同完成学习任务，能进一步调动个体积极性，培养其学习的主体性；合作学习要求学生主动参与、主动探索、主动思考、主动实践，从而打破传统的授课方式，丰富了课堂的组织形式，真正实现了以学生为主体的教学理念；学生成为课堂的主体，既活跃了课堂氛围，又让学生在活动中深化了对所学理论知识的掌握和运用，发挥了潜能，获得了积极情绪，体验了不同的角色和风采；合作学习大大调动了学生学习思想政治理论课的兴趣、积极性和主动性；合作学习促进了学生学习方式的变革，促使其学习态度由“要我学”向“我要学”转变，有利于增强思想政治理论课教学的实效性。

（二）合作学习形成和谐的师生和生生关系，有利于提高大班教学中学生的参与度和参与热情

现代教育理念强调：和谐的师生关系、学生主体性的充分激发、学生

参与热情的极大调动是提高学生学习效率的前提。思想政治理论课的教学实践也充分证明，当教师意志和学生意志二者达到和谐统一，当学生之间建立良好的人际氛围时，思想政治理论课的教学就会达到良好效果。思想政治理论课大班教学容易形成师生互动机会少，学生课堂参与度低，师生间、生生间生疏的局面。而促进师生、生生和谐的有效方法之一是合作学习。在思想政治理论课大班教学中实施合作学习的方式和策略，让学生参与到教学活动之中，形成教师与学生两个主体的广泛交流与良性互动，真正促进师生和谐。教师从知识的权威者、传授者转变为学生合作学习的参与者、促进者、指导者及合作者；学生由被动的听讲者变成积极主动的参与者、合作者、组织者、探索者和评价者。师生之间平等交流，民主探讨、相互启发，从而形成和谐融洽、相互激励、教学相长的师生关系。

在师生之间形成良好互动的同时，学生之间的互动非常重要。合作学习能激励学生最大限度地发挥自己水平，能促进学生之间在学习上互相帮助、共同提高，能增进同学间的感情交流，改善他们的人际关系，从而使生生关系和谐。这种积极的人际互动过程，对学生的学习成绩、社会化和发展等具有重要影响。

因此，合作学习既有利于师生和谐，能有效减轻师生的负性负担，也能充分开发和利用生生互动的资源，有利于提高思想政治理论课大班教学中学生的参与度和参与热情，从而进一步增强思想政治理论课的教学效果。

（三）合作学习从组织管理上细化了大班规模，提高了思想政治理论课教师对课堂的掌控力

思想政治理论课大班教学由于人数较多影响了教师的课堂控制能力，课堂纪律松散削减了课堂教学的有效性。教师课堂控制力的强弱一定程度上成为决定课堂教学效果的重要因素，因此，如何强化管理，提高教师的课堂掌控能力，某种程度上成为探讨如何增强大班教学效果的重要课题。

由于学生人数远远超出了教师的管理跨度，因此，要有效地管理课堂教学，就要减少教师的直接管理人数。以学习小组为基本形式的合作学习

教学活动，从组织管理上细化了大班规模。将大班分成若干学习小组，每一个小组要首先选出一名有组织能力、责任心强的学生担任组长，教师通过组长可以把所有的学生都纳入教师的控制范围之内，通过组长了解小组成员的学习情况；而学习小组又是一个利益共同体，个体成绩和表现直接影响小组的成绩，因此组员之间必须共负责任、共担荣辱，从而在共同利益的驱动下形成组员之间管理、监督、鼓励、互帮的局面，这就能够在一定程度上缓解教师对大班课堂的掌控压力。

（四）合作学习有利于提高大学生认知水平、发展能力和合作意识

在思想政治理论课大班教学中，合作学习通过任务完成的方式进行教学活动，学生能够在小组活动中处理各种关系，通过师生、生生之间的合作，从而实现生生之间、师生之间、人境之间广泛的教学互动。合作学习，使大学生在完成任务的过程中提高了理论和实际相结合的能力，增强了分析问题和解决问题的能力，锻炼了组织和操作能力，发展了社会交往能力，提升了语言表达和综合协调能力，极大地发挥了想象力、创造力和表现力，提高了对社会的认知水平，培养了团队精神和合作精神。一些研究成果表明，合作学习在提高学习效率上能达63%，在突出学习主体地位上能达41%，在培养交际能力上能达58%，在培养团队精神上能达44%。

总之，将合作学习理论运用在高校思想政治理论课大班教学中，既调动了学生学习思想政治理论课的积极性和主动性，使学生展现了自己的能力和素质；又提高了教师的主导性，有利于提高教师的学术水平和教学能力。

二、合作学习在高校思想政治理论课大班教学中的应用

实施合作学习，最终要落实到思想政治理论课教学方式上。目前我们探索的合作学习在思想政治理论课大班教学中应用的主要流程是：设计课题任务→合理分组→小组合作学习→教学评价及总结。

（一）合作学习的课题设计

课题设计是促成学生实质性合作学习的前提，对合作学习的效果至关重要。因此，课题设计必须要符合大学生的特点和实际。不容否认的是，“90后”大学生呈现出思想积极要求进步但政治理论素质不高、价值取向积极务实但现实性功利性突出、道德素质趋向提高但抗干扰能力较弱、求知欲较强但意志力较弱等的特点；他们在成长过程中既亲身感受到改革开放所取得的巨大成就，希望在中华民族的伟大复兴事业中成才并贡献力量，但又对能使中华民族伟大复兴的中国特色社会主义道路、对成才就业生活中如何处理好自身价值与社会价值的关系等问题存在着困惑。而思想政治理论课的大班教学又不可能去做每个学生的具体思想工作，因此，教师必须依据思想政治理论课的课程性质，围绕所讲授的理论知识，探寻教学内容与社会现实的“切合点”，精心设计贴近学生生活、实际和“90后”大学生特点的课题。

在教学实践中，合作学习的课题设计所遵循的原则是：突出的理论性和知识性、鲜明的政治性和思想性、极强的现实性与实践性，因此，要始终围绕着教学内容、疑难问题和社会热点等。如在“毛泽东思想和中国特色社会主义理论体系概论”课程中，我们设置了这样的课题：毛泽东思想对当今中国社会发展的启示，中国特色社会主义的价值目标，科学发展观对国际既有发展观的借鉴与超越，坚持两个毫不动摇、充分发挥社会主义经济制度的优越性，中国选择市场经济的必然性，缩小收入差距与实现共同富裕，西方民主国家实行的“三权分立”“多党竞争”制度与中国民主制度的比较，中国模式和中国崛起，社会主义核心价值体系与提升文化软实力，中国走和平发展道路要处理的关系，新时期反腐倡廉建设的问题研究等。这些课题既可以是教师在备课时研究设计的，也可以是学生提出经教师确认的。

（二）合理分组，辅导合作学习技巧

在思想政治理论课的合作学习中，合理构建合作学习小组，能够保证合作活动的顺利进行。结合大班教学实际，在力争全员参与的前提下，为让每个学习小组操作方便、合作有力、反馈及时，任课教师在第一次上课时即分好小组，同时把课题任务分配给各小组。

一般由各小班班长协助教师分组，遵循学生自愿与班长协调相结合、组内异质组间同质的原则，再依据学生的个性、性别、特长、兴趣、宿舍安排、生源等实际情况，将大班学生分成8~10人的合作学习组，实行组长负责制。一个大班可分为20~30个学习组，每周由1~2个组进行学习成果展示。

分组之后，即由教师进行合作学习的技巧辅导，主要包括：小组合作学习交流的方式和手段（如交流的手段、组内分工技巧、如何获取交流信息与组员的反馈意见、争端与解决技巧、小组形成决议的方法等）、调研方法（如问卷调查法、访谈法、文献调研法、电子资源文献调研法等）、研究报告的写作（如研究报告的主要内容，成果展示的技巧、方式等），为合作学习的成效奠定坚实基础。

（三）小组合作学习

由组长根据小组成员的爱好特点进行具体分工。每个小组在拿到教师布置的合作学习课题后，要在第一次课后即召集全体组员开会，对合作学习的课题进行讨论。组员从不同角度对课题进行分解，拟定合作学习的思路和方案，探讨学习成果展示的形式，最后由组长根据小组成员的爱好特点和要求进行分工。因为每周由1~2个组进行学习成果展示，组长要提前1~2周向教师汇报思路和方案，接受老师的指导。组员在收集资料、消化学习、理解思考的过程中，也可跟老师进行沟通。组长对在材料收集整理过程中遇到的问题，可组织再次讨论、解决和完善，达成共识，最后将合作学习的成果在课堂上展示。大学生思想活跃、渴望平等，有很强的表现欲和探索欲。合作学习成果的展示，既能为学生提供锻炼和展示自己的平台，又能检验学生合作学习的效果，同时又能在组际间形成竞争和相互学习。小组合作学习的成果展示，形式可以丰富多彩，但主题表达一定要明确清楚、媒体使用要合理恰当。研究成果在课堂上通过讲授、演讲、表演、小品、新闻1+1等形式展示出来。

在学生展示成果阶段，现场提问是最具刺激性和能体现合作学习效果的环节。小组在成果展示结束后，要接受老师、其他同学的提问。其他同学可以就该小组在成果展示中存在的问题提出意见，由该小组同学回答；或者就某些论点和说法与该小组同学进行探讨甚至争论。这就会形成台上和台下的双向互动，有利于课堂实效性的提高。

（四）学习成果的评价及总结

合作学习成果的评价包括三部分：小组自我评价、组间评价、教师评价。

小组自我评价，由该小组对本组的工作进行评价，其中也包括对组员在合作学习过程中的评价，并用评价等级标示，但要给出评价的理由和依据。

组间评价是在合作学习小组成果展示过程中，其他小组同学对其的看法、认识和评价，并由组长将评价内容写下来交给教师，由教师挑选1~2组的组长发言。这能让全体同学相互学习、取长补短，同时营造良好的成果展示氛围，有利于增强教学效果。

教师评价包括对小组合作学习过程中的评价和成果展示阶段的评价。教师在指导小组合作学习的过程中，对本小组的交流、协作情况会有总体上的把握，能够从合作态度、合作方法、沟通情况、参与程度、个人职责的完成情况、个人对小组的贡献等方面进行客观评价。这是对学生合作学习过程的评价。教师对学习小组成果展示阶段的评价，主要是教师要和其他同学一样通过认真听、仔细记，抓住学生的成功之处和闪光点，总结学生偏颇、错漏之处。

教师对小组合作学习的评价，既要注重对学生学习结果的评价，更要注重学生合作学习过程中的评价，要充分体现对学生参与的鼓励与肯定。在评价的基础上，教师要纠错补漏。对在成果展示后其他同学提出的而该小组成员无法回答或回答不到位的问题进行解答；对学生成果展示中重点不突出的部分进行讲授；对合作学习的技巧性进行再阐述。

三、合作学习在高校思想政治理论课大班教学中应注意的问题

合作学习由于强调每个成员都积极地参与到学习活动中，学习任务由大家共同分担。但高校思想政治理论课大班教学中引入合作学习理论仍处于探索阶段，因此，需要注意一些问题。

（一）合作学习中师生角色的定位与发挥问题

从合作学习所具有的特点和实施过程来看，教师的主导作用和学生的主体作用是相辅相成的，但角色的定位与作用的发挥需要注意。

合作学习中，教师发挥主导作用并贯穿于整个过程：制定学习目标、设计学习课题、指导组建小组、辅导合作学习技能、管理学习活动、评价学习成果等。由于是大班教学，再加上任课教师本身又承担多个大班，教学任务繁重，教师的主导作用容易流于形式。这就要求教师要具有高度的责任心和敬业精神，既不能丧失对学习活动进展情况的把握，使学生处于合作学习的无序状态；也不能过度干预，使合作学习不能很好地发挥学生的主动性和创造性。

学生是合作学习的主体，在组员角色分配、计划制订、方案选择、目标实施、资料收集、研究探讨、成果展示等方面发挥着主体的作用。整个过程，都需要全员参与、讨论与实施。因此学生不能过度依赖教师，更不能放任个别组员的消极。

（二）合作学习中科学设计课题的问题

学习任务的设计是合作学习的起点，对学生学习积极性的调动至关重要，课题的设计能考验学生解决问题的技巧和积极性。经验表明，并不是所有的课题都能调动小组成员的学习积极性。我们在教学实践中，一方面强调课题设计要有利于学生探索多元的解决途径，分享各自的经验和看法，以使学生的观点能够合理化；另一方面注重课题设计内容的多元化，使小组成员各显其能，为学生提供更多的表现机会；同时，要考虑到小组成员之间怎样进行相互支持和个体明确的责任分工，能够通过合作探讨来

完成任务，使有争议的观点达成共识。

（三）合作学习中提高学生参与率的问题

高校思想政治理论论课采取的是大班教学模式，使合作学习的有效性和学生参与的主动性均受到一定的影响，这给合作学习带来了一定的困难。将大班学生分成8～10人的合作学习组，一个大班可分为20～30个学习组，每周由1～2个组进行学习成果展示。由于组员太多，组员的意见较难统一，容易造成时间和精力的浪费；有的学生觉得合作学习是组长的事情，自己能力、时间有限，对布置的任务打折扣、敷衍了事；在小组讨论环节，也容易出现组员不积极配合、表现消极等影响全组士气的情况。因此如何提高学生的参与率，避免合作学习的成效打折扣的问题，是我们要进一步思考和探讨的问题。

（四）合作学习中科学评定学生成绩的问题

评价是为了更好地促进学习，因此要有清晰的合作学习的评价标准。教师设计的评价体系，既有对小组整体的评价指标，又有对组员个人的评价指标。组员在这一体系中能够明确个体责任，避免依赖和偷懒，也有利于组长进行监督实施；组员以个人的积极贡献，促进小组合作的学习和成绩提升；组员明确只有集体目标达到，个体才能实现自己的目标，个人目标的达到又与集体目标的达成密不可分。

实践教学中，我们专门设计了“合作学习评价表”，包括课程名称、班级、小组号、课题、小组成员及分工、计划安排、研究内容、研究方法、主要观点、小组评价、等级划分及依据、教师评价等。

总之，思想政治理论课大班教学，可以运用合作学习理论，通过学生主动参与、交流以实现教学目标。但毕竟这一理论在大班思想政治理论课教学中的运用还处于探索阶段，这就需要教师通过不断的努力学习和探索，把合作学习这一新的教学策略和学习模式的优势充分发挥出来，真正提高教学效果。

（本文发表于《北京教育（德育版）》2012年第11期）

党的十八大精神进“概论”课参与式教学探索*

党的十八大精神进高校思想政治理论课（以下简称“思想政治理论课”），需要教师创新教学方法，引导大学生用科学的世界观和方法论观察和思考现实问题。笔者将参与式教学法运用于思想政治理论课教学，并以“毛泽东思想和中国特色社会主义理论体系概论”课（以下简称“概论”课）为例，在教学实践的基础上，探索了大学生参与党的十八大精神进“概论”课的具体方式，希望能从本质上调动学生学习的主动性，实现党的十八大精神进思想政治理论课的教学目标。

一、党的十八大精神进“概论”课实施参与式教学的意义

高校思想政治理论课是贯彻落实党的十八大精神的主渠道。要增强党的十八大精神进“概论”课教学的实效性，必须选择恰当的课堂教学方法，增强教学的针对性和主动性。在教学实践中，参与式教学法是相对合适的方式之一，具有重要作用。

（一）能发挥大学生的主体作用，激发其学习党的十八大精神的热情

参与式教学是在“以学生为中心，以活动为主，共同参与”的理念指

* 本文为2013年首都大学生思想政治教育一般课题“积极心理学视域下大学生参与思想政治理论课教学研究”（BJSZ2013YB05）的阶段性成果。

导下，强调在教学中体现学生主体地位的教学组织形式和教学方式。“概论”课是贯彻党的十八大精神最为集中的课程，内容多、任务重，许多难点、热点问题直接与现实相结合。让大学生从多个层面主动参与教学，形成师生互动、生生互动的教学形式，使要贯彻的党的十八大精神始终处于鲜活化、过程活动化、问题探究化、交流互动化、思维多样化的状态中。既能发挥大学生学习党的十八大精神的主体作用，激发学习的热情；也能培养大学生独立思考、主动探索、自主学习党的十八大精神的兴趣。

（二）有利于大学生从理论到实践深刻领会党的十八大精神

青年大学生正处在世界观定型时期，可塑性强，通过参与式教学，可以帮助他们自觉地为夺取全面建设小康社会的新胜利而奋斗。大学生参与党的十八大精神进“概论”课教学，将更加有利于大学生从理论到实践深刻领会党的十八大精神，使他们明确高举旗帜、科学发展、社会和谐、夺取全面建成小康社会的新胜利，是发展中国特色社会主义的基本要求，是当前和今后一段时期党和国家工作的大局。

（三）有利于提高教育教学质量，实现育人目标

党的十八大精神进“概论”课，最终目标还是要进学生头脑，这是“三进”工作的根本目的，是“三进”的出发点和落脚点，也是“三进”中最重要最难的“一进”。参与式教学有利于“进学生头脑”目标的实现，更是大学生真学、真懂、真信、真用的落脚点。

参与式教学通过营造氛围把大学生凝聚到中国特色社会主义伟大旗帜下，通过具体的参与方式把大学生吸引到学习和实践党的十八大精神的活动中，深化对党的十八大精神的理解。“进学生头脑”的体现和标准是真学、真懂、真信、真用。参与式教学本身就是在“真学”；通过学习思考和具体参与，大学生对党的十八大精神的基本内容和精神实质有全面的把握和正确的理解并融会贯通，达到“真懂”“真信”的目标；“真用”就是大学生理论联系实际，运用党的十八大精神的立场、观点去观察、思考、分析现实社会问题，指导自己成长进步。

二、党的十八大精神进“概论”课实施参与式教学的原则

参与式教学强调充分发挥教师和学生的双主体作用，这体现了师生的人格平等和相互尊重。但作为要贯彻党的十八大精神进“概论”课实施的参与式教学又具有特殊性，应体现以下原则。

（一）作为教学实践更要强调教师的主导作用

思想政治理论课肩负着培养大学生树立正确的世界观、人生观和价值观的特殊使命。这一使命的完成离不开教师的主导作用。在大学生参与十八大精神进“概论”课的教学中，教师的主导性更为明显，需要教师既能准确、高屋建瓴地理解和领会党的十八大精神，确定教学目标，又能匠心独具地给学生以巧妙的启发，及时引导学生。教师的主导作用主要表现在：

一是在党的十八大精神融入教学体系过程中发挥主导作用。教师是“概论”课的主导，是保持课程标准的持续性和连续性的关键。大学生参与十八大精神进“概论”课教学，一定是在教师将十八大精神融入教学体系的过程中进行。在十八大精神进入教材前后，教师都要将其转化为教学体系，从而引导大学生深刻领会党的十八大主题、过去五年和党的十六大以来十年党和国家取得的新的辉煌成就、科学发展观的历史地位和指导意义、中国特色社会主义的深刻内涵和夺取中国特色社会主义新胜利的基本要求、全面建成小康社会和全面深化改革开放的目标、建设中国特色社会主义事业“五位一体”总体布局的任务、全面提高党的建设科学化水平的新要求等，充分发挥教师的主导作用。

二是在十八大精神融入教学设计上发挥主导作用。大学生参与十八大精神进“概论”课教学，不仅是一种教学形式，更是经过教师周密设计和精心安排、能够充分发挥学生主体性和积极性的教学方式。教师是十八大精神进“概论”课参与式教学的设计者，学习技巧的辅导者，教学内容的主导者，学习小组分组、教学活动的引导者，学生学习的点评者。比如，设计好大学生学习十八大精神的切入点，需要讲清楚三个“一”，即一面

旗帜——高举中国特色社会主义伟大旗帜，一个思路——以科学发展观统领经济社会发展全局，一个关键——以改革创新精神推进党的建设新的伟大工程。教师要在提出问题、选择案例和确定相关研究主题等教学环节中充分准备和精心设计，使十八大精神通过学生参与真正进入学生头脑，指导他们的行动。

三是在十八大精神融入教学过程中发挥主导作用。十八大精神和“概论”课都与当前的社会生活和时代发展紧密相连，与大学生的生活和成长密切相关，他们会对十八大报告中涉及的问题进行思考，在参与式教学中必然发生思想碰撞和观点争鸣。因此，教师要在整个教学过程中发挥主导作用，要能够有效掌控课堂节奏和局面，不能让大学生参与的“概论”课课堂教学成为发表自由言论的场所。

（二）作为教学方法更要凸显学生的主体地位

大学生参与十八大精神进“概论”课教学遵循的原则，要充分体现学生的主体性地位，激发学习兴趣和积极的情感体验，调动其学习的积极性、主动性和创造性，使学生能够积极主动地参与到教学过程之中，变被动的“要我学”为主动的“我要学”。学生的主体性主要体现在：

一是发挥大学生参与十八大精神进“概论”课教学的能动性。让大学生参与十八大精神进“概论”课教学，一方面，可以避免走过场的情况；另一方面，有利于充分调动大学生学习十八大精神的积极性和发挥其主观能动性。让学生通过主动的研究、分析和讨论，形成对十八大精神的认知和理解，从而认同科学发展观的历史地位和指导意义、中国特色社会主义的深刻内涵和建设中国特色社会主义事业“五位一体”总体布局的任务等。当大学生学习十八大精神的能动性被调动起来后，既可以有效克服传统教学方法引发的弊端，提高教学效果；又能切实使十八大精神进入大学生的头脑，实现“三进”目标。

二是增强大学生参与十八大精神进“概论”课教学的自主性。大学生参与十八大精神进“概论”课教学，能够激发大学生的学习兴趣和积极的情感体验。在十八大精神进“概论”课教学中，无论是教学案例的选择，还是研究的主题，都要充分尊重学生的意见，甚至让学生参与其中，以主人翁的姿态与教学活动融为一体。在这一过程中，学生会体验到作为课堂主人的满足感和责任感，就不会把十八大精神进课堂看成是一种灌输，而是在参与教学中体验成功、获得快乐，深刻领会十八大精神。

三是激发大学生参与十八大精神进“概论”课教学的创造性。创新离不开探索和研究，大学生参与十八大精神进“概论”课教学，在推动学生的创新型思维方面，实际上就是一种探索式和研究式的学习。重视大学生研究能力的获取就是创新能力的获取。大学生在参与的过程中，不断进行思考和分析，接下来就是把已经理解的十八大精神真正转化成自己的研究能力。

（三）作为教学方式必须坚持“三贴近”原则

要想使大学生参与十八大精神进“概论”课教学取得切实的实效，就需要坚持贴近实际、贴近生活、贴近学生的原则，将大学生对于十八大精神理解中的难点和热点问题进行梳理，从而使大学生主动参与十八大精神进课堂。

三、党的十八大精神进“概论”课实施参与式教学的方式

党的十八大精神进“概论”课实施参与式教学，主要是参与那些需要探讨、实践性强等方面的内容，多角度、全方位地激发和满足学生的理论需求、能力需求和方法需求，使培养目标从理论认知向思想认同转化，因此可以采取以下的参与方式：

（一）问题参与，通过讨论理解十八大精神

问题参与能进一步提高大学生的创新意识和自主学习能力，也能促进教师创新性思维的产生和教学水平的提升，增强思想政治理论课的实效性。在“概论”课教学中，教师要以十八大报告中的热点和难点问题为中心，以问题为线索来安排教学内容，一方面，将经过精心设计和深层次思考的问题交给学生，并组织学生围绕问题展开讨论；另一方面，教师可以

在教学过程中进行提问，让学生进入问题思考情境中教师再进行讲授。总之，教师通过问题的设计、讨论、陈述和反思，让学生参与到课堂教学中，从而提高大学生分析问题和解决问题的能力，真正起到十八大精神进课堂、进头脑的实效。

结合“概论”课的课程体系、特点和十八大精神的内容，教师可设置以下问题供学生参与课堂讨论：为什么毛泽东思想一定不能丢？如何准确把握中国特色社会主义道路、理论体系、制度三者之间的关系？中国为什么既不能走封闭僵化的老路，也不能走改旗易帜的邪路？改革和发展究竟是要追求什么？科学发展观为什么是党必须长期坚持的指导思想？中国特色的市场经济究竟“特”在何处？为什么“双向流动模型”是中国特色城乡协调发展的理性选择？为什么要努力建设美丽中国？如何理解社会主义协商民主是我国人民民主的重要形式，是党和人民在社会主义民主形式方面的伟大创造？如何培育和践行社会主义核心价值观？全面建成小康社会的新要求，到底新在哪里？为什么中国始终不渝走和平发展道路？为什么说反腐倡廉建设是关系党的生死存亡的大问题？

（二）体验参与，学生当“教师”传授十八大精神

“概论”课教师可根据大学生认知的特点和规律，通过积极创造实际的或重复经历的情境和机会，引导学生主动、自主、创造性地对教学情境进行体验，使学生在亲历的过程中理解并建构知识，从而发展能力、产生情感、生成意义，由学生讲授十八大精神就是十分重要的体验。在教师的认真指导和精心安排下，大学生走上讲台，以“教师”的身份讲授十八大精神。这种大胆的放权方式，定会收到意想不到的效果。当然，大学生讲授十八大精神，一定要选择那些理论性不强但与现实生活有密切联系的教学内容，以专题的形式布置给学生，这样既有利于学生准备，也有利于学生的自我教育。在概论课的教学实践中，可以由大学生讲授的专题有：毛泽东思想的历史地位和当代意义，中国特色社会主义道路是唯一正确的道路，继续坚持改革开放不动摇，转型期“中等收入陷阱”问题，“三农”问题，中国特色的政党制度，推进社会主义文化强国建设，台海局势与祖国

统一，最美中国梦等。大学生在参与的过程中深入思考所讲授的专题，并能够对这一专题所涉及的知识和理论进行系统的归纳和总结。这样，学生不仅学到了知识，也培养了表达能力，锻炼了胆量，体验到主动学习的乐趣与成就。更重要的是，这种师生角色的互换，提升了学生的主体作用。

（三）研究参与，通过课题研究领会十八大精神

以学生的自主性、探索性学习为基础，通过从学生的实际情况出发设计课题、研究、成果呈现和评价，培养学生的发展探究思维和创新能力，通常是以小组合作的方式进行。主要流程是：设计课题任务→合理分组→小组合作学习→教学评价及总结。

在概论课的教学实践中，可以由大学生进行研究的课题有：毛泽东思想对当今中国社会发展的启示，中国特色社会主义的新概括，建设中国特色社会主义的总依据，中国特色社会主义的价值目标，科学发展观的新定位，社会主义也可以搞市场经济，坚定不移走共同富裕道路，转变经济发展方式，大力推进生态文明建设，中国特色社会主义民主政治，加强社会主义核心价值体系建设，追求公平正义、构建社会主义和谐社会，中国问题的关键在于党等。

通过合作学习研究课题，大学生主动参与、主动探索、主动思考、主动实践，进一步调动了个体积极性，培养了学习的主体性；既活跃了课堂氛围，又让学生在活动中深化了对十八大精神的掌握和运用；促使大学生学习态度由“要我学”向“我要学”转变，有利于增强学习十八大精神的实效性。

总之，思想政治理论课是对大学生进行思想政治教育的主渠道和主阵地，在推进十八大精神“三进”工作中起着不可替代的作用。只有不断创新，才能不断增强思想政治理论课教育教学的针对性、实效性和吸引力、感染力，把十八大精神的“三进”工作落到实处。

（发表于《北京教育（德育版）》2013 年第 5 期）

“毛泽东思想和中国特色社会主义理论体系概论”课讨论式教学法的实践与思考*

高校思想政治理论课（以下简称“思想政治理论课”）要贯彻落实党的十八大精神，需要教师创新教学方法。因为“高校创新人才的培养依赖于教学体系的完善和创新”[1]。随着教育改革的推进，越来越多的思想政治理论课教师试图运用讨论式教学法来增强教学实效性，但具体怎样运用？有哪些比较好的方式？大班课授课如何实现全员参与？思想发散难以统一、教师的知识权威何存？等等，需要进一步探索和解决。笔者认为一堂优质的课堂讨论能够帮助学生将注意力集中到重要问题上，更好地达到思想政治理论课的教学目标。在多年的教学实践中，笔者将讨论式教学法运用于“毛泽东思想和中国特色社会主义理论体系概论”课（以下简称“概论”课）教学，对两种讨论式教学法进行了实践探索，希望能够回答这些问题。

一、合作型小组讨论式教学法的实践研究

这种方法是针对一个主题设置若干小论题，把学生分成若干组，由小组同学选定一个小论题课下准备再进行课堂讨论，讨论过程教师适时参与。

* 本文为2013年首都大学生思想政治教育课题“积极心理学视域下大学生参与思想政治理论课教学研究”的阶段性成果。

（一）采用此方法的依据

一是“概论”课本身的特点及学生对该课程的认知情况。该门课最大的特点是与现实密切相关，而学生对“概论”课所涉及的许多概念、观点甚至理论要点从媒体、报告等多个途径和渠道或多或少都有所了解，采用这一方式能够发挥学生的优势。二是可解决全员参与问题。学习小组在教师指导下通过自学、自讲、讨论，并根据合作程序和方法促使学生在小组中共同学习，发挥学生的主体作用，激发学习兴趣，解决全员参与问题。三是能促进师生和谐。教师从知识的权威者、传授者转变为学生讨论的参与者、促进者、指导者及合作者；学生由被动的听讲者变成了积极主动的参与者、合作者、组织者、探索者和评价者。师生之间平等交流，民主探讨、相互启发，从而形成和谐融洽、相互激励、教学相长的师生关系。四是能培养学生的人际交往能力和团队合作精神。通过合作完成任务，实现生生之间、师生之间广泛的教学互动，学生必然要学会处理各种关系。从而提高了大学生理论和实际相结合的能力，增强了分析问题和解决问题的能力，锻炼了组织和操作能力，发展了社会交往能力，培养了团队合作精神。

（二）示例

例如，笔者在讲授“对社会主义本质的新认识”这一专题时，就“怎样理解共同富裕”问题，精心设计、组织和实施了合作型小组讨论式教学法。

第一步：制定并宣布讨论规则。这是笔者为在“概论”课上实施讨论专门制定的规则，由师生共同执行。为获得学生认可，笔者在上第一次课时就规则的内容向全体学生征求意见，修改定稿后再向学生进行宣布。

第二步：讨论主题之下设置小论题。笔者提前两周将讨论主题“怎样理解共同富裕”在课堂上征集小论题，让学生就“共同富裕”提出自己最困惑的 2 个问题由助教进行归纳整理，然后结合学生提出的困惑问题设置 7 个课堂讨论的小论题：你理解的“共同富裕”是什么？如何理解邓小平的共同富裕思想？中国为什么要提倡共同富裕？你觉得华西村人的生活就是邓小平所讲的共同富裕吗？谈谈你心目中的社会主义优越性如何体现。社会主义本质要消灭剥削，而我国现阶段还存在着剥削现象，这和共同富裕之间的矛盾如何协调和解决？今天的中国离共同富裕是远了还是近了？笔者将这7个小论题提前一周布置给学生，由学生以小组的名义选择小论题。同时为学生列出阅读文献清单，并辅导学生怎样在学术期刊网上查阅资料和讨论技巧等。

第三步：分组及组内讨论。由各小班班长协助教师分组，将大班学生分成8~10人的合作学习组，实行组长负责制。各小组根据选择的小论题，由学生个体查阅资料然后再在组内进行讨论，最后形成集中意见，选定若干中心发言论点并推荐代表参加大班课堂讨论。

第四步：课堂讨论，老师适时参与。按照这7个小论题的顺序，由课下准备好的小组代表发言，全班形成思考—求同—交流讨论的局面。教师在中间主要起协调和引导作用，鼓励学生表达自己的看法，引导学生形成自己的观点，对学生发表的意见给予正面的支持，选择并强调发言中具有思想性和创造性的内容，必要时对他们的发言重新进行创造性的解释。比如关于“今天的中国离共同富裕是远了还是近了”的小论题，在学生讨论后笔者进行总结：“今天的中国离共同富裕越来越近了，因为贫困人口大幅度地减少，中等收入者规模在扩大，城乡居民的收入水平在快速提高。之所以有同学认为我们离共同富裕越来越远了，这与当前我国收入分配差距仍然在持续扩大这一客观事实有关。但共同富裕是社会主义本质特征的体现，是我们的根本目标。相信党和政府会通过合理调节收入分配的差距来最终实现这一目标的。”总之，笔者对学生提出的困惑问题甚至尖锐问题不回避，对社会主义本质中的原则性和关键性问题不含糊、不动摇，这样既能解决学生的疑惑，使学生坚定社会主义的信念；同时又能面对现实问题进行深入思考，探求解决问题的方法。

第五步：总结评价，留下思考余地。先选出2名代表对整个讨论课进行陈述评价；接着笔者进行扼要明确的归纳总结；最后引导学生思维的发散和知识的迁移，给学生留下继续思考的问题，如怎样理解共同富裕与建立社会主义和谐社会的关系？从60多年来几代领导人对共同富裕的不懈探索和追求中你体会最深的是什么？等。

二、即时型个体讨论式教学法的实践研究

这种方法是教师边上课边提出问题进行讨论，不采用分组的形式，不需要学生提前做功课，学生以个体形式参加讨论。

（一）采用此方法的依据

这种讨论方式一般用于一个知识点的讲授。问题要有针对性和一定的深度，能让学生思考后再进行回答。教师要根据本堂课的教学目标和重点，提出讨论点，使学生有的放矢。“学生在教师鼓励下通过表层研究、发现问题，深层研究、提出问题，拓宽研究、讨论问题，质疑研究、解决问题。这样大学生的发现问题能力、提出问题能力、分析问题能力、到最后解决问题能力都得到了提高。”[2]最后由学生根据同学们讨论的成果归纳出比较正确满意的结论，或由教师总结出正确答案。

（二）示例

例如，在“依法治国，建设社会主义法治国家”的讲授中，笔者提出“怎样理解依法治国的科学内涵”的问题，启发诱导学生进行讨论。

第一步：启发。没有启发，无以教学。中国古代教育家孔子就说过，“不愤不启，不悱不发。举一隅不以三隅反，则不复也。”[3]“不愤不启，不悱不发”的实质，就是教师要选择最佳时机进行启发。笔者从调动学生思维的角度，让学生讨论并回答“人治和法治”的含义、特点和结果。通过启发思维，充分调动了学生学习的主动性和发言的积极性。

第二步：诱导。接着笔者抛出四种观点：“依法治国就是依法办事”；“依法治国应该是法治与人治并行”；“不应讲人治与法治，因为那是西方的东西”；“社会主义民主的制度化、法律化实现后，领导人改变了，领导人的看法和注意力改变了，社会主义民主的制度和法律也随之而改变”。

这是四个"引爆点",目的是诱发学生的探究心理、认知冲突和讨论的欲望。此时课堂气氛非常活跃,学生积极思考、热情讨论并主动阐述自己的观点。

第三步:引导。笔者引导学生对每一种观点进行讨论,并阐述自己的观点和看法。在学生讨论完第四种观点后,笔者在课件上呈现了"依法治国"的概念,再提 6 个小问题供学生进一步思考:依法治国的主体是?"治"什么?依据是?实施者是?宗旨是?基本要求是?至此,在引导学生讨论并回答、得出正确结论之后,讨论结束,让学生深刻"理解依法治国的科学内涵"的教学目标自然达成。

三、用好讨论式教学法提高教学实效性的思考

讨论式教学要收到良好实效,充分体现"教师为主导,学生为主体"这一教学理念,还需要进行深入的思考。这里关键是思想政治理论课教师角色如何把握的问题。要想更好地运用讨论式教学法,需要转变教师职能。教师不再是单纯的知识讲授者和权威知识的发布者,而是转变为学生讨论的参与者、促进者、指导者及合作者,是保证教学过程有序、讨论有效的关键因素。

(一)科学设置论题

产生讨论的契机是什么?关键是有需要进行讨论的并要解决的问题,因此科学合理地设置课堂讨论的选题是搞好"概论"课讨论式教学的首要环节,直接关系到教学目标和教学效果的实现。这就要求教师能结合学生的专业背景和知识结构,在庞大的教材体系中寻找与社会现实热点相衔接、与理论难点相衔接、与学生专业相衔接、与中央精神相衔接的论题。

论题设置遵循的原则为:一是思想性原则,这是由"概论"课的性质、任务和教学目标决定的。二是开放性原则,由于知识背景、家庭环境和生活经历不同,大学生对一些理论问题的理解和社会现象的认识有所不同,因此,论题的理论界限尽可能大一些,能够包容学生不同的观点和意

见。三是科学性原则，论题的设置要符合教学大纲的要求和教材内容，能够引出教材的有关理论和重点概念。“就是说，不是为提问而提问，提问的目的是围绕教学的难点和重点，不能不顾教材和大纲的要求去设计问题。”[4]四是现实性原则，论题要具体而生动，能够启发学生关注现实与社会，关注身边的人和事，贴近现实和生活。五是坡度性原则，论题的难度应与学生的知识面、理解能力和思维能力等相适应，对学生既具有适度的挑战性又能通过自身的努力使问题得到解决，增强其自信心。六是兴趣性原则，即学生感兴趣的论题，“使他们感到迷惑、困扰、刺激、好奇、心烦、诧异甚至愤慨不平”[5]，以此来激发讨论的兴趣。

结合“概论”课的课程体系、特点以及上述原则，笔者认为可设置的讨论问题有：为什么毛泽东思想一定不能丢？如何准确把握中国特色社会主义道路、理论体系、制度三者之间的关系？中国为什么既不能走封闭僵化的老路，也不能走改旗易帜的邪路？我们离共同富裕是远了还是近了？为什么要努力建设美丽中国？如何理解社会主义协商民主是党和人民在社会主义民主形式方面的伟大创造？如何培育和践行社会主义核心价值观？为什么中国要始终不渝走和平发展道路？为什么说反腐倡廉建设是关系党生死存亡的大问题？

（二）提高讨论技巧

一是辅导学生学会取舍资源。在课堂上可针对某一论题举例说明。

二是对讨论式教学法进行技巧辅导。主要“包括如何讨论、如何更好地发言、组内分工技巧、如何获取交流信息与组员的反馈意见、争端与解决技巧、小组形成决议的方法等，为讨论式教学法的成效奠定坚实基础”。[6]

三是制定讨论规则。如规则总论规定：师生共同探索真理，平等融洽；认真听取和正确对待不同甚至相反的意见，坚持真理、坦诚地修正错误；发言时力争做到论点、论据和论证的统一；辩论时尊重别人，避免人身攻击；积极参与讨论，共同营造浓厚的课堂讨论和学术氛围。细则主要包括讨论的过程、鼓励及加分的具体内容等。

四是进行合理分组。由各小班班长协助教师分组，遵循学生自愿与班长协调相结合、组内异质组间同质的原则，再依据学生的个性、性别、特长、兴趣、宿舍安排、生源等实际情况，将大班学生分成8~10人的合作学习组，实行组长负责制。为杜绝“搭便车”行为，可采用分层管理的办法，由小组长评定每个学生的成绩，教师评定小组长的成绩。

（三）激发参与讨论的热情

小学、中学到大学的政治课已经让大学生有些厌倦，如何点燃其参与讨论的热情，需要进行充分沟通，“因为教学方法的好坏，取决于教学过程的主体和客体，只有双方都认可并付诸行动才能激发热情，收到事半功倍的效果。”[7]

一是教师要以这样的问题开始“我们在这里面临的关键问题是什么？我们要努力去解决什么问题？”[5]这就要求教师充满热情，因为“教师的热情能够感染学生，使他们更加积极地投入讨论”。[1]

二是激发学生参与“概论”课的内动力，这个内动力就是能否保持学生自由选择和决定的权利。教师可以采用问卷调查、学生谈话、班干部会议、座谈等形式，听取意见，获取他们对讨论式教学法的认同，并及时给予开导，这样就不会造成强迫学生接受“有趣”讨论的尴尬局面。

三是教师可选择几种方法激励学生发言的话头：（1）从共同的经历和体验开始讨论，使大家都有话要说，以减轻学生的焦虑；（2）从对立的两种观点开始讨论，引出争论的问题，激发学生的讨论欲望；（3）从某个实例中直接提问开始讨论，启发学生思考；（4）用“引爆点”进行诱导，何时引爆及引爆什么需要教师善于观察和掌控。一般情况下，当学生讨论冷场时，或在讨论中对某一问题“浅尝辄止”不愿深入讨论时，教师可想方设法将重点、疑点和热点问题作为“引爆点”，诱发学生的探究和讨论欲望。

（四）讨论过程中进行有效引导

一是营造良好的课堂氛围，使学生在良好的课堂氛围中保持自然、放松、愉快的心情，有利于发挥其主动性和创造性，增强自动学习的动机。

二是在讨论过程中进行有效引导，及时捕捉信息，调控气氛，使之产生积极效应；讨论不放任，因为“思想政治理论课中的教师主导性表现在对教学的宏观把握上，教师要在提出问题、选择案例和组织讨论等教学环节中充分准备和精心设计”。[8]

三是采取一些有效的评价方式来鼓励和提高学生参与交流的积极性。要敢于给学生思考的空间和思维的时间，敢于面对现实，积极鼓励学生提出问题，并帮助分析、解决问题；要以积极态度正面引导学生关注社会问题，要旗帜鲜明地对正确的意见和思想观点表示肯定和支持，使学生树立远大理想、确立正确的“三观”；并对那些经过思考提出深刻问题的学生予以表扬、奖励。

（五）进行科学的总结

教师要对讨论进行科学评价，进行画龙点睛式的总结。总结评价要求教师具有敏锐的学术洞察力、高度归纳和概括的能力，要求教师具备高度的创造力和即兴发挥的能力。

一是在与学生交流的基础上进行总结，引导学生对讨论进行回顾，凸显正确的结论，肯定学生在讨论中迸发出来的思想火花。

二是引导学生从正反、利弊、成败、优劣等多侧面、多角度地分析，使其看到事物的发展趋势和前景，提高其分析问题和解决问题的能力。

三是提出总结性的问题，如“我们在这里学到了什么？我们结论的推论是什么？还有什么问题没有解答？”[5]

参考文献

[1] 张蓉，左晓园．试论小组讨论式教学方法的实践与改革［J］．黑龙江高教研究，2011（1）．

[2] 彭付芝．思想政治理论课课件展示法与大学生创新思维培养［J］．思想教育研究，2010（11）．

[3] 李嘉瑶．课堂教学杂议［J］．中国大学教学，2005（7）．

[4] 胡剑慧. 思想政治理论课启发式教学运用［J］. 学校党建与思想教育，2011（1）.

[5]［美］肯·贝恩著. 如何成为卓越的大学老师［M］. 明廷雄，彭汉良，译. 北京：北京大学出版社，2007：122，126－127.

[6] 周剑雄等. 讨论式教学方法在大学课堂中的运用研究［J］. 高等教育研究学报，2008（4）.

[7] 彭付芝. 合作学习在高校思想政治理论课大班教学中的实践探索［J］. 北京教育（德育版），2012（11）.

[8] 胡晓红，郭凤志. 参与式教学在思想政治理论课教学改革中的实践探索［J］. 思想教育研究，2011（5）.

（本文发表于《思想教育研究》2013年第5期）

大学生参与思想政治理论课教学实效性的实证研究*

参与式教学是一种将学生放在教育教学的主体位置，教师通过组织活动、设计环节等全面调动学生积极参与创造性学习与发展的教学模式。“05 方案”实施以来，各高校思想政治理论课（以下简称思想政治理论课）教师都积极展开了参与式教学。为了检验参与式教学的实施状况，为进一步改进思想政治理论课教学提供借鉴，笔者以北京航空航天大学为例进行了研究。

一、基本情况

本次调研采用笔者自编的“大学生参与思想政治理论课教学情况调查问卷”，从四个维度进行了考查：一是反应维度，以参与意向为指标，调查学生对思想政治理论课参与式教学的主观感受；二是行为维度，以学生实际参与教学的行为为指标，调查学生参与思想政治理论课教学的方式和类型；三是原因维度，以参与原因为指标，调查学生学习思想政治理论课的态度；四是结果维度，以参与式教学作用的价值评估为指标，调查学生对参与思想政治理论课教学行为质量评价的感受。

* 本文是北京航空航天大学 2014 年教改课题“大学生参与思想政治理论课教学实效性的实证研究”的阶段性成果。

本调研分两个学年进行，初次调研随机抽取北京航空航天大学交通科学与工程学院、数学与系统科学学院的部分本科生为样本，并在样本学生的一、二年级——学习“思想道德修养与法律基础”（以下简称“基础”）课、“毛泽东思想和中国特色社会主义理论体系概论”（以下简称“概论”）课、“中国近现代史纲要”（以下简称“纲要”）课、“马克思主义基本原理概论”（以下简称“原理”）课的各阶段持续施测，共发放调查问卷1460份，回收有效问卷1460份，回收率100%。

二、调查结果

（一）大学生参与思想政治理论课教学的必要性分析

对大学生参与思想政治理论课的调查结果显示，认为有必要参与思想政治理论课教学的四门课程的比例分别为：“基础”课88%、“纲要”课81%、“概论”课83%、“原理”课82%。总的来看，在1460名被调查者中，有平均82%的同学认为大学生参与思想政治理论教学是有必要或非常有必要的，这表明大学生对于参与思想政治理论课教学是认可和抱有期待的。

为了进行比较，问卷调查了在采取参与式教学方法实施前学生参与思想政治理论课教学活动的情况。调查结果显示，几乎没有参与过思想政治理论教学活动的学生为：“基础”课为近10%，“纲要”课为7%，“概论”课为12%，“原理”课为9%。而采取参与式教学方法后这一比例“基础”课下降到3%，“概论”课、“纲要”课、“原理”课都降至6%，这说明大学生参与思想政治理论教学活动的积极性有了提高。问卷也对实施参与式教学方法前后学生对思想政治理论课教学的满意度进行了调查，实施前，“基础”课为90%，“纲要”课为74%，“概论”课为77%，“原理”课为65%，四门课的平均满意度为76%。实施后，“基础”课为99%，“纲要”课为97%“概论”课为98%，“原理”课为90%，四门课的平均满意度高达96%。可见实施了参与式教学后学生的满意度有了明显提高。需要指出的是，调查大学生在参与式教学实施后是否增加了对思想政治理论课的兴趣方面，“基础”课有92%、“纲要”课有88%、“概论”课有85%、“原理”课有80%的同学认为参与式教学提高了对思想政治理论课的学习兴趣。不过随着年级的升高，这一兴趣递降的情况应引起足够的注意。

（二）大学生愿意参与思想政治理论课教学的类型分析

目前，北京航空航天大学四门思想政治理论课主要采取的参与式教学类型有课堂问题回答、专题研究、角色体验、合作学习成果展示、案例讨论。在调查大学生对哪种参与类型感兴趣时，不同课程学生有不同的选择倾向（见表1）：

表1 大学生参与思想政治课教学类型情况表

参与类型 / 课程	问题回答	专题研究	角色体验	合作学习	案例讨论
基础	12%	16%	33%	21%	18%
纲要	15%	19%	27%	25%	14%
概论	13%	19%	25%	23%	21%
原理	15%	24%	33%	19%	9%

综合四门课，选择不同的参与类型的学生平均数为：问题讨论参与型为14%、专题研究参与型为18%、角色体验参与型为28%、合作学习成果展示参与型为22%、案例讨论参与型为18%。从参与比例看，四门课中“角色体验参与型”更受大学生的喜爱。分析认为在角色体验中大学生更能直接感受所学内容的应用性和实践性，能够起到更好的教育效果。另外，大学生也喜欢“合作学习成果展示”，表明大学生有比较强烈的参与团队学习的要求，这有利于提高大学生的团队意识。当然，在实际教学过程中，不应局限于某一参与类型，可将不同的参与类型相结合，并将其贯穿学习的整个过程。比如，“合作学习成果展示”可以和“问题参与”相结合，展示过程中同学们可提出问题并讨论，最后由老师进行疑难解答和总结。

问卷专门就“问题回答”这一参与类型进行了调查，问卷问“面对老师和同学的提问，你是否感兴趣并愿意回答”，调查结果显示：“基础”课有91%、“纲要”课有79%、“概论”课有78%、“原理”课有74%的同学是感兴趣并且愿意思考的。这一调查结果说明参与式教学如果方式得当是能够激发学生学习思想政治理论课的兴趣的；学生对“基础”课回答问题的兴趣最高，这是因为大一学生刚入校，容易被激发激情；对“原理”课回答问题的兴趣最低，是因为课程内容难度增加，同时大二学生不愿回答问题是普遍现象。

（三）影响大学生参与思想政治理论课教学积极性的因素分析

调查显示，22%的学生参与思想政治理论课教学活动是为了提高能力，29%是为了能学习更多知识，28%是为了能获得平时成绩，19%是为了能展示综合素质，选择其他的为2%。数据显示，大学生对参与思想政治理论课教学的认识是科学端正、积极的。另外，我们发现“获得平时成绩”对大学生参与度的影响较大，且在“基础”课、“纲要”课、“概论”课、“原理”课这四门课中，持此种动机的学生数量随着年级的升高有所上升，分别占24%、28%、29%、30%。

调查同时显示，个别学生参与思想政治理论课教学的积极性不高。在具体原因上，“与专业学习关系不大”所占的比率最高，有40%、37%、40%、34%的学生分别认为此原因是影响“基础”课、“纲要”课、“概论”课、“原理”课学习积极性的重要因素，这可能与该校是一所侧重理工科的重点大学有关。有29%、34%、32%、36%的大学生分别认为“对思想政治理论课内容不感兴趣”是影响“基础”课、“纲要”课、“概论”课、“原理”课学习积极性的重要原因。进一步分析发现，“基础”课是学生一进校就上的课，内容较易理解接受；“原理”课内容较难理解。因此，要调动大学生参与思想政治理论课教学活动的积极性，教师要正确引导他们对思想政治理论课的认识，既要认识到思想政治理论课对世界观、人生观、价值观塑造的重要作用，又要力争让思想政治理论课的方法论对其专业课的学习起到一定的指导作用。同时，这也给思想政治理论课教师提出了挑战，要求其必须在教学内容上下功夫，在教与学、行与思上花力气。

（四）大学生参与思想政治理论课教学后能力提高情况分析

一是人际交往能力提升。人际交往能力是指妥善处理组织内外关系的能力，包括与周围环境建立广泛联系和对外界信息的吸收、转化能力，以及正确处理上下左右关系的能力。参与式教学需要大学生在一个小组内进行人际交往，这是提升大学生人际交往能力的一个途径。在是否促进同学关系的改善方面，“基础”课有94%、“纲要”课有87%、“概论”课有88%、“原理”课有87%的同学认为参与思想政治理论课教学有利于同学之间良好关系的提升，比如有些学生认为，过去因为没有过合作学习的机会，同学之间比较陌生，但是这一形式的合作，改善了同学关系，比过去更能理解同学了。在增强大学生的人际交往能力上，“基础”课和“概论”课有92%、“纲要”课有84%、“原理”课有79%的同学认为参与思想政治理论课教学有利于人际交往能力的提升和改善。沟通能力不是天生就具备的，是需要后天培养及努力学习和经营的。思想政治理论课实施参与式教学给大学生提供了更多的机会和平台，让每个大学生都能够把自己的想法表达出来和同学进行沟通，只要沟通了，有效沟通能力提高只是一个过程。在调查“参与式教学是否提高了有效沟通能力”问题时，“基础”课有92%、“纲要”课有84%、“概论”课有82%、“原理”课有76%的同学认为提高了。分析认为这主要是由于参与思想政治理论课教学的过程也是同学们交往的过程，是分工合作、协调沟通的过程，人际交往能力和沟通能力的提升是应然的了。

二是团队意识增强。提高大学生的团队意识和提升大学生在团队中的协作能力，需要各方面努力。思想政治理论课参与式教学对于是否提高团队的协作能力进行的调查结果显示：“基础”课为93%、“纲要”课为86%、“概论”课为89%、“原理”课为76%的同学认为参与思想政治理论课教学增强了自己的团队意识、提升了自己的团队协作能力。班集体建设也是思想政治理论课参与式教学的一个结果，因此问卷中也设计了这一问题。调查结果显示，“基础”课有97%、“纲要”课有82%、“概论”课有86%、“原理”课有77%的同学认为对于促进班集建设有帮助。

三是综合能力得以提升。在参与式教学中，大学生成为课堂的主人，由被动学习向主动思考转变，在选择成员、讨论分工、社会调查、查阅资料、提出问题、讨论问题、解决问题等环节提升了学生综合能力。调查结果显示，在锻炼大学生的思维能力方面，“基础”课为 91%、“纲要”课为 85%、“概论”课为 86%、“原理”课为 88% 的同学认为有效果。自信心对大学生非常重要，有些大学生在中学时期进行过锻炼，敢于当众表达；有些同学因为性格比较内向，不善于表达。通过思想政治理论课的参与式教学，学生的当众口头表达能力和自信心都有所提高。如“基础”课有 91%、“纲要”课有 73%、“概论”课有 77%、“原理”课有 66% 的同学认为有利于提升自己的当众口头表达能力；“基础”课有 92%、“纲要”课有 79%、“概论”课有 80%、“原理”课有 73% 的同学认为通过参与课堂活动增强了自信心。“基础”课有 91%、“纲要”课有 82%、“概论”课有 86%、“原理”课有 85% 的同学认为通过参与教学提高了自己分析问题和解决问题的能力。思想政治理论课参与式教学是两个年级都要实施的，因此调查参与式教学是否提高了大学生自己发现问题和持续学习的能力是设计问卷的重要内容。调查结果显示：“基础”课有 91%、“纲要”课有 80%、“概论”课有 83%、“原理”课有 84% 的同学认为有帮助。

三、若干思考

“参与式教学”是在“以学生为中心，以活动为主，共同参与”的理念指导下，强调在教学中体现学生主体地位的教学组织形式和教学方式，参与式教学模式与思想政治理论课的教育理念、教学目标、价值诉求是吻合的，可以发挥其独特的优势。北航四门思想政治理论课都进行了参与式教学改革，尽管不同课程参与的主要方式不同，但都取得了很大的实效性。通过对调查问卷结果的分析，大学生参与思想政治理论课教学后对教学效果的满意度有了明显提升，各方面能力得到提高，更进一步证实了参与式教学法是一种能够有效提高思想政治理论课教育教学质量的方法。

一是思想政治理论课参与式教学可以破解大班教学难题。思想政治理论课参与式教学对学生的成绩采取过程性评价和终结性评价相结合的方式，通过问题引领、专题研究、角色体验、合作学习成果展示、案例讨论等多种形式和手段，能够最大限度地利用大班教学中人数多、规模大、学生知识背景多样的优势，使所有的大学生有事情可做、有方向可努力、有方式可选择、有机会可交流、有平台可展示，促使那些内向胆小、不感兴趣、投机混课的学生变被动为主动，参与到教学中来。可见，思想政治理论课参与式教学实施全员参与，能发挥思想政治理论课的集群效应。

二是思想政治理论课参与式教学有利于教材体系向教学体系转化。教材体系向教学体系转化是思想政治理论课的特色，在教材内容只是宏观指导，现实中热点、难点和重点问题不断出现的现实背景下，大学生通过查阅资料，最大限度地了解社会、历史和现实，了解最新的观点和看法，将最新的研究成果在教学中体现出来，实现理论和实际的最有效结合。

三是思想政治理论课参与式教学能够将全新的教学模式推广到大学生当中。思想政治理论课参与式教学与新的现代教学观相一致，能够将全新的教育教学模式推广到大学生当中，体现了从“以教师为中心”到“以学生为中心”的教学观念的转变，强调了思想政治理论课教学是师生互动而非思想政治理论课教师主宰，开启了价值观、世界观、人生观教育是理解应用而非单纯灌输，提升了思想政治理论课教学的思想性、历史性和文化性而非知识性和应试性。

四是思想政治理论课参与式教学激发了大学生主动参与教学的意向与学习动力。思想政治理论课参与式教学与大学生的特点相结合，能够最有效地激发大学生的热情。参与教学的激励手段促使学生乐于探究、努力求知；参与形式多样、灵活机动引领大学生成了教学的协作者；参与平台广阔促进了师生间和生生间的互动交流。所有这一切，都突出了大学生学习的自主性、研究性和创新性。

五是思想政治理论课参与式教学过程中要把握参与的尺度。思想政治理论课本身是带有强烈的意识形态的课程，在关乎国家意识形态的安全性方面有着不可替代的作用，大学生参与教学如果没有相应要求、过于自由，不但不能达到思想政治理论课教育教学本身的目标，反而起到相反的作用，这是实效性本身必须要考虑的问题。同时，思想政治理论课是要对大学生进行世界观、人生观和价值观的塑造，如果思想政治理论课教师的“三观”存在着问题，在大学生参与思想政治理论课教学中不进行正确引导，不但不能达到理想的教学效果，反而会剑走偏锋，这也是思想政治理论课实效性研究要涉及和思考的问题。

总之，对大学生参与思想政治理论课教学的实效性进行实证研究意义重大，进一步的探索更为必要，而且也应该成为趋势和重点。

（作为第一作者，发表于《北京教育》（德育版）2016 年第 4 期）

“三求”平衡下的“概论”课“三进”实效研究

“毛泽东思想和中国特色社会主义理论体系概论”（以下简称“概论”课）是思想政治理论课程中需要讲授习近平新时代中国特色社会主义思想内容最多、任务最重的课程。如何着力提高习近平新时代中国特色社会主义思想“进教材、进课堂、进学生头脑”的实效，真正落实习近平总书记在全国高校思想政治工作会议上强调的精神：“要用好课堂教学这个主渠道，思想政治理论课要坚持在改进中加强，提升思想政治教育亲和力和针对性，满足学生成长发展需求和期待。”本文主要在“三求”平衡下论述了怎样将习近平新时代中国特色社会主义思想融入课程教学和改革的不同环节和方面，落实于课堂教学的主渠道之中。

所谓“三求”平衡，指的是“学生需求”“课程要求”和“学术诉求”的相互联系与作用。也就是要认真读懂学生需求、充分了解课程要求、极大敬畏学术诉求，将习近平新时代中国特色社会主义思想融入“概论”课程的教育教学中，发挥课堂教学的主渠道作用，“提升思想政治教育亲和力和针对性，满足学生成长发展需求和期待。”

一、“三求”平衡下充分发挥思想理论的魅力，使教学内容兼具深度与温度

党的十九大召开期间以及结束之后，在“概论”课堂上，学生对习近

平新时代中国特色社会主义思想的提出背景、内涵、意义等都有强烈的希望了解和搞清楚的愿望，这正是这代大学生对国家、民族、中华民族伟大复兴的极大认同的表现。习近平新时代中国特色社会主义思想在“概论”课程中涉及了每章的内容。怎样在“概论”课程中贯彻党的十九大精神，将习近平新时代中国特色社会主义思想融入“概论”课程的教育教学中，成为这一时期教改的重点。可见，学生的需求是“概论”课程改革的动力和教育教学的针对性所在；课程的要求是“概论”课程教改的指导和方向。这就需要广大“概论”课教师在学术上进行研究和深入思考，从理论的高度进行论述并引发学生的思考，将习近平新时代中国特色社会主义思想的理论魅力展现给大学生。但我们面临的现实是：思想理论既具有魅力又相对枯燥，如何将其更好地展现给学生，使习近平新时代中国特色社会主义思想真正进入学生头脑呢？习近平总书记指出：“一种价值观要真正发挥作用，必须融入社会生活，让人们在实践中感知它、领悟它。”[1]这就要求“概论”课程的教师所讲授的理论内容要有温度，是带有温度的引导，不应该是冷冰冰的理论分析。对此，主要的思考有：

首先，敬畏学术追求，深入研究习近平新时代中国特色社会主义思想，在原有“概论”教材的基础上，形成“理论+问题”的专题化教学体系，使“概论”课程在多维度的转换中兼具深度与温度，提升“概论”课程教育内容的亲和力。把马克思主义中国化最新的理论成果以专题教学的形式予以表达，可以很好地、及时地满足学生的学习需求。在教学实践中，我们设计了既是“概论”课程教学的难点和重点、也是学生最为关心的问题，同时也是当前的社会热点问题的教学专题。主要有，第一专题：马克思主义中国化的发展历程及理论成果的内容与意义。要将习近平新时代中国特色社会主义思想的形成发展过程、主要内容体系讲清楚；充分认识习近平新时代中国特色社会主义思想在整个马克思主义中国化进程中的历史地位和指导意义。第二专题：新民主主义革命理论和社会主义改造理论。要将新民主主义革命放到中华民族五千年发展史以及中华民族伟大复兴的历史进程中去阐释，创新主流意识形态的历史性长度。社会主义改造理论的重点从“为当代中国一切发展进步提供了根本政治前提和制度基础”入手，理解对中国当今“富起来”的伟大意义。第三专题：以毛泽东为核心的第一代领导集体对中国社会主义建设道路进行初步探索的重大成果。使学生了解党的第一代领导集体在探索社会主义建设道路中所取得的一系列重要理论成果和社会主义建设的基础性成就，认识到这一探索及其在理论和实践上取得的一系列重要成果对于巩固我国社会主义制度、开创和发展中国特色社会主义，对于促进世界社会主义发展的重要意义。同时将最新的主要矛盾转化的渊源讲清楚。第四专题：对中国特色社会主义基本问题的认识。此专题包括教材第五章、第六章和第七章的内容。使学生了解社会主义初级阶段的长期性及当前我国发展体现出的新的阶段性特征，从而更好地理解中国特色社会主义新时代的历史方位；理解中国特色社会主义新时代的根本依据；理解社会主义本质的科学内涵及重大意义；使学生从实践、理论的不同层面理解改革开放是中国特色社会主义的必由之路，明确改革开放的历史必然性、理论依据和根本性质；理解为什么要全面深化改革、怎样全面深化改革，为什么要强调必须坚持改革开放的社会主义方向、怎样坚持改革开放的社会主义方向，理解中国特色社会主义进入新时代的伟大意义，主要矛盾的转化等。第五专题：建设中国特色社会主义总布局。将党的十九大的最新内容融入其中，帮助学生理解中国特色社会主义经济、政治、文化、社会、生态建设的“五位一体”总布局，是深刻总结党领导社会主义建设的历史经验、顺应国内外大势和人民群众的根本利益而提出来的。“五位一体”总布局把握了中国特色社会主义建设的基本领域，抓住了全面建成小康社会的决定性方面，是一个全面协调的有机整体。要落实“五位一体”总布局，必须始终坚持以经济建设为中心，协调推进政治建设、文化建设、社会建设、生态文明建设以及其他各方面的建设，把中国特色社会主义事业全面推向前进。第六专题：实现祖国完全统一的理论，使学生了解实现祖国完全统一是中华民族的根本利益所在；了解“和平统一、一国两制”构想的形成和发展过程、基本内容和重大意义、在港澳地区的成功实践以及新形势下对台湾地区的工作方针，将党的十九大中的“两岸一家亲”理念讲述到位，树立解决台湾问题的坚定信念和决心。第七专题：中国特色社会主义进入新时代的外部环境，帮助学生了解第二次世界大战后国际形势的发展变化及其基本特点，认清在经济全球化和世界多极化条件下和平发展仍是当今时代的主题；通过对中国在国际舞台上地位和作用提高的分析，明确中国坚持走和平发展的道路，将党的十九大提出的构建人类命运共同体的理念讲清楚；坚持反对霸权主义、维护世界和平的决心和信心。第八专题：建设中国特色社会主义事业的依靠力量。帮助学生理解建设中国特色社会主义必须依靠工人、农民、知识分子；在社会变革中出现的社会阶层都是中国特色社会主义事业的建设者；人民军队是中国特色社会主义事业的保卫者和社会主义建设的重要力量，坚持走中国特色社会主义强军之路，全面推进国防和军队现代化，完善和坚持中国特色社会主义军事制度；使学生理解高举爱国主义、社会主义的旗帜，加强全国各族人民大团结，巩固和发展最广泛的爱国统一战线。第九专题：中国特色社会主义领导核心理论。将党的十九大精神中关于"四种危险""四大考验"讲清楚，将党建工作中以党的政治建设为统领讲透，将四个伟大中的党的建设工程作为关键的内容阐述给学生，使学生了解中国共产党是建设中国特色社会主义事业的领导核心，全面增强中国共产党的执政本领。

其次，教学话语要从学生的角度思考，让学生听得懂、听明白，既要有理论的魅力，又要有活泼生动的感染力。"概论"课程本身的理论性较强，如果课堂上的话语是书面和文本话语，对今天的大学生而言就存在着无法理解到位的问题。因此，在授课过程中，怎样将教材使用的书面语转化为教学语言，就显得十分重要。因此教师讲课时既要注重准确性和规范性，又要使用教学语言，能通俗易懂和活泼生动，用学生听得懂的话语把深刻的中国化马克思主义理论说清楚、讲透彻，使毛泽东思想和中国特色社会主义理论体系，特别是中国特色社会主义理论体系中的习近平新时代中国特色社会主义思想真正能入脑、入心。

最后，实现从理论情境向现实情境的转换。"概论"课程的内容本身就体现了中国特色社会主义伟大建设事业的生动理论与实践，所以，教学改革的重点是尽可能去掉理论带来的控制感和疏离感，将理论同生动的中国特色社会主义建设实践进行有机的和更加紧密的结合，重新建构理论的现实情境，调整“概论”课程的教学内容与大学生的关联状态，突破理论与现实之间的隔阂，增强针对性和亲和力。在道路自信、制度自信、理论自信和文化自信的当代中国，“概论”课程教师要注重从导向性、层次性与实践性相结合的角度，提升大学生对主流意识形态的理解认同，使“三进”的教学效果确实体现出来。

二、“三求”平衡下用混合教学模式提升“概论”课程的亲和力和“三进”的实效性

教学方法的创新既要被学生接受，又要能达到教学的目标和目的。因此，“概论”课教师可在努力理解学生需求、充分认知课程要求、极力敬畏学术诉求的“三求”平衡下大胆运用混合教学模式，进一步提升“概论”课程的亲和力和习近平新时代中国特色社会主义思想“三进”的实效性。

首先，混合教学模式适合学生，能够得到学生的认可和喜爱。基于翻转课堂理念的混合式教学模式，包括传统的课堂讲授、部分翻转课堂和完全翻转课堂三种混合形式。混合式教学模式既能发挥教师在教学过程中的引导、启发、监控等主导作用，又能体现学生在学习过程中的积极性、主动性、创造性等主观作用。这种模式将传统的面授课堂教学与现代网络多媒体教学方式进行了有机结合，希冀达到更好的教学效果。目前在“概论”课程中运用得还不够，这就需要我们解放思想，开动脑筋，在大班容量暂时无法改变的情况下尝试用这种混合教学模式，提升“概论”课程的课堂教学质量。特别需要指出的是，具有亲和力的教学方法一定要跟“概论”课程的教学内容相匹配、与大学生的实际情况相契合、与任课教师的能力相结合，只有这样才能达到最佳效果。如果把课堂教学当作先进的科学技术炫技的场合，学生感受的只是技术革新而不是思想的共鸣共振、不是思想理论的魅力，那就偏离了思想政治理论课所应该达到的目标。

其次，混合教学模式容易实现师生共情，有利于目标的达成。“感人心者，莫先乎情”。将习近平新时代中国特色社会主义思想进入课堂、进

入学生头脑，要从学生的思想认知水平出发，从教师自身的教学特点出发，从学生的心理承受能力出发。从目前的情况看，采用混合教学模式容易实现师生共情，能达到“概论”课程的教育教学的效果和目标。

最后，混合式教学是学习理念的一种提升，因此，提升教师教学技能和综合素质就显得十分必要。教师要系统地学习各种新型教育教学理论、教学模式、信息技术的应用、系统化教学设计、教学实施技能、教学研究技能等。同时要有意识地开展有质量、有针对性的教学研究，以达到“三进”的实效。教学部门和团队应大力建设适合网络在线学习的开放教育资源和慕课使用的微课、微视频，以及适合手机播放的碎片化资源等。总之，通过建设适合个性化、个别化教学需求的教学资源，使“概论”课程真正实现混合式教学，以取得“三进”的实效。

三、“三求”平衡下在“三进”过程中实现师生的共同成长

师生之间是一种平等、对话的关系，课堂是师生之间共同学习、交流思想、内化知识的平台和场所。“概论”课程要提升教育教学的亲和力和针对性，教师就要尽力了解学生需求、充分理解课程要求、努力审视学术诉求，将习近平新时代中国特色社会主义思想融入教育教学中。教师还要把更多的时间交给学生去进行自主学习、课下讨论，并充分相信他们的理解能力、组织能力和研究能力。在这一过程中，教师自己就是一个组织者、引导者、与学生的对话者。大学生也需要转变观念和角色，认识到自己才是学习的主体，要积极主动地参与学习活动，努力提高自己的自主学习能力。师生在教与学的共同活动中实现共同成长。

首先，教师要坚持立德树人，提升教师的亲和力。长期以来，由于“概论”课程的内容一直以理论教学为主，相应的教师在课堂上将理论讲得过多，显得严肃有余亲和不足。但“概论”课程的教师一定要克服这一不足，着力提升亲和力。亲和力不仅体现在教学的物理时空维度上，更体现在师生之间的思想交流和心灵沟通中。习近平总书记号召全国教师做“有理想信念、有道德情操、有扎实知识、有仁爱之心”的好老师。如何

将内在的仁爱之心外显为亲和力，决定着如何使习近平新时代中国特色社会主义思想进入学生头脑的重大问题。因此建构起和谐共进的主体间性，是“概论”课教师必须思考的问题。因此教师坚持立德树人，可结合自己所在学校的实际情况，通过学校校史、学校创始人的故事、学校的院士、杰出校友、师生中的模范人物等，教育学生树立远大的理想，坚定为中国特色社会主义事业贡献力量的信念，树立与这个时代主题同心同向的理想信念。

其次，在学为人师的基础上真正地理解、尊重和接纳学生。理解学生是前提。从2016级开始，“98后”成为大学校园的主力军。他们是我国发展最快的过程中出生的一代，常常会用今天的中国去对标过去的中国，对过去发生的事情无法想象和理解。但他们视野开阔、思维活跃，熟知B站、二次元等各种新鲜事物。作为“概论”课教师，要看得懂、听得懂、读得懂他们认知的世界，从他们的角度思考问题和把握授课内容，才能使习近平新时代中国特色社会主义思想进入学生头脑，更好地满足学生的成长需要和期待。尊重学生是基础。“98后”的大学生个性特征更加鲜明、不迷信书本和权威，不喜欢自恃清高的老师。所以“概论”课教师要尊重学生的人格和个性，在平等对话中达到思想政治理论课教育的目标。接纳学生是关键。在今天这样一个资讯发达的时代，每个人都是信息和知识的传播者，教师不再具有绝对的权威，但可以从理论上进行引导。面对学生上课普遍使用手机的情况，一定要注意理智地进行分析，不能一概予以否定和负面看待。要认识到学生会用手机查阅资料、记录老师讲授的重点。对那些用手机玩游戏和做一些与课堂教学内容无关事情的同学，老师可以进行适当的引导；同时改善教学内容、方式和方法等，以积极的态度和真诚的感情面对学生。

最后，要让学生参与进来，将当代中国的改革与实践、习近平新时代中国特色社会主义思想的主要内容，通过开展研究性教学，来凸显思想理论的魅力。在价值自觉上明确“概论”课程教学，不是简单的知识灌输，而是要化知识为价值，通过以理服人、以教学养人的方式达到立德树人的教学目的。因此，可以设定一定的选题由学生组合成小组进行课下研究课上展示成果。例如，可以将毛泽东、邓小平、习近平等领导人重要的理论文章、讲话作为选题，让学生进行文本解读与分析，让他们真正触摸到理论文献的魅力。或者将重大的理论到实践的选题提供给学生，让学生进行研究和课堂展示。这类选题有毛泽东思想的魅力与当代价值、国外对中国道路的研究及其评析、中国增强在国际上的话语权问题研究、中国为什么不能照搬西方资本主义的民主研究、全球化时代国家形象构建的着力点研究、习近平总书记关于中国智慧与中国方案的思想研究、社会主义核心价值观传播研究、新时代主要矛盾的转化研究、中国共产党如何不断提高执政能力和领导水平研究等。教师通过课下指导、与学生共同探讨，既能引发学生学习的积极性，又能在这一过程中实现师生的共同成长。

总之，在“概论”课程中如何着力提高习近平新时代中国特色社会主义思想“进教材、进课堂、进学生头脑”的实效，是未来很长一段时间都必须坚持和进行的教育教学重任。在“三求”平衡下探索“三进”的实效更是初始，未来需要更多地思考、实践与探索，以期达到更好的效果。

参考文献

黄相怀，洪向华．让核心价值观融入社会生活［N/OL］．（2015－02－26）．人民网－人民日报，http：//cpc. people. com. cn/pinglun/n/2015/0226/c241244－26599382. html.

（本文发表于《北京教育》（德育版）2017 年第 12 期）

第五篇

实践教学探索

论高校思想政治理论课的实践教学

一、高校思想政治理论课实践教学是运用马克思主义的立场、观点和方法认识和解决现实问题的重要环节，是践行高校肩负重要时代使命的必然要求

实践教学是高校思想政治理论课教学中不可或缺的重要环节，是引导大学生坚持理论联系实际，运用马克思主义的立场、观点和方法认识和解决现实问题的必然要求。大学生通过实践，增长才干、锻炼能力、培养品格。高校思想政治理论课实践教学的理论来源，是辩证唯物主义关于“全部社会生活在本质上是实践的”理论，“从实践到认识再到实践”的认识路线理论，以及思想政治教育的“内化—外化”规律理论等。这些理论对高校思想政治理论课实践教学具有重要的指导意义。

高校思想政治理论课实践教学在不断探索中前行。2004 年，中共中央国务院《关于进一步加强和改进大学生思想政治教育的意见》明确指出，社会实践是大学生思想政治教育的重要环节，强调实践教学在高校思想政治教育中的地位。自此之后，高校思想政治理论课教师开始积极探索实践教学。2008 年，中共中央宣传部、教育部《关于进一步加强高等学校思想政治理论课教师队伍建设的意见》提出实践教学的学分化，进一步强化了实践教学的地位和意义。为了提高高校思想政治理论课的教学效果，解决

思想政治理论课吸引力、感染力不强的难题，习近平总书记关于思想政治理论课改革作出过重要批示。2013 年 11 月 12 日，党的十八届三中全会通过了《中共中央关于全面深化改革若干重大问题的决定》，强调深化教育领域的综合改革。高校深化综合改革要全面贯彻党的教育方针，坚持立德树人，加强社会主义核心价值体系教育，完善中华优秀传统文化教育，形成爱学习、爱劳动、爱祖国活动的有效形式和长效机制，增强学生社会责任感、创新精神和实践能力[1]。习近平总书记在全国高校思想政治工作会议上强调：做好高校思想政治工作，要广泛开展各类社会实践[2]。2017 年 9 月，中共中央办公厅、国务院办公厅明确提出，要创新思想政治教育方式方法，注重理论与实践相结合、育德与育心相结合、课内和课外相结合、线上和线下相结合，解决思想问题和解决实际问题相结合，不断增强亲和力和针对性[3]，等等，进一步提出了扎根中国大地办大学、办好中国特色社会主义高校的时代使命。2018 年 4 月 12 日教育部印发了《新时代高校思想政治理论课教学工作基本要求》。该文件最大的亮点是规定“从本科思想政治理论课现有学分中划出 2 个学分、从专科思想政治理论课现有学分中划出 1 个学分，开展本专科思想政治理论课实践教学”。这是党的十九大之后印发的直接针对思想政治理论课建设的重要文件，具有很强的现实针对性、指导性和可操作性。[4]

所有这些重要的指导和精神，充分说明了践行高校肩负的重要使命，必然要求高校思想政治理论课教育教学进行重大的改革。

二、高校思想政治理论课实践教学的现状

目前关于高校思想政治理论课实践教学的内涵，有学者认为思想政治理论课实践教学应该走出课堂，投身于鲜活的社会实践中去……应是学生直接参与的感性活动[5]。这种观点把实践教学等同于社会实践。有学者认为实践教学应是与理论教学相对应的一个概念，是除理论教学之外，所有与学生动手、动脑相关的教学活动[6]。也有学者认为，任何把理论与实际、课堂与社会、学习与研究结合起来，培养学生联系实际思考问题、运

用理论分析问题、自主研究解决问题等实践能力的各种教学方式都属于实践教学的范畴[7]。这种观点是把理论教学之外的所有与学生相关的实践活动都纳入思想政治理论课实践教学的范围，这就难免会导致实践教学外延无限扩大，从而使实践教学虚泛化。有学者认为思想政治理论课实践教学，就是富含“社会实践性内涵”的教学。把握和判定思想政治理论课实践教学的课程标准，主要不是教学场所是否“在社会”，而是教学内容是否“在社会”，即是否富含“社会实践性内涵”[8]。这种观点从教学内容是否具有“实践”的内涵，以及教学效果是否能培养“实践”能力为依据来界定实践教学的内涵，对实践教学的价值和意义把握合理。这种观点得到了多数学者的认同。基于这样的共识，本文认为，高校思想政治理论课实践教学可分为课堂实践教学、校园实践教学和社会实践教学三种，随着信息技术的发展，有学者又提出网络虚拟实践教学方式。

高校思想政治理论课实践教学在提升大学生思想政治素质方面，具有十分重要的作用和价值。但由于各高校在实行过程中的认识不足，领导重视不够，实践教学的组织保障不到位，缺乏四门本科主干课以及四门本科思想政治理论课与研究生思想政治理论课实践教学的统一的教学计划、教学大纲要求和一套成熟的管理机制；高校思想政治理论课实践教学没有完全纳入全校学生的培养方案，课程化设置出现的泛化和虚化；实践教学经费投入不到位，高校思想政治理论课实践教学需要的经费支持和保障不能保障到位，或者不能保障做到专款专用；实践教学的评价机制不健全，考核评价缺乏激励机制等；高校思想政治理论课教师对实践教学重视不够、能力不足、实践教学带有很大的主观性、随意性和偶然性。

三、高校思想政治理论课实践教学的发展对策

高校思想政治理论课要确实落实《新时代高校思想政治理论课教学工作基本要求》，切实做好做实高校思想政治理论课的实践教学，做到理论与实践、校内与校外、课内与课外“三个结合”，确保高校思想政治理论课实践教学的实效和针对性。

（一）多方面提高对高校思想政治理论课实践教学的认识

针对高校思想政治理论课在实施过程中的认识不足而带来的一系列问题，应对的策略为：一是各级各层面的主管领导和在任领导都要充分认识高校思想政治理论课实践教学的重要地位，准确把握高校思想政治理论课的实践特征，充分认识到实践教学在引导学生结合自身实际，与社会的政治、经济、文化等方面发生共鸣，提高参与现代社会生活的能力等方面所发挥的重要作用。二是要健全实践教学的保障机制，将高校思想政治理论课实践教学纳入全校学生的培养方案，使课程的设置落实到位。三是健全实践教学的保障机制，制定四门本科主干课程实践课、四门本科思想政治理论课与研究生思想政治理论课实践教学、研究生实践教学统一的教学计划和教学大纲，探索一套成熟的管理机制。四是保障实践教学经费投入到位，实现专款专用。总之，通过这些具体举措，营造重视高校思想政治理论课实践教学的良好氛围。

（二）要完善实践教学的评价机制，提升教师实践教学的认知观念和能力

高校思想政治理论课实践教学的实施以及最终的效果如何，关键在于教师。完善的实践教学评价机制，提升教师的观念和能力就成为十分重要的条件。

实践教学的评价机制的内容包括两个方面，对学生参与实践教学成效的考核以及对指导教师教学的评价。对学生参与实践教学成效的考核要把知识收获与素质提升有效结合起来；对指导教师教学的评价，要基于政策的激励基础上的考核，在实现程度上要综合考虑教学内容、标准、方法等多个方面。

要提升高校思想政治理论课教师实践教学的认知观念和能力。在提升高校思想政治理论课教师实践教学的认知观念方面，要通过学习，使教师树立历史唯物主义的实践观，把握实践与理论的辩证关系；同时通过学习，提高对实践教学的理论认识、重要意义的认识等。在提升高校思想政

治理论课教师实践教学的能力方面，通过对教师进行实践教学的专题研讨和培训，将实践教学的原则、途径、方法等渗透给教师。

（三）做到理论与实践、校内与校外、课内与课外“三个结合”

一是实现理论教学与实践教学的有机结合。高校思想政治理论课实践教学是教学系统中的一部分，是在具体理论指导下的实践。因此，理论教学要和实践教学在整个教学体系中实现理论与实践的有机对接，即将理论课教学的重点、难点、热点、疑点、焦点进行系统梳理和整体分析，在此基础上确定实践教学的重点和难点。理论教学作为构建实践教学体系的“理论依据”，实践教学作为理论教学的落脚点。以此实现理论教学与实践教学的有机结合。二是实现校内校外教学资源的有效对接。高校思想政治理论课涉及的学生数量庞大、专业设置面广，要实现实践教学任务的全覆盖，需要充分利用校内外资源，为实践教学创造良好的条件。比如，可以通过校校合作、校地合作、校企合作等方式，搭建校外实践教学平台。为满足实践教学需求，要将校内校外教育教学资源有效对接起来，做到优势互补，强强联合。三是课内和课外的有力衔接。所谓的课内实践教学主要是基于课堂完成的实践教学，课外实践教学主要是基于寒暑假社会实践完成的实践教学。这两者的有力衔接，是高校思想政治理论课实践教学的要求和重要途径。

参考文献

[1] 十八大以来重要文献选编（上）[M]. 北京：中央文献出版社，2014：535.

[2] 习近平. 把思想政治工作贯穿教育教学全过程 开创我国高等教育事业发展新局面 [N]. 人民日报，2016-12-9（1）.

[3] 中共中央办公厅、国务院办公厅印发《关于深化教育体制机制改革的意见》[N]. 人民日报，2017-09-25.

[4] 教育部关于印发《新时代高校思想政治理论课教学工作基本要求》的通知 [EB/OL].（2018-04-24）. http://www.moe.gov.cn/srcsite/A13/moe_772/201804/t20180424_334099.html.

[5] 教育部社会科学研究与思想政治工作司. 高校思想政治理论课实践教学的探索与思考［M］. 北京：高等教育出版社，2005：58.

[6] 陈丽明. 对高校思想政治理论课实践教学的思考［J］. 思想理论教育导刊，2010(2)：70-72.

[7] 刘世华，吴绍禹. 思想政治理论课实践教学的认识局限及对策论析［J］. 教学与研究，2008(4)：87-90.

[8] 钱广荣. 高校思想政治理论课的实践教学探讨［J］. 思想理论教育，2007(2)：69-71.

论新时代高校思想政治理论课实践教学的新探索

由于高校思想政治理论课实践教学具有互动性、参与性和生动性的特点，对提高高校思想政治理论课教学的针对性和亲和力具有十分重要的作用。党的十八大以来，高校思想政治理论课实践教学进行了新的探索，取得了一定的成效。

一、新时代高校思想政治理论课实践教学新探索缘起

为了提高高校思想政治理论课的教学效果，解决思想政治理论课吸引力、感染力不强的难题，习近平总书记关于思想政治理论课改革作出过重要批示。2013 年 11 月 12 日，党的十八届三中全会通过了《中共中央关于全面深化改革若干重大问题的决定》，强调深化教育领域的综合改革。高校深化综合改革要全面贯彻党的教育方针，坚持立德树人，加强社会主义核心价值体系教育，完善中华优秀传统文化教育，形成爱学习、爱劳动、爱祖国活动的有效形式和长效机制，增强学生社会责任感、创新精神和实践能力[1]。习近平总书记在全国高校思想政治工作会议上强调：做好高校思想政治工作，要广泛开展各类社会实践[2]。2017 年 9 月，中共中央办公厅、国务院办公厅明确提出，要创新思想政治教育方式方法，注重理论与实践相结合、育德与育心相结合、课内和课外相结合、线上和线下相结

合，解决思想问题和解决实际问题相结合，不断增强亲和力和针对性[3]，等等，进一步提出了扎根中国大地办大学、办好中国特色社会主义高校的时代使命。2018 年 4 月 12 日教育部印发了《新时代高校思想政治理论课教学工作基本要求》。该文件规定“从本科思想政治理论课现有学分中划出 2 个学分、从专科思想政治理论课现有学分中划出 1 个学分，开展本专科思想政治理论课实践教学。”[4]这些重要批示和文件指导，为新时代探索高校思想政治理论课实践教学指明了方向。

二、新时代高校思想政治理论课课堂实践教学的新探索

新时代，高校思想政治理论课实践教学新探索的有效路径，目前大体上依据教学场域的不同分为课堂实践教学、社会实践教学和网络实践教学三种。本文重点探索的是课堂实践教学。

高校思想政治理论课课堂实践教学，是实践教学体系中最为基础的部分，也是当前广大思想政治理论课教师广泛开展的一种实践教学形式。这是思想政治理论课教师最可控且学生参与面广的形式，因为这是任课教师直接组织实施的一种形式。特别是“有利于学生之间、师生之间交流与沟通，有利于将实践获得的感性体验上升为理性思考，有利于知识系统化”[5]。同时，课堂实践教学是思想政治理论课教师在现有教学资源紧张的情况下，为提高教育教学的针对性和实效性而探索的形式。那么，课堂实践教学具体有哪些探索内容？在培养学生的能力和创新思维方面能起到哪些作用呢？

（一）课堂实践教学中的课件展示

课件展示是一种教师指导与学生自主学习相结合的方式，即教师将课题方向布置给学生，鼓励学生通过表层研究、发现问题，深层研究、提出问题，拓宽研究、讨论问题，质疑研究、解决问题；由学生自主选取适合的、感兴趣的研究课题展开研究；学生自由组合课题组（3 ~8 人），他们内部进行分工；最后将研究成果在课堂上以课件形式向同学们展示出来。

其流程为：布置选题方向—确定小组成员—确定研究课题—研究方案的制定—研究过程及总结—以课件表现研究成果—课件课堂展示（辅助多种形式）—研究成果评价。

首先，课件展示培养大学生的创新思维。一是课件展示的方案设计融入创新理念。课件展示方案设计的定位，主要是以课题研究为切入点，以研究性学习来推动学生的创新思维。从课件展示方案设计看，学生既是学习实践者，又是学习目标、学习内容、活动安排的制定者，学习结果的创造者和呈现者。这一过程能达到培养大学生创新思维的目的。二是课件展示培养学生的发散思维与收敛思维。学生在教师布置的选题方向下确定研究的课题，这是“学生在教师的科学指导下，通过能动的创造性的活动，实现自主性发展”。学生以选题方向为思维基点进行发散，要求学生的思维无拘无束，联想多个问题，充分体现思维的敏捷性和联想的丰富性。在多个问题提出讨论后再进行收敛。这是第一轮发散与收敛的结合过程。对被挑选出来的选题再进行发散联想，挑选出最能反映选题方向的课题。这是第二轮发散与收敛的结合过程。最后，确定研究的课题。第三轮发散与收敛的结合则侧重于提炼中心思想，对分析资料、发散思考，反复比较，从中凝练出最终确定要研究的课题。三是课件展示强化学生的批判性思维。课件展示中的每一个环节，特别是在课题研究的过程中，无论从历史还是从现实，学生在思维上打破常规，不迷信老师所讲内容，标新立异，质疑、探寻问题的实质，可以不断地强化其批判性思维。不过批判性思维也并非仅仅是一种否定性思维，质疑、批判是为了寻求理由或确保正当性，为大学生的信念和行为进行理性奠基。

其次，课件展示法提高了学生的实际创新能力。一是课题导向的问题意识能力。创新源于思维，问题是思维的起点和发展动力。问题意识在思维过程和科学创新活动中占有非常重要的地位，是培养创新精神的切入点。在以课题研究为切入点的课件展示中，大学生的问题意识能力得到进一步锻炼和提高。问题开放又没有现成的答案，这就要求学生在教师鼓励下通过表层研究、发现问题，深层研究、提出问题，拓宽研究、讨论问题，质疑研究、解决问题。这样大学生的发现问题能力、提出问题能力、分析问题能力到最后解决问题能力都得到了提高。二是课题研究的选择学习能力。大学生的选择能力是培养创新型人才体系中十分关键的因素，是创新能力培养的重要方面。课件展示以问题为基础，使大学生借助网络、图书馆、多媒体等开展课题研究，以小组（团队）为基本组织形式，在大量信息面前，迅速捕捉、敏锐感受、正确理解和分析判断，通过选择学习情感、选择学习思路、选择学习方法、选择合作伙伴、选择课题题目、选择课题研究方案等“自主、合作、探究”的过程，发挥自身的选择能力，培养和发展自身的选择能力。三是问题深化的探索能力和研究能力。创新离不开探索和研究，课件展示在推动学生的创新型思维方面，实际上就是一种探索式的学习、研究式的学习。它不仅要求学生学习知识，而且要求学生在学习知识的过程中获取研究的能力；它不仅要求学生熟悉和掌握尽可能多的知识，而且要求学生能巧妙地运用这些知识，对社会现象进行深入分析，并在此基础上创造出新的知识，制作课件进行展示。

（二）课堂实践教学中的论文宣示

论文宣示，是学生把自己在课下写作的论文在课堂上宣示给全班同学，与大家一起进行学术交流。

首先，明确思想政治理论课论文宣示的内涵。思想政治理论课的论文写作是培养学生创新能力的重要方法。学生完成论文后，并不是将论文束之高阁，或交给教师打个分数，而是要学生把论文宣示给全班同学，与大家一起进行学术交流。但论文宣示不是宣读论文，论文宣示的PPT，并不是论文的简单浓缩，而是大量借用图、表等形式来说明、展示论文。按照这一主旨制作的PPT，实际是在对论文进行新的概括和诠释，因此每面PPT的字数不多，但大而醒目，宣示者围绕着它们进行讲解，既突出了论文的重点，又讲清了作者的主要想法和创新之处。这种形式的论文宣示能紧紧抓住学生的注意力，极大地激发学生探知的兴趣，引发同学们的热烈讨论乃至争论。道理往往是越辩越明，无论是宣示者还是听众，都会从中受益。

其次，在论文宣示中培养学生的创新能力。一是在精选和运用宣示材料中训练学生的创新能力。论文宣示不是论文材料的全盘照搬，但也不能完全舍弃材料，因为科学研究的全过程是始终建立在资料基础之上的。宣示论文虽然离不开这些材料，但要对论文中涉及的材料再进行精选，把最关键、最能说明问题的材料展示出来。材料是展示的“起点”，也是整个研究工作的“基石”。没有材料，任何精辟的分析或新颖的观点都不可能出现。因此，精选好展示材料，本身就是对论文材料的再采掘、再加工、再消化、再运用，是展示好整篇论文的基础，这本身就是一种创新能力的体现。二是在提炼和表现展示主题时激发学生的创新能力。论文的灵魂是主题。新颖的主题能给人以启迪，也是决定论文质量的最重要指标。但宣示论文时，并不是把论文中的主题原封不动地搬到 PPT 上，而是要用更准确的语言、更形象的比喻、更高度的概括来展示这一主题。一句话，就是要进一步提炼主题。提炼主题就是在深化主题。在这种提炼和深化过程中，宣示者的创新能力得到了培养。同时，使用 PPT 宣示可以充分利用音、形、图、像的形式，把论文的主题异彩纷呈地展现出来。用不同的形式和手法来表现论文主题，往往要融入新的思考、新的分析、新的观察、新的体验。这种新思考、新分析、新观察和新体验，本身就是继续创新的尝试和实践。三是在浓缩宣示“问题”时造就学生的创新能力。任何论文都要解决一个甚至是多个问题。在论文宣示中，宣示者要抓住听众的注意力，就要善于设疑，巧妙质疑，灵活释疑，于无疑处布疑。否则，整个论文宣示没有问题，没有起伏，平铺直叙、波澜不惊，听众就会失去兴趣。因此，要提高论文的宣示质量，就要围绕着论文的关键点设立问题，大问题中套着小问题，使问题环环相扣，听众的注意力高度集中，思考力也在高度运行。这种带着“问题”的论文宣示，课堂效果非常好。这样的论文宣示，对宣示者来说，提炼和解决问题的过程，是更深入分析问题和深化创新成果的过程；对听众来说，在感受和体验别人创新的同时，启发和激励自己进行创新。

（三）课堂实践教学中的激辩、案例讨论等形式

首先，课堂激辩的本质是要充分调动学生探究问题的主动性、积极

性，发现新知识，培养分析问题和解决问题的能力。辩论的内容可以根据思想政治理论课中存在着的针锋相对的观点、方法和体系，将学生置于争论双方的角色位置进行辩论。在课堂激辩中，要求在立论上力避一般化，要独辟蹊径，道前人所未道。攻击对方要选择新颖角度，出其不意，攻其不备，令对方防不胜防，这就锻炼了学生创造性的思维能力。准确的语言、明确的语调、丰富的词汇、灵活的方式、准确的概念、严密的逻辑推理等都是论辩发言的基本功。辩论活动促使学生将所学的语言、逻辑、修辞知识转化为实际口语表达能力，其功效也是不言而喻的。

其次，案例讨论教学在高校“马克思主义原理”课程中的运用。“原理”课要“着重讲授马克思主义的世界观和方法论，帮助学生从整体上把握马克思主义的科学内容和精神实质，正确认识人类社会发展的基本规律”。这里明确规定了“原理”课教学要把握“一个主题”，贯穿“一条主线”，突出“一个重点”。也就是说，“原理课”以什么是马克思主义、为什么要始终坚持马克思主义、怎样坚持和发展马克思主义为主题，以认识人类社会发展的基本规律为主线，以阐述马克思主义的世界观和方法论为重点，掌握了这“三个一”，就掌握了“原理”课的定位和基本任务。在思路设计上，在课堂演示环节中，以学生自身感兴趣的现实问题为典型案例，通过分析案例中的矛盾或困惑，并用马克思主义基本原理对案例进行系统分析，得出结论。在学生课堂演示的课件上，在内容上包括四部分内容：第一部分是对案例的系统分析和概括；第二部分是对案例中存在问题的概括和归纳；第三部分是对问题的系统分析和论证；第四部分是案例彰显出的现实意义。总之，采用案例形式进行课堂展示，培养了大学生的逻辑思维，提高了大学生的问题意识与系统概括能力、论证意识与系统分析能力、辩证意识与宏观把握能力。

（四）课堂实践教学中的网络实践教学

对于在“网络中长大”的大学生，高校思想政治理论课实践教学一定要与大学生的成长特点结合起来，运用网络展开实践教学，以此来提高大学生深化理论理解，提高学习兴趣和热情。

目前，"慕课"（MOOC）、翻转课堂（Flipped Classroom）及微课（Micro - Course）的出现，为高校思想政治理论课实践教学的改革创新提供了非常重要的新载体，已经有越来越多的高校思想政治理论课教师尝试利用网络技术重构高校的思想政治理论课实践教学：或者鼓励学生动用多种多媒体技术进行课堂展示：PPT 展示、电影、新闻、纪录片、音乐等；或者采取网络教学以"自主学习 + 延伸拓展 + 教师辅导"为主，将基础知识点、理论拓展点和学生关注点有机结合，使实践教学同信息技术高度融合，增强时代感和吸引力。

三、新时代高校思想政治理论课课堂实践教学的显著成效

（一）课堂教学和育人效果显著提升

高校思想政治理论课实践教学探索的新途径，学生在课件展示、论文宣示、课堂激辩和案例讨论中提升了分析问题、解决问题的能力，增强了合作意识和凝聚力，培养了创新思维和创新能力等，对中国特色社会主义的认同率越来越高，增强了中国特色社会主义的理论自信、制度自信、道路自信和文化自信。增强了大学生的获得感，评教满意度逐年攀升，越来越多的用人单位对毕业生的思想政治素质和职业道德素养给予高度肯定。

（二）课堂实践教学始终贯穿着以学生为主体的理念

高校思想政治理论课中的大学生主体性具体为：自主性，即大学生在思想政治理论课中具有明确的主体意识，明确自己的主体地位，可以自主地认识、接受和学习课程；能动性，即大学生在思想政治理论课中，积极发挥主观能动性，将课程理论和自身实践相结合，将内化的理论转化为有效的自主行为；创造性，即大学生通过自身实践，运用各种思维方式，创造出新观点、新知识、新方法，将思想政治理论课的成果推向新的高度。通过以上四种类型的课堂实践教学，可以看出在每一个环节中，处处体现出以学生为主体的理念。在确定选题、研究选题、制作课件、论文写作与

宣示、课堂激辩和案例展示中，充分发挥了大学生的自主性和能动性，激发了他们的求知欲和探究欲。通过课堂实践教学，不但强化了教学手段的改革，使教师与学生可以互相学习，加强互动，有助于培养学生与教师之间的情感交流，有利于学生亲其师、爱其师，进而信其师；同时增强了学生之间的相互了解，铸造了学生协作精神、理论思维能力和创新能力，提高了学生分析问题、解决问题的能力，为今后他们走上社会，担负起为国为民的历史使命打下良好的基础，这是加强大学生素质教育的重要环节。

（三）四门课程可以形成各自独有的课堂实践教学类型，递进培养学生素质

在高校思想政治理论课新课程体系中，四门课在内容和逻辑安排上对学生思维与能力培养的侧重点有所不同。因此四门思想政治理论课要结合本课程的特点、教学大纲的要求探索以某一类型为主的课堂实践教学类型。“思想道德修养与法律基础”课突出的是人生立世的价值体系与社会规范，主要采用课堂激辩；“中国近现代史纲要”课突出的是今日中国“从何而来”，主要采用论文宣示；“毛泽东思想和中国特色社会主义理论体系概论”课占有特殊重要的地位，突出的是今日中国“现在何处，并将要走向何方”，主要采用课件展示；“马克思主义基本原理”课突出的是引导学生从世界观和方法论的层面去反思历史、关注现实，主要采用课堂案例讨论。每门课采用一种作为主要类型的课堂实践教学方式，兼顾其他类型，梯次培养，针对性地培养大学生的创新思维和创新能力，提高教学水平和教育质量，从而避免课程之间类型的重复而让学生产生疲劳感和枯燥感。

参考文献

[1] 十八大以来重要文献选编（上）[M]. 北京：中央文献出版社，2014：535.

[2] 习近平. 把思想政治工作贯穿教育教学全过程 开创我国高等教育事业发展新局面[N]. 人民日报，2016-12-9（1）.

[3] 中共中央办公厅、国务院办公厅印发《关于深化教育体制机制改革的意见》[N]. 人民日报，2017-09-25.

[4] 教育部关于印发《新时代高校思想政治理论课教学工作基本要求》的通知 [EB/OL]. (2018-04-24). http://www.moe.gov.cn/srcsite/A13/moe_772/201804/t20180424_334099.html.

[5] 黄爱妹. 高校思想政治理论课课堂实践教学应注意的几个问题 [J]. 学校党建与思想教育, 2015 (07).

对“毛泽东思想和中国特色社会主义理论体系概论”课实践教学模式的探索*

“毛泽东思想和中国特色社会主义理论体系概论”（以下简称“概论”）课程是一门系统教授以马克思主义及其中国化的理论成果为指导的思想政治理论课程，其实践教学模式是在教学理论与实践的发展中逐渐形成的用以组织和实施教学活动的典型化范式。“概论”课程本身与社会实际相结合的紧密性，决定了其实践教学的过程，本质上是以马克思主义理论为指导的政治、经济、文化、社会、思想、道德等的社会传递与大学生个体体验相统一的过程；决定了其实践教学模式的探索一定要与大学生、与社会实际紧密结合和相互融合；决定了教师在探索实践教学模式时一定要不断创新、勇于拓展新视野。

一、教学内容优化与实践形式相衔接

实践教学应有重点运行和发展的方向，而实践教学内容的优化是保证重点运行和发展的中心点。实践教学内容的优化需要遵循这样的原则：要紧紧围绕理论教学的阶段性目标，紧扣教材的主要内容，突出实践教学的中心环节；要关注大学生成长成才的需要，提高他们分析问题、认识社会的能力；要贴近学生和社会生活，突出解决学生在学习中遇到的理论和实

* 本文为北京航空航天大学2009年教学研究与实践一般项目成果。

践方面的困惑问题。按照这些原则，“概论”课程实践教学内容的优化可围绕中国革命、建设、改革开放这一主线，设计成若干模块，如理论成果模块、本质理论模块、初级阶段模块、改革开放模块、经济建设模块、政治建设模块、文化建设模块、社会建设模块、祖国统一模块、外交政策模块、党的建设模块等。教师可在每一模块设置具体的实践教学专题。在实际的实践教学中，讲座式、论文交流式、专题演讲式、互动辩论式、网上互动式、知识竞赛式、情节模拟式、问卷调查式、社团活动式、课题研究成果展演式等，都是切实可用的实践教学形式。

教师要将优化的教学内容与这些形式进行有选择的结合和衔接，因为不同的模块所要采取的实践教学形式不可能完全一样，这需要教师在实际教学中不断探索。比如，理论成果模块——讲座式、论文交流式、网上互动式；经济建设模块——互动辩论式、网上互动式、知识竞赛式、情节模拟式、问卷调查式；政治建设模块——互动辩论式、问卷调查式、社团活动式、课题研究成果展演式；文化建设模块——专题演讲式、问卷调查式、社团活动式；社会建设模块——专题演讲式、互动辩论式、网上互动式；统一外交模块——互动辩论式、网上互动式、知识竞赛式；党的建设模块——讲座式、论文交流式、课题研究成果展演式。同时教师要注意不同实践形式之间的联系及效果之间的互融互动，各种活动之间的关联性、整合性和相互影响的促进性。

二、实践教学目标与实践教学平台相结合

“概论”课程的实践教学目标，是引导大学生用马列主义、毛泽东思想和中国特色社会主义理论体系的基本原理和方法，更为直观地认识国情和社会，加深对党的路线、方针、政策的理解，培养和树立科学的世界观、人生观和价值观。而实践教学平台是达成实践教学目标的重要载体。

目前“概论”课的实践教学平台分析主要有四种：一是课堂实践教学平台。“概论”课教师在教学内容方面要理论联系实际地运用毛泽东思想和中国特色社会主义理论体系来分析问题，通过丰富多样的教学方法和多

媒体教学手段，把大量生动活泼的社会主义建设和改革开放的成果直观地介绍给学生，使学生更好地学习和掌握“概论”课的理论内涵。二是校园实践教学平台。校园实践教学是第一课堂教学的继续，是传播先进文化、培养大学生政治素质的重要渠道。“概论”课教师可以举办马克思主义中国化理论成果专题等人文讲座、举办征文比赛、辩论演讲比赛、参与大学生讨论等活动，来深化实践教学。三是网络实践教学平台。校园网络已经成为大学生日常生活的一部分，年轻学子常常会深受校园网络的影响，他们更容易、更有兴趣与网络进行更为密切的融合。因此“概论”课教师科学运用网络平台开展实践教学活动，进行网上互动，使大学生可以更便捷地获取相关理论知识，答疑解惑。四是社会实践教学平台。毛泽东思想和中国特色社会主义理论体系深深地植根于中国革命和建设的伟大实践之中，只有做到理论联系实际，才能使学生深刻领会毛泽东思想和中国特色社会主义理论体系的内容及其指导意义。因此大学生利用节假日走出校门，走向社会，能进一步深化理论教学的效果。

三、各章实践教学目的与实践教学方案设计相结合

“概论”课程一共是15章，每一章的实践教学目的各不相同，实践教学方案的设计也是多样的，因此教师要拓展各章实践教学目的与实践教学方案设计相结合的实践教学新视野。

首先，要明确各章的实践教学目的，确定各章的实践教学重点难点。教学目的是宏观的，但又是有针对性的，可以进行简单概述。对各章重点难点的把握要注意三个结合，即结合社会热点难点问题、结合大学生的思想困惑、结合大学生的实际生活。

其次，为解决某一章的实践教学重点难点，达成该章的实践教学目的，需要对实践教学进行设计。每一章可以有一个到多个实践教学方案，方案的整体结构包括设计方案的思路、所运用的不同实践教学形式、方式和步骤、参考资料、方案推行中可能出现的结果等。

四、教学保障和效果评价相联系

实践教学的保障和效果的评价是实施“概论”课程实践教学的难点，教师要有意识地拓展教学保障和效果评价相联系的实践教学新视野。

首先，要建立实践教学保障制度。“概论”课程是四门思想政治理论课程中学时最多的一门，实践教学的保障制度非常重要。教师要把实践教学纳入教学总体规划，制定实践教学大纲，规定具体学时学分；学校要保证必需的经费，保证实践教学活动的落实和开展。

其次，建立实践教学合理的评估体系。合理的评估体系，不仅能促使教师和学生扭转轻视实践教学的观念，还能提升“概论”课程的教学效果和质量。根据“概论”课程实践教学的基本要求，在实践教学过程中与结束后，要对学生进行认真考核和评估。考核评估内容应当包括学生参与实践教学的程度、学生在实践教学中的表现等。可以让学生根据事先提出的实践要求进行自我评价；组织学生相互评价；教师根据学生参与的深度、广度、综合表现进行评价等。检验的方式可以运用考查考试、调查报告、研究论文、心得体会、典型报告会、成果展示、网络检测等，也可定期召开实践教学总结检查和评估会议，通过各种座谈会、经验交流会等形式。教师要根据学生的调查报告、研究论文、心得体会、思想收获和学生在实践教学中的表现给出相应的成绩；要评选优秀调查报告、优秀个人、先进集体、活动积极分子，并进行表彰；要总结实践教学的经验教训，对今后的实践教学活动进行预测。

总之，“概论”课程实践教学模式的探索不是一劳永逸的，“概论”课程的任课教师要敢于开拓创新，不断拓展视野，探索出更多的适宜于操作的实践教学新模式。

（本文发表于《北京教育》（德育版）2010 年第 4 期）

“毛泽东思想和中国特色社会主义理论体系概论”实践教学指导示例

一、实践教学内容

第十四章中国特色社会主义事业的依靠力量，整体教学目的，是通过本章的学习，使学生了解中国共产党领导的革命、建设和改革是伟大而艰巨的事业，完成这一事业，必须坚定地依靠中国最广大的人民群众，必须巩固和发展统一战线，必须加强人民军队建设和国防建设；帮助学生认清人民群众是历史的创造者，是推动社会变革的基本力量，没有广大群众的充分发动、参与和创造性的实践，任何社会变革都不会取得成功，进而帮助学生树立群众观点，掌握群众路线，把自己融入广大群众建设中国特色社会主义的伟大事业之中。为达到这一教学目的，“正确认识新的社会阶层也是中国特色社会主义事业的建设者”“正确认识新的社会阶层对构建和谐社会的重要意义”是全章的一个重点内容，同时也是难点和热点问题。如何以理性、科学的教学思路，达到本章的教学目的，需要实践教学的思路。因此，本章在教学中，以这一难点和热点问题为中心内容，通过相关的文字资料、影像资料的阅读和观看，加强师生交流，以加深学生对相关问题的理解和认识。

二、实践目的

（一）微观层面

以第十四章的重点与难点问题为切入点，通过实践过程的落实，使大学生能够正确认识新的社会阶层也是中国特色社会主义事业的建设者，了解新的社会阶层的社会责任，特别要认识到正是中国国情的特殊性与复杂性，中国特色社会主义伟大事业的艰巨性，需要全体中国人民共同奋斗。在构建和谐社会的过程中，新的社会阶层有其特殊的作用和意义。

（二）宏观层面

通过实践教学，使大学生完成由感知、感受至感悟现实问题的完整认识过程，帮助学生学会运用马克思主义的立场、观点与方法去分析实际与解决实际问题，形成理智与成熟的立场、观点与方法，并把在课堂上掌握的价值观念内化为指导行动的意识，提高学生的认识能力、思辨能力和实践能力，成为适应中国特色社会主义建设事业的新型人才。

三、基本原则

第一，真实性原则。中国特色社会主义事业的新型建设者，是改革开放以后形成的新的社会阶层。因此，运用这样的实践教学的内容都来源于现实。

第二，引导性原则。引导大学生对中国特色社会主义的新型建设者有更深层次的认识，从发展的过程和他们在中国特色社会主义建设中的作用去理解，从构建和谐社会的伟大事业中去理解。以此引导大学生正确看待过激观点，从而形成理性、成熟的观念。

第三，深度性原则。大学生具有敏锐的洞察力，具有一定的分析问题和解决问题的能力。如何进一步提高大学生透过表层研究发现问题、深层研究提出问题、拓展研究讨论问题、质疑研究解决问题的能力，就需要相应的深度。

第四，贴近性原则。关于“正确认识新的社会阶层也是中国特色社会主义事业的建设者”“正确认识新的社会阶层对构建和谐社会的重要意义”这一重点问题，这两个问题贴近学生的困惑、贴近社会实际、贴近生活。

第五，学术性原则。对于“正确认识新的社会阶层也是中国特色社会主义事业的建设者”“正确认识新的社会阶层对构建和谐社会的重要意义”这一问题的深刻理解，绝不可以用简单的说教就能让学生信服，只有从学术的理性分析上，形成教师的系统认识后再以点评的形式讲授给学生，才能真正达到教学目的。

四、手段和方法

第一步：播放两个视频：“对话，新社会阶层”“王邦佐：新社会阶层对构建和谐社会的政治意义”（两个课时）。

第二步：设计如“你知道新的社会阶层这个名词吗？”“你认为新的社会阶层都包括哪些人？”“你认为新的社会阶层是怎样产生的？”“你认为新的社会阶层应该承担什么样的社会责任？”等讨论主题，布置学生自己查阅相关资料，尤其重点查阅中国新的社会阶层在改革开放30年的历程中都承担过社会责任的生动事例，并在此基础上写成观后感（时间：给学生留出2~3周时间）。

第三步：组织学生开展讨论。根据学生人数的具体情况，将全班自由组合成若干小组，一般以6人为宜，先让各组各自进行10分钟左右的交流与沟通，以形成小组的主流观点，并在此过程中民主推选出小组代表，而后由各小组代表轮流上台发言，对小组的主流观点进行陈述（每人发言不要超过10分钟）。

第四步：由教师进行全面总结与评点。

评点参考观点：

第一，新社会阶层是中国特色社会主义事业的重要建设力量。

一是新社会阶层发展迅速、经济技术实力日益增强，在经济领域中发挥着重要作用。新社会阶层是先进生产力的推动者，在推进经济结构和产业结构调整、促进国民经济的发展、繁荣市场加快市场转型、扩大就业、提供税收、解决民生等方面发挥着十分重要的作用。二是整体素质提高，在管理等领域发挥着重要作用。新的社会阶层的总体素质大幅度提高，使得他们在各个领域中更容易得到相应的社会尊重，社会影响不断扩大，发挥着特殊的作用。三是政治诉求不断增多，政治参与意识日益增强。新的社会阶层的力量推动着我国经济社会结构的变迁，必然会在最深的层面影响到政治架构。加入党组织，参加各级党代会、人大、政协、工商联及在政府中兼职，是新社会阶层制度化参与的最主要形式。新社会阶层参与政治是当前我国社会发展的必然，这既是我国经济基础的变革在政治领域的一种必然反映，也是现阶段巩固党的执政基础、增强党的执政资源的必然选择。

第二，新社会阶层社会责任方面存在的问题及原因分析。

贾庆林在2008年政协全国委员会常务委员会工作报告中，对新社会阶层的利益和责任作了明确表述，他认为新社会阶层既要有合理的政治、利益诉求，同时更应当自觉承担社会责任。目前新社会阶层社会责任方面存在的问题：依法纳税意识薄弱，环境保护意识相对薄弱，诚信状况不佳，维护员工权益不够，甚至存在着严重侵犯员工利益的情况，公益爱心意识需要加强。

新社会阶层社会责任缺失的原因：一是市场和权力的逐利性。市场经济追求利益，人的逐利行为在市场经济中获得允许，如果法律和制度出现漏洞，因为利益的诱惑，有人就会铤而走险，其中就包括新社会阶层中的个别人。此外，政府权力配置不恰当，过多干预市场行为，导致权力寻租现象成为可能，少数新社会阶层人士出现商业贿赂行为，也影响了整体队伍的形象。二是新社会阶层的公共意识淡薄。现阶段我国的一些民营企业与20世纪60年代前欧美等发达国家的一些企业的经营行为有某些相似之处。一些企业经营者为使利润最大化，尽力降低成本，却忽视了员工、消费者和社区等的需要，缺乏社会责任感。三是新社会阶层与其他社会阶层的隔离。由于新社会阶层出现的时间短，他们的成员构成比较复杂，或多或少都带有他们原来所处环境的烙印，世界观、文化素养以及价值取向都比较复杂，再加上处于新旧体制转换时期，很难形成统一的价值观。

通过现有政治架构将新社会阶层吸纳进来，使新社会阶层的政治活动在一种可控和可视的范围内，远比新社会阶层进行各项非制度化参与要好。党和政府不断吸纳新社会阶层参与政治的决策，正是顺应了历史趋势，对我国的政治现代化来讲，是一种高瞻远瞩的战略举措。

第三，新社会阶层在构建和谐社会中的作用。

新社会阶层在构建和谐社会存在中存在着诉求与暂时无法满足诉求的矛盾。新的社会阶层要求在政治和社会上的地位要求与其经济地位相符。

在构建和谐社会进程中新社会阶层与其他各社会主体间之间不可避免地存在矛盾与摩擦，无论是从矛盾涉及的范围还是涉及的层次，无论是从矛盾呈现的状态还是显现的方式都具有区别于以往的特别。虽然社会各阶层都是改革开放政策的受益者，但不同阶层、不同群体得到的实惠不尽一样。一些群体的利益在短期内还受到了损害，而新的社会阶层特别是其中的私营企业主等在比较短的时间内积累了大量财富，造成了各社会阶层之间收入差距拉大，阶层利益关系趋于复杂。当前新的社会阶层与构建和谐社会进程中其他各社会主体间矛盾主要体现在以下几个方面：物质利益矛盾是当前各社会主体间矛盾的基础性矛盾；各社会主体之间反映在政治层面上的矛盾也日益显露；各社会主体在精神文化领域的矛盾也不容忽视。所有这些都影响到和谐社会的建设。

但如果对新社会阶层引导适当，对构建和谐社会能够有极大的推动作用；新社会阶层较为温和的政治态度有利于社会政治资源的整合；新社会阶层的出现促进了我国政治制度的创新，在政治制度协调功能的发挥、政治参与方式的创新等方面有了巨大的发展；新社会阶层是我国社会物质文明和精神文明建设的重要力量；新社会阶层在构建新的社会结构中扮演着重要角色。

新社会阶层的出现，在促进人民内部矛盾的解决、构建和谐社会中发挥着重要作用。尽管新社会阶层的出现，使得人民内部矛盾在表现形式上更加复杂化，但是新社会阶层的出现、逐步发展壮大，对正确处理人民内部矛盾所产生的积极影响则是更为主要的方面。与新社会阶层相联系的民营经济，推进了经济建设，创造了巨大的社会财富，丰富了人们的生活，促进了社会主义社会主要矛盾的解决。它已经成为解决就业的主要渠道，缓解了就业压力，促进了社会的稳定。新社会阶层在承担社会责任、缩小地区差异方面也作出了很大贡献，在一定程度上缓和了社会矛盾。主要由新社会阶层组成的社会中间阶层，是社会矛盾的“稳定器”，能够使激烈的社会矛盾和冲突得到缓解。新社会阶层有着强烈的政治诉求，如果施以正确引导，他们必将成为促进社会主义和谐社会建设的重要力量。

第四，新社会阶层有序政治参与是构建和谐社会的重要环节。

首先，新社会阶层的有序政治参与有利于政治的民主化，为构建社会主义和谐社会提供政治保障。将新社会阶层的政治参与纳入现有政治框架内，使他们的政治诉求和愿望得到充分体现，为执政党决策的民主化和科学化提供更为充足的依据。公民有序政治参与是培育政权合法运行的深厚群众基础的前提条件，新社会阶层的政治参与扩大了这一群众基础，是对权力进行各种有效监督和制约的重要保证。其次，新社会阶层的有序政治参与有利于促进公平正义，为构建社会主义和谐社会奠定基石。新社会阶层的政治参与，有利于提高新社会阶层的知情权，搭起社会和政府之间的桥梁，促进政府行为的公开透明，缓解新社会阶层和政府之间的诸多矛盾；有利于新社会阶层有机会参与到现存政治体系中合理合法表达自己的政治意愿和利益诉求，充分表达自己的愿望和要求；还能为社会的公平正义提供形成机制，有利于体现和实现社会政策的正义性，有助于经济政治利益的公平分配，从而切实维护和实现社会公平和正义。最后，新社会阶层的有序政治参与有利于形成安定有序的政治局面，为构建社会主义和谐社会奠定稳定的政治环境。新社会阶层的政治参与满足了新社会阶层日益强烈的参与政治生活的愿望，增强了新社会阶层的主人翁责任感，促进了他们对政治制度和政治体系的认同，这是任何一个社会实现稳定的政治前提，是加强政治权威地位和实现政治稳定所不可或缺的。新社会阶层的政治参与也极大地增强了政治系统的传导和反馈能力，有利于执政党的正确决策和及时解决各种社会矛盾和问题。

（第三、第四步骤全部时间以两个课时为宜）

五、课时要求

播放影片：两个课时。

讨论与评点：两个课时。

六、考核

可以将学生的观后感作为其课程作业的一部分，根据本课程全部学分中平时成绩所占比例，核定为具体成绩。

七、资料

（一）视频

http：//video. cctv. com/opus/297004. html

民众、专家怎样看“新社会阶层”。

（二）拓展阅读书目

（1）培林，张翼，赵延东，梁栋．社会冲突与阶级意识：当代中国社会矛盾问题研究［M］．北京：社会科学文献出版社，2005.

（2）中国统一战线理论研究会新的社会基层人士统战工作理论江苏研究基地．新社会阶层的社会责任［M］．南京：江苏人民出版社，2009.

（3）李拓．中国新兴社会阶层调查与分析［M］．北京：中国方正出版社，2008.

（4）陆学艺．当代中国社会阶层研究报告［M］．北京：社会科学文献出版社，2002.

（5）吴波．现阶段中国社会阶级阶层分析［M］．北京：清华大学出版社，2004.

（6）塞缪尔·亨廷顿．变化社会中的政治秩序［M］．上海：上海人民出版社，2008.

（7）阎志民. 中国现阶段阶级阶层研究［M］. 北京：中共中央党校出版社，2004.

（8）宋林飞，周和平. 新社会阶层的政治参与［M］. 北京：华文出版社，2007.

（本文载于北京出版集团公司、北京出版社2011年出版，陈占安、程美东主编的《〈毛泽东思想和中国特色社会主义理论体系概论〉实践教学指导手册》）

后　记

今年是中华人民共和国成立70周年，也是我从事高校思想政治理论课教育教学的第33个年头。自己的人生跟祖国的发展和高校思想政治理论课教育教学事业相伴同行。写作出版一本新中国成立70年高校思想政治理论课教育教学的研究是我的一个愿望。

1986年7月，我从武汉大学历史系毕业，被分配到了北京航空学院（现在北京航空航天大学的前身，以下简称“北航”），主要讲授“中国革命史”和“中国社会主义建设”。那时是高校思想政治理论课实施“85方案”的第一个年头，自己青春年华，满腔热血，用大学时学到的知识，加上自己的思考与理解，在老教师和同事的帮助和培养下，以及同学们的鼓励和包容下，开始了教学生涯。从此，自己全身心投入到了高校思想政治理论课教育教学事业中。33年，我经历了高校思想政治理论课的“85方案”“98方案”和“05方案”的改革；讲授过“中国革命史”“中国社会主义建设”“毛泽东思想概论”“邓小平理论概论”“邓小平理论和‘三个代表’重要思想概论”“毛泽东思想、邓小平理论和‘三个代表’重要思想概论”“中国近现代纲要”“毛泽东思想和中国特色社会主义理论体系概论”等八门思想政治理论课；有6万多名学生听过我的课。无论讲授哪一门课，我都深知所讲授的是思想政治理论课，是落实立德树人根本任务的关键课程，目标是为了培养担当民族复兴大任的时代新人，培养德智体美劳全面发展的社会主义建设者和接班人。教学就是要引导大学生夯实信仰之基，筑牢思想之魂，坚守政治立场，明确使命担当。因此要求自己做到：政治要强、情怀要深、思维要新、视野要广、自律要严、人格要正、立意要高、格局要大、信心要足。

我知道，我所在的学校是全国排名前列的高校，我所面对的是全国优秀的大学生，自己必须不断努力和学习，才能无愧于北航思想政治理论课教师的称呼。在北航讲授思想政治理论课，必须要把“空天报国”的红色基因融入教学之中，因为这是北航办学育人、教学科研的底色。在几十年思想政治理论课的多轮改革中，作为一名普通教师，怎样上好课一直是我追求的目标。上好思想政治理论课，就是怎样使教学具有针对性、亲和力、感染力和说服力。看似轻松的一句话，背后却是自己如何为上好课而进行的思考、努力、研究和探索。从开始在懵懂中走上讲台，到后来自主进行教育教学方式方法研究，其间的苦辣与甘甜让自己不断成长。忘不了2001年，学校要为“两课”教师出版一本《探索与实践——党建和思想政治工作论文集》，那是自己第一次将探索的教学方法写成论文《提高“邓小平理论概论”课教学效果的思考与实践》，后来收集在这本论文集中；受此启发，我结合新的多媒体教学，完成了《论网络多媒体与“邓小平概论”课教学》一文，发表在2001年的《航空教育》上。从此，我开始了高校思想政治理论课教育教学的研究，发表了20多篇论文。每一篇论文的发表都是一段时间教育教学思考和探索的总结，尽管很不成熟，但犹如在培养自己的孩子那般精心。这些论文大体上分为四个板块：教学改革研究、教学模式探索、教学方法研究、实践教学探索。加强思想政治理论课教学方法的研究，是马克思主义理论学科的性质和思想政治教育的使命决定的，这一探索永无止境。我也希望在自己有限的教学时间内继续进行研究，为学校打造思政类“金课”，提高思政课教学水平锻炼教师队伍，帮助青年教师成长，探索北航特色的思政课教育教学等方面贡献力量。

这是一本稚嫩的研究和探索，亲身的经历，使自己的写作有许多代入感。写作、整理过程，感慨万千，感恩、感念、感谢、感动一直萦绕心间！每一个人的成长都投射着集体的力量。感谢一届又一届校领导的高瞻远瞩、政治站位和大局意识，特别是在现任校党委书记曹淑敏、校长徐惠彬、副书记赵罡的大力支持下，北航马克思主义学院获得了快速发展；感谢学校推荐我申请北京市教学名师并最终获得了“北京市教学名师”的称号，才有了北京市教学名师项目来资助我完成本书，让尘封的关于新中国成立70年高校思想政治理论课教育教学研究出版的愿望能够实现；感谢学院的赵义良副院长、高宇书记和同事们，给我许多的机会、鼓励和和支持，让我能够以这样的方式回顾与总结自己从事高校思想政治理论教育教学33年的点点滴滴；感谢我的家人，是我的先生、儿子、儿媳的帮助和支持，让我的写作能心无旁骛。特别感谢出版社的贺小霞老师，是她的锲而不舍和鼓励，让我的著作能快速出版、面世。同时，书中参考了学者、专家们的研究成果，在此一并表示感谢。

本书部分是新的研究，部分是发表过的论文（基本上没有改动，保留了当时的时代痕迹和背景），不当和不足之处，恳请谅解。

彭付芝

2019年8月